决胜波罗的海

瑞典帝国百年战史

1611—1721

A Warrior Dynasty : The Rise and Fall of Sweden
as a Military Superpower , 1611–1721

[挪] 亨里克·O. 伦德 (Henrik O. Lunde) 著　　汪枫 译

民主与建设出版社
·北京·

A WARRIOR DYNASTY: THE RISE AND FALL OF SWEDEN AS
A MILITARY SUPERPOWER, 1611–1721
By HENRIK O. LUNDE
著作权合同登记图字：01-2019-6706

图书在版编目（CIP）数据

决胜波罗的海：瑞典帝国百年战史：1611–1721 /
（挪）亨里克·O. 伦德著；汪枫译 . —— 北京：民主与建
设出版社，2019.11

ISBN 978-7-5139-2730-7

Ⅰ . ①决… Ⅱ . ①亨… ②汪… Ⅲ . ①军事史—研究
—瑞典— 1611–1721 Ⅳ . ① E532.9

中国版本图书馆 CIP 数据核字 (2019) 第 234357 号

决胜波罗的海：瑞典帝国百年战史：1611—1721
JUESHENG BOLUODIHAI：RUIDIAN DIGUO
BAINIAN ZHANSHI：1611—1721

出 版 人	李声笑	
著 者	[挪] 亨里克·O. 伦德（Henrik O. Lunde）	
译 者	汪 枫	
责任编辑	彭 现	
封面设计	王 星	
出版发行	民主与建设出版社有限责任公司	
电 话	（010）59417747　59419778	
社 址	北京市海淀区西三环中路 10 号望海楼 E 座 7 层	
邮 编	100142	
印 刷	重庆长虹印务有限公司	
版 次	2019 年 12 月第 1 版	
印 次	2019 年 12 月第 1 次印刷	
开 本	787 毫米 ×1092 毫米　1/16	
印 张	18	
字 数	284 千字	
书 号	ISBN 978-7-5139-2730-7	
定 价	99.80 元	

注：如有印、装质量问题，请与出版社联系

谨以此书献给

我的朋友、顾问、支持者

伊诺克·J.哈加博士

目 录
CONTENTS

前言与鸣谢

政治上的宽宏大量常常是最真诚的智慧，一个伟大的帝国与狭小的心灵难以协调。

——埃德蒙·柏克①

十三四岁的时候，我还在挪威做学生，第一次阅读爱德华·吉本的《罗马帝国衰亡史》是将其当作一项特殊作业。我感到这部拥有 225 年历史的作品（1776—1788 年间出版）富有魅力。近日重览此书，感受犹如当年。

撰写本书，原因有两个。第一，我一生都好奇，吉本从罗马衰落中归纳的因素是否同样适用于我们的时代。在本作品中，我初步尝试回答自己的问题，尤其是因为它们符合我之前的职业：军事规划和实践者。一个强国的崛起，一些因素是显而易见的，如体量、人口、资源，但另一些是更难辨识的。

从瑞典开始叙述是一个不错的选择，因为当我们谈到国家实力和军事实力时，瑞典在很多方面都打破了通常认为的模式。算上芬兰和瑞典沿波罗的海东岸的领地，瑞典在参加三十年战争时只有 130 万～150 万居民。除了矿业外，这个国家实质上没有工业基础，是一个贫穷的农业国。然而，瑞典能够打败人口十倍于己、资源更加丰富的强国或强国联盟。

走上来就解决一些术语和定义的问题是必要的。我将国家实力视为一个

---

① 译注：18 世纪英国保守主义理论家，反对法国大革命。

国家实现自身利益并影响其他国家之行为的综合能力。该定义纳入了一些既有区别又互相关联的因素——人口、地理、经济、技术、社会心理、军事。本书关注的是军事因素，但由于国家实力的所有因素是相互关联的，所以只考虑一个因素而排除其他因素就不可能有意义地解决问题。

瑞典在17—18世纪作为欧洲一流军事强国的难以置信的兴衰史，是军事史中一个被忽视的方面，而这就是我撰写此书的第二个原因。我希望能够部分地填补该时期中欧、东欧、北欧军事史编纂的空白。

本书涉及的时期超过100年，这100年是欧洲历史上一段极度复杂和混乱的时代，政治地图与今天大相径庭。关于三十年战争（1618—1648年），彼得·H.威尔逊教授（曾在2009年写出最新的综合性英文著作）在其著作的《前言》中评论道：

> 三十年战争史的专题研究是丰富的，但整体描述非常稀缺。极少有作者提供的内容超过了供学生使用的简短综述。原因显而易见。欲涵盖所有方面，至少需要掌握14种欧洲语言的知识，而完备的档案记录需要几辈子的时间去研究。印刷品甚至都有数百万页；单单研究结束战争的那份《威斯特伐利亚条约》，就有4000多种书刊。[1]

我发现，就军事史而言，威尔逊教授完全正确。1929年，李德·哈特得出了类似的结论：

> 考虑到他（古斯塔夫·阿道夫）站在了现代世界的门槛……本国（英国）对他的军事研究显著匮乏；如果考虑到他所生活的过渡时代是如此知名、对当时政治和宗教方面的研究是如此广泛的话，这种匮乏就愈加显著。[2]

我所知道的最后一部以三十年战争的军事史为重点的英语著作，由特雷弗·N.迪普伊于1969年撰写。他对盎格鲁-撒克逊人的偏狭叹息道：

> 关于这种偏狭，恐怕没有比这更惊人的例子：英语的政治、军事史著作

对古斯塔夫·阿道夫在他的时代和后续时代的影响力缺乏关注。[3]

考虑到在我们所研究的这一时代，武器和战术发生了革命性变化，其中很多是古斯塔夫的创造，并产生了我们所知的近代战争，上引观点尤为正确。

关于该时期的军事活动，有很多不错的德语书籍。令人惊奇的是，近期瑞典语的作品很少，军事在很大程度上只是作为这场战争整体历史的一个要素而有所涉及。

三十年战争成为衡量后世所有战争的基准。希特勒的装备部长阿尔伯特·施佩尔于1945年5月4日在无线电广播中宣布："德国现已遭受的毁灭只能与三十年战争相提并论。饥饿与匮乏对我国人民造成的大规模杀戮决不允许达到那个年代的比例。"20世纪60年代的民意调查表明，德国人将三十年战争视为他们国家最大的灾难，甚于世界大战、犹太人大屠杀和黑死病。[4]

甚至在21世纪，德国作者也声称"在此前和此后，甚至包括二战中的恐怖轰炸，这片土地都没有"像1618—1648年间那样"遭到这么大的毁灭，其人民也没有受到如此多的折磨"。[5]

我们如果快进到导致瑞典帝国实质崩溃的大北方战争（1700—1721年），就会发现历史编纂中存在类似问题。在海量的档案记录中，我们发现有数百万页的资料不仅涉及这场战争，还涉及1648—1700年间的历次战争，但英语资料很少。军事活动也通常与其他主题一道讲述。这场重要战争缺乏足够的英语研究是令人费解的。它与西班牙王位继承战争同时进行，在军事著作中完全被后一事件抢去了风头。可以肯定地说，大北方战争的结局比西班牙王位继承战争更加重要，因为它直接导致了俄罗斯和普鲁士的崛起，对世界历史产生了重大影响。

对这两个分别标志着瑞典崛起为军事大国和它走向衰落的时期，我们在研究中必须有所选择，因为正如威尔逊教授所言，进行全面的原始研究得花上几辈子时间。我没有这么多时间，因此我主要依赖英语、瑞典语、德语和法语的二手资料。限于语言能力，我无法使用俄语或波兰语文献，除非它们被译成了某种西欧语言。

有一些书我参考得比较多，它们均被列在注释、参考文献和附录一中。

我感谢这些作者以及那些我提及次数较少的作者，因为他们的出色工作大大减省了我的研究，至少也为我指点了有用的资料。没有他们的著作，本书就是一个"不可能完成的任务"。还有另外两个附录，一个是若干国家的统治者，一个是书中提到的陆军元帅或对等军衔人物列表。

历史学家威尔·杜兰特和阿里尔·杜兰特注意到，哲学家（我姑且认为一些学院派主流历史学家就属于这一类）和军事作家对历史驱动力的看法，一直以来就存在差异。"如果从军事的视角解读历史，那么，战争就是最终的仲裁者，可以视为必要之举而予以接受……" [6] 一位军事作家会问，如果在历史上的各种危急存亡之秋没有武器的保护，我们的文明和遗产将何去何从。另一方面，哲学家指出——他们也理应如此——战争的毁灭程度已经威胁了文明之根基。在我的一些评论中，我将回避这些争论，除非我认为有必要求助于自己的研究生涯和从军经历。

我感谢佛罗里达州科利尔县和李县的图书馆系统。它们的职员乐于助人，总是愿意帮我查询由出色的馆际借阅项目提供的粗略索引。

加利福尼亚的伊诺克·哈加博士为我提供建议并承担编辑工作，就像我此前撰写作品时那样。同样要感谢洛伊斯莱恩·洛博士在编校过程中帮助了我。最后，如果没有我妻子张氏（Truong）不辞辛劳的理解、鼓励和支持，我显然是无法完成这部作品的。

尽管那些为我提供帮助、评论和建议的人都勤勤恳恳，但我必须强调，对书中的一切结论和无意中可能出现的错误，我承担全部责任。

注释:

[1] Peter H. Wilson, *The Thirty Years War: Europe's Tragedy*. (Cambridge, Massachusetts: Harvard University Press, 2009), p. xxi.

[2] B. H. Liddell Hart, *Great Captains Unveiled*. Max Hastings 的新前言 (Novato, California: Presidio Press, 1990), p. 77.

[3] Trevor Nevitt Dupuy, *The Military Life of Gustavus Adolphus: Father of Modern War* (New York: Franklin Watts, Inc., 1969), p. xi.

[4] Wilson, *The Thirty Years War*, p. 6.

[5] 参阅Wilson, *The Thirty Years War*, p. 6以及Volker Buchner and Alex Buchner, *Bayern im Dreissigjährigen Krieg* (Dachau: Bayerland GmbH, 2002), p. 7.

[6] Will and Ariel Durant, *The Lessons of History* (New York: Simon and Schuster, 1968), pp. 82-83.

导读

未在正确时机执行的决定，就像酷旱时的无雨之云。

——古斯塔夫一世对诸子的告诫

本书的结构

撰写一本书的时候，首要的问题就是结构。它对作者而言很重要，对读者则更加重要。结构优良与否，能够预示写作计划的成败。

本书采用的是编年叙事法，而不是专题结构。《导读》中包含对 1600 年之前瑞典历史的极简概括；《导读》之后，本书分为九章。

第一章涉及古斯塔夫·阿道夫在丹麦和波罗的海的作战。瑞典波罗的海帝国的基础，已经由他的瓦萨王朝先辈们打好，但他继位后，瑞典的目标和实力有了明显的扩张。本章的重要性在于，它强调了古斯塔夫的前期作战和稍后不久在德意志作战的不同：在前一时期，武器和战术的大多数创新尚未得到充分落实；而到后一时期，他已经实施了称为"军事革命"的大多数改革。这些变化对瑞典的军力产生了重大影响。对这位瑞典国王而言，丹麦和波罗的海作战起到了试验场和经验包的作用。

第二章描述了拿骚的莫里斯和古斯塔夫·阿道夫实施的武器和战术改革。它论证了为何在相对短的时间内就发生了这些变化。

第三章基本上是解释瑞典参加三十年战争的理由、它的战争目标和它在德意志建立的前沿阵地。本章也设法讨论了人力和财政的双重难题。

第四章描述了瑞典新的军事制度在布赖滕费尔德之战前的各项行动中所

发挥的作用，而此战是本书涉及的军事史中的第一场决定战役。

第五章讨论了军事史上的两位伟大统帅——古斯塔夫·阿道夫和陆军元帅阿尔布莱希特·冯·瓦伦斯坦（1583—1634 年）——的战略操作。这番操作在吕岑引发了第二场决定之役，并导致古斯塔夫阵亡。在前面五章中，瑞典如何克服国家实力弱点这一问题将得到解答。

第六章概括了瑞典自古斯塔夫 1632 年战死到《威斯特伐利亚和约》签订期间在德意志的行动，指出了瑞典国力所承受的压力。

第七章同样是概述，涉及从《威斯特伐利亚和约》签订和瑞军撤离德意志大部，到 1697 年卡尔十二继位这一时期。它包含了三位瑞典君主的统治：克里斯蒂娜、卡尔十世和卡尔十一。在该时期，瑞典在尝试重振军威并保卫帝国时经受了巨大的财政压力。

第八章涉及 1707 年之前青年卡尔十二的早期作战，对身处前线的国王和斯德哥尔摩政治领袖间的摩擦亦有所提及。

第九章一开始强调了 1648 年之后战争的变化，探讨了卡尔十二在对俄最终战争中的战略：他在世界最具决定性的战役之一波尔塔瓦战役中的失败，他在奥斯曼土耳其的流亡，他在挪威的作战和身亡。

名称和日期

涉及像北欧、东欧诸国那样经历过很多变化的国家时，地名的拼写总是个问题。最大的问题在于利沃尼亚和爱沙尼亚。我试图采用德语拼写或公认的英语词形，而不是拉脱维亚语或爱沙尼亚语的词形。

对一些斯堪的纳维亚人名的常见拼写，我做了些变动。在文献中，我们常常看到 Christian（克里斯蒂安）、Frederick（弗雷德里克）、Charles（查理）、Erick（埃里克）和 Christopher（克里斯托弗）这样的拼写。本书涉及的当时欧洲的很多领导人都用那些名字。为了避免混淆，我使用了斯堪的纳维亚式拼写，如 Kristian、Fredrik、Karl、Erik 和 Kristoffer。我避免使用拉丁化的"Gustav[①]

---

① 译注：原书此处应该是遗漏了后缀"us"。后文中多次出现"Gustavus"，可证此处之误。

Adolphus", 而是使用他的瑞典语名字 "Gustav Adolf"（古斯塔夫·阿道夫）。对一些地名, 我也使用了斯堪的纳维亚式拼写, 如 "Skåne"（斯科讷）而不是 "Scania"（斯堪尼亚）。

研究这一时期的历史, 还会遇到日期问题, 因为各国正在由使用儒略历转为使用格里历。虽然格里历在 16 世纪晚期就已经引入, 但其施行尚需时日。教皇格里高利十三世有权将这套新历法施加于天主教会, 但无法左右民政机构。因此, 即使在天主教国家, 新历法的实施都花费了一些年头。新教国家持抵制态度, 因为它们认为这一变化是天主教将它们揽回怀抱的阴谋。

虽然新教诸国转用格里历是缓慢的, 但瑞典可能是最难以理解的一个实例。直到 1700 年, 瑞典才开始向格里历转换, 更糟糕的是, 它转换得混乱而踌躇。因此瑞典历法在长达 40 年内与两种历法都步调不一, 儒略历加上 10 天即算出格里历的常规不适用于 1700—1740 年的瑞典。

其他作者是如何解决这个问题的? 瑞典语资料和一些英语资料的作者, 如迈克尔·罗伯茨, 使用儒略历。大多数作者根本不提这件事, 因此不知道他们使用的是哪种历法。罗伯特·I. 弗罗斯特和朗希尔德·哈顿都在他们的书中解决了这一问题。弗罗斯特使用格里历（新历/NS）, 但承认可能存在错误。[1]

哈顿在她的《前言》末尾的注释中如是说 [2]:

> 但是, 在 1700 年, 瑞典选择了一种形式有所调整的儒略历, 希望以渐进的方式过渡到格里历: 他们取消了当年的闰年, 因此比新历慢了 10 日, 但同时又比旧历（OS）快了一日。①

1712 年, 卡尔十二断定现行历法制度害得瑞典人两头受罪, 决定变回儒略历。这让混乱的局面更加令人困惑。

虽然, 我试图在知道所用资料采取何种历法的时候使用格里历, 但毫无

---

① 译注: 举例说明, 纳尔瓦战役为旧历 1700 年 11 月 19 日, 新历 11 月 30 日, 瑞典历 11 月 20 日。从 1582 年新历颁布至 1700 年 2 月底, 新旧历相差 10 日; 1700 年 2 月底至 1800 年 2 月底, 新旧历则相差 11 日。

疑问的是，由于大部分资料没有点明它们使用了何种历法，本书肯定有大量不一致之处。在花了很长时间试图解决两位杰出教授都感到非常棘手的难题后，我决定在我认为日期需要改变的时候就加以改变，但当我不确定的时候，我使用的资料是什么样，我就保持什么样。

瓦萨王朝前的瑞典历史简述

虽然本书的开篇是瓦萨王朝古斯塔夫二世·阿道夫的降生，但瑞典在波罗的海地区的利益早于793—1066年的维京时代。[3]

毫无疑问，早在维京时代之前，北欧国家就已经与罗马人开展了充满活力的贸易，有珠宝、武器、硬币等考古发现为证。在那个朦胧的时代，斯堪的纳维亚人也对罗马帝国造成了冲击。

哥特人与斯堪的纳维亚或许有着较远的渊源。著于6世纪中叶的《约达尼斯哥特史》记载了哥特人的事迹：从斯堪的纳维亚出发，渡过波罗的海，前往据信为维斯图拉河①三角洲的地带，由此遍布波罗的海沿岸，驱逐卢基人并降服汪达尔人。[4]

1世纪末，罗马作家塔西佗已经掌握了关于斯堪的纳维亚及当地若干族群的可信知识。他记载道，斯韦尔人（瑞典人）通过舰队和士兵扩张其在波罗的海地区的利益。[5]

维京时代及之前的瑞典人定居地主要在罗斯和波罗的海沿岸。由于历史记录的缺乏，东方移居者的时代和发展有很多不确定之处。前往东方的斯堪的纳维亚移民最终成为大家所知的瓦良格人。根据最古老的斯拉夫史料，这些瓦良格人建立了基辅罗斯——在蒙古入侵前是东欧的重要国家。他们最终打进了君士坦丁堡和通往亚洲的商路。[6]

基督教来到瑞典的时间比欧洲大部分地区都要晚，其中，基督教早在约一个半世纪前就传到了瑞典的邻国。威廉·莫贝里将这一长期的皈依过程称为"三百年战争"。[7]到了12世纪中叶，基督教一方看来取得了胜利。

---

① 译注：维斯图拉河（Vistula），波兰语称维斯瓦河（Wisła）。

皈依如此之晚，其中的一个因素就是瑞典各省的相对独立导致了中央政府的虚弱。挪威和丹麦的中央集权化要早得多。原因之一在于，丹麦和挪威的君主主要是依法世袭的，而瑞典的统治者是选举的。在一个统治者可以选举的社会，统治者如果失去了人民的效忠，就可以被废黜和替换，这就导致国家不稳定和几乎不间断的内战。[8] 第二千纪的最初几个世纪，斯堪的纳维亚诸国之间同样战争频繁。

早在维京时代，瑞典就有某种形式的强制军役。该义务建立在这一原则上：一切自由人有携带兵器之权利和保卫土地之义务。[9] 这种省级制度要求征召、维护舰队并供养操纵舰队的士兵，国王可以出于防御或进攻的目的将他们"国家化"。这些军事力量常常用来征服芬兰或波罗的海沿岸其他地区。可以合理地认为，抢劫财物和控制土地的机遇极大地推动了战争的发起。

这些征服活动为瑞典的波罗的海帝国打下了基础。12世纪，芬兰基本被征服。这一战争并不是单方面的，因为芬兰人和波罗的海沿岸居民也袭击瑞典和丹麦的领地。[10]

13世纪初，军事制度有所变化。民众起义越来越令瑞典统治者焦头烂额，为了处理内部冲突，国王需要一种比省级征兵更加可靠的制度。在新制度下，税收取代了服役的义务。这些税收用于招募雇佣兵和在战略据点修筑堡垒。阶级制度肇始于斯，特权贵族创建自此。它导致了持续不断的内战，直到瓦萨王朝初期方告终结。斯普拉格评论道：新统治者"强迫农民向国王缴税，国王用这笔钱装备士兵，而士兵将农民管得服服帖帖……"[11]

14—15世纪瑞典历史的典型特征，是社会各阶层的持续冲突：教会与国家之间，农民与贵族之间，以及占统治地位的家族之间。其结果就是接二连三的暴力革命。这些冲突通常由雇佣兵进行作战，是一种极度昂贵的战争形式，随之而来的税负大部分落在了普罗大众身上。

高级贵族不打算浪费机会。他们从奋力挣扎的农民手中买进土地——曾经应当纳税的土地。当贵族成为土地所有者时，那些土地就不再缴税了，更多的重负落在了剩下的农民和工人身上。

14世纪40年代后期的黑死病在一年之内就消灭了瑞典三分之一的人口。贵族通过购进荒废的农场，再次发现了从他人痛苦中获利的机会。而那些不能增加财富的贵族就成了低级贵族，在斗争中常常与市民和农民站在一方。

瑞典国王马格努斯·埃里克松在他的舅舅、挪威国王哈康五世于 1319 年去世后，也当上了挪威国王，两国短暂联合。马格努斯有个名叫哈康的儿子，挪威人在后者成年之后选举其为国王，此即哈康六世。1363 年，哈康六世娶了丹麦国王瓦尔德马四世的女儿玛格丽特。

玛格丽特与哈康生有一子奥拉夫。哈康六世在 1363 年去世后[1]，奥拉夫继承了挪威王冠；外祖父瓦尔德马去世后，他又当选为丹麦国王。两个国家就是这样联合的，并持续到 1814 年。起初，这是一个双重君主国，各国根据自己的法律统治，均有本国的枢密院。16 世纪宗教改革期间，丹麦将其转变为绝对君主制。

14 世纪，瑞典诸王将大量土地抵押给丹麦人和德意志人，瑞典仿佛就要分崩离析。高级贵族与国王马格努斯·埃里克松决裂了，并向德意志贵族、国王的外甥——梅克伦堡的阿尔伯特求援。上层贵族凭借这种相当不爱国的举动获赐大片土地。在这一过程中，瑞典的独立性很大程度上沦于外国势力之手。

阿尔伯特的统治不得人心，为了推翻他，瑞典贵族又向丹麦求援。瓦尔德马之女玛格丽特一世女王派兵进入瑞典，在 1389 年 2 月 24 日的法兰战役中决定性地击败了阿尔伯特及其德意志盟友。玛格丽特遂入主瑞典。

玛格丽特一世女王无疑是瓦萨王朝建立前斯堪的纳维亚最具远见的统治者。威廉·莫贝里称其为"斯堪的纳维亚最伟大的君主"。[12] 她实为卓越的女性——精于政治、意志坚定、足智多谋。她目睹了斯堪的纳维亚诸国间长久不断的战争，决心以统一来终结这种状态。

她也力图削弱汉萨同盟的力量。该同盟在北欧国家立足稳固，强迫三国政府做出让步，主宰这一地区的贸易。德意志人在重要的港口建立了自己的社群，拒绝遵守当地法律，瑞典人和挪威人尤其受到了他们的残酷对待。玛格丽特认为，只有统一的斯堪的纳维亚方能消除汉萨同盟的垄断和德意志的威胁。[13]

---

① 译注：原文如此，哈康六世实于 1380 年去世。

1387 年，玛格丽特的独子奥拉夫四世（在丹麦称为奥鲁夫三世）去世，年仅 17 岁。传承自 9 世纪的挪威古老王室，随着他的死亡而终结。最后，玛格丽特在统治两个国家之外，也统治了瑞典。

由于没有在世的继承人，玛格丽特极力关注王位传承问题。她最终选择了她外甥女的儿子博吉斯拉夫。"博吉斯拉夫"之名与北欧君主不相配①，遂更其名曰"波美拉尼亚的埃里克"。

1397 年，玛格丽特召集挪、瑞、丹贵族在卡尔马聚议，埃里克在会上被加冕为三个斯堪的纳维亚国家的国王。这一行动因"卡尔马联盟"而知名。这三个国家将有共同的国王；每个王国都有权自我管理内部事务，但在对外关系上应当统一行动。玛格丽特继续帮助埃里克国王统治斯堪的纳维亚三国，直到她于 1412 年去世。

她和继承人都认为丹麦是联盟中的主导国 [14]，并任命丹麦人和德意志人在挪威和瑞典担任最重要的职位，这就违背了卡尔马协议的精神。此举使瑞典的民族主义和独立诉求兴起，并导致了 1434 年的一场暴动。挪威人和丹麦人也对埃里克的领导心生厌倦，迫使其退位。1448 年，奥尔登堡的克里斯蒂安当选为王，奥尔登堡王朝遂统治丹麦和挪威直至 1814 年。瑞典名义上仍为联盟之一员，由卡尔·克努特松·邦代统治。1470—1495 年，他的摄政职位②由老斯滕·斯图雷继任。

丹麦的克里斯蒂安一世③试图以武力重申其在瑞典的权力。老斯滕·斯图雷在斯德哥尔摩附近的布朗切山山脊与丹麦国王进行了一场具有决定性的战役。瑞典人在恶战中取胜。

老斯滕·斯图雷掌握瑞典政权几乎长达 30 年，直到 1503 年去世为止。人们相信，他在瑞典追求独立的过程中做了相当多的基础工作。在他死后，摄政王先后由斯万特·尼尔松·斯图雷和小斯滕·斯图雷担任，后者在瑞典独立斗

---

① 译注：因为这是个典型的斯拉夫人名，而不是日耳曼人名。此人来自德意志与波兰交界的波美拉尼亚地区，受斯拉夫文化影响。

② 译注：卡尔·克努特松·邦代（卡尔八世）曾三次僭称国王，地位不单单是摄政。

③ 译注：即奥尔登堡的克里斯蒂安。

争的高潮期间执掌权力。

丹麦的克里斯蒂安二世试图让瑞典重返怀抱，并得到了一些瑞典贵族的支持。小斯滕·斯图雷与大主教古斯塔夫·特罗勒起了冲突，大主教最终锒铛入狱。教皇对斯滕·斯图雷及其支持者实施绝罚，并指示克里斯蒂安二世前去惩戒罪人。1520年1月，在与丹麦来犯者的战役中，斯滕·斯图雷受了致命伤，留下了群龙无首的瑞典。

1520年11月，克里斯蒂安二世在斯德哥尔摩加冕为王。典礼举行前，许多瑞典贵族应召入宫觐见国王，而那些曾经与之作战的贵族得到了不设限制的大赦令。这些贵族受到了欺骗，被草率指控为异端分子。由教会领导人进行敷衍了事的审判后，他们被押往斯德哥尔摩的主广场处决。不到两小时，瑞典失去了至少82名最显赫的贵族。该事件史称"斯德哥尔摩屠杀"。

屠杀激起瑞典人发动新的叛乱，最终瑞典贵族古斯塔夫·瓦萨夺取了权力。他担任摄政王，直到1523年加冕为国王古斯塔夫一世为止，其统治持续到1560年。他的加冕之日——1523年6月6日——成了瑞典的国庆节。威廉·莫贝里为联盟的失败扼腕叹息，因为"在接下来的400年中，三国人民将兵连祸结"。[15]

瓦萨王朝前两代国王简述

瓦萨王朝的前两代是瑞典历史上的动荡期。这是从以贵族为基础的去中心化社会到以世袭君主制和民主的发展为基础的社会的过渡期。古斯塔夫一世相对漫长的统治见证了最后一次民众起义（1542年的达克之乱）①和行政的巨大变革。对外战争继续进行，第二代瓦萨统治者见证了瑞典开始陷入对俄罗斯和波兰-立陶宛联邦的战争泥潭。

痛苦的手足相残发生在古斯塔夫一世的儿子间——1560—1569年在位的埃里克十四世、1569—1592②年在位的约翰三世、统治始于1602年的卡尔九

---

① 译注：原文为"德拉克"（Dracke），疑为"Dacke"之误。这场起义发生在瑞典南部，因反抗重税和宗教改革而起，领导人为尼尔斯·达克。

② 译注：原文为"1692"，已径改。

世。[16] 兄弟阋墙导致了 1599—1604 年的短暂内战。争执持续到古斯塔夫一世的孙辈。瓦萨家族兼有天才与疯狂的印记。埃里克十四世因精神错乱而被迫退位,余生在狱中凄惨度过。

古斯塔夫一世最持久的贡献是建立世袭君主制,并为国家建立了更加稳固的财政基础。战争中始终存在的问题——财政——导致国家到 1526 年时几近破产。

古斯塔夫一世以多种方式解决财政问题。第一,他对所有外贸活动征税;第二,支持并投资矿业,最终将其转变为国家最大的产业;第三,他要求进行严格的记账,保证官员的诚实,这带给交税者的好处或许不及带给国王的大。

最重要的是,古斯塔夫一世通过倡导新教,抓住了提升王权的机会。路德宗否认教皇的权威,支持国王有权动用教会的巨量资源。据估计,瑞典天主教会在 1500 年拥有该国约 21% 的土地,还征收什一税。同时,王室土地只占 5%。但是,通过信奉新教,教会的地产降为零,而国王的地产增至 28%。[17] 莫贝里坦率地表示:"要不是因为古斯塔夫·瓦萨的财政困境,瑞典人说不定至今仍然是天主教徒。"[18]

古斯塔夫一世让国家转奉新教,不仅为国家争取了巨量财富,还清除了教会干涉政治的权力。这也相应地强化了国王处理贵族问题的能力。通过缩小省区、任命低级贵族为行政官员等措施,古斯塔夫将贵族控制的土地降低了 16%,并将向国王纳税的农民的土地份额提高了 21%。[19]

1544 年,古斯塔夫一世建立了人们所称的欧洲第一支国家常备军。[20] 起初,这支攻防力量是志愿的,且主要以后备军的形式服役,拥有一个永久性的精英训练团。到了 1560 年,志愿兵制度显然变得无法运行,遂建立了一项摊派制度,由此全国每 10 个农民应当提供 1 个新兵。古斯塔夫一世在位期间,瑞典卷入了两场短暂的战争:1534—1537 年与德意志汉萨同盟城市吕贝克的战争,以及 1554—1557 年与俄罗斯的战争。

古斯塔夫一世的长子埃里克十四世继承父位,1560—1569 年在位。他原本可能是个极有才智的人,但也残酷对待那些他怀疑阴谋反对他的人,连自己兄弟也不放过。他最终因疯狂而被废。埃里克十四世深深陷入了波罗的海战争①，他不仅没有设法与波兰结盟，还顽固地、失败地采纳了与俄国伊凡雷帝谋求结盟的灾难性政策。埃里克也卷入了与丹麦-挪威的长期战争，后者自1562年起就与俄国结盟。波兰很快加入了该联盟。

埃里克十四世太过固执地追求伊凡雷帝的好意，以至于寡廉鲜耻地同意俄国引渡他被囚的弟弟约翰的妻子、波兰的卡塔日娜的要求。埃里克在引渡执行前就被推翻。他没有公认的合法子嗣，王位传给其弟约翰。

约翰三世，1569—1592年在位，继承了一个困难重重的国家，其中很多困难都是拜其兄所赐。首先且最重要的，就是瑞典卷入了与四个国家和吕贝克城的战争。约翰决定在不损害国家利益的前提下，使瑞典从这些冲突中脱身，并改善与其他国家的关系。

约翰三世虽然调整了其兄的政策，寻求与波兰的友好关系，但继续身陷未曾中断的波罗的海战事。他的政策有战略原因，也有个人原因。他确信，瑞典的最佳政策是与波兰而非俄国结盟。与波兰雅盖隆王朝国王齐格蒙特二世·奥古斯都之女②联姻，为他提供了个人因素。1572年，齐格蒙特二世去世，王位继承之争遂起——瓦卢瓦的亨利短暂统治了一年，随后是波兰人斯特凡·巴托里③统治的10年。1586年，巴托里去世，经过艰难游说，约翰三世成功地使儿子西吉斯蒙德当选波兰-立陶宛新国王。他以齐格蒙特三世④之名长期在位，直至1632年去世。

利沃尼亚战争继续拖延。但是，当齐格蒙特二世的妹夫约翰三世当上国王后，两国关系立即改善，反瑞联盟崩溃了。和平谈判开始了，最终在1570年11月30日签订了《什切青条约》。7年的战争⑤和20万人的伤亡，令瑞典

---

① 译注：指利沃尼亚战争（1558—1583年）。16世纪，随着利沃尼亚骑士团的衰落，俄国、波兰-立陶宛、瑞典、丹麦均试图填补利沃尼亚（大致相当于今爱沙尼亚和拉脱维亚）的权力真空，由此引发了漫长的战争。1561年，埃里克十四世派兵进入爱沙尼亚，正式参战。

② 译注：原文如此，卡塔日娜实为齐格蒙特一世之女、齐格蒙特二世之妹。

③ 译注：他出身于匈牙利贵族，亦为特兰西瓦尼亚亲王，并非波兰人。但在当时波兰的选君制下，外国人担任波兰国王是常有之事。

④ 译注：瑞典语之西吉斯蒙德（Sigismund），即波兰语之齐格蒙特（Zygmunt）。

⑤ 译注：指丹麦与瑞典之间的"北方七年战争"，与利沃尼亚战争同时进行。《什切青和约》是瑞典与丹麦之间签订的。

脸上无光。在几乎所有领域，瑞典都失败了。《什切青条约》开启了一段相对平静的时日，但它的条款让瑞典破败不堪、心生怨恨。对俄战争还在继续。这是充满毁灭、袭击、小型围城战的残酷战争，但在饥馑的乡村极少有意义重大的战役。双方都犯下了屠杀被征服者和野蛮施暴的罪行。[21]

约翰三世守住利沃尼亚的坚定决心最终在 1578 年取得成功。波兰和瑞典军队通过临时起意的战场合作，在文登重创俄军。这导致俄国此后接连受挫，到了 1581 年，瑞典人夺取了爱沙尼亚、芬兰边境的科斯霍姆、英格利亚①大部和纳尔瓦城。俄国人失去了波罗的海所有港口，瑞典对这些港口的占据有助于减轻一部分财政压力，因为它可以向经过港口的货物征税。巴托里国王率领的波兰人在对俄作战中也取得了一些胜利。

然而，波兰人震惊于瑞典实力的上升，感到与俄国人休战的时机到了。在教廷的斡旋下，波兰于 1582 年签订了《雅姆·扎波尔斯基停战协议》，这份协议对伊凡雷帝而言是奇耻大辱。在这种情况下，约翰三世认为与俄国单独缔约是精明的选择。1583 年，在维持现状的基础上协商出了一份为期三年的停战协定；1586 年，复追加三年期限。

家族纷争并未随着埃里克十四世被废黜而消失。迈克尔·罗伯茨写道，卡尔无疑卷入了反对兄长约翰的各种阴谋，包括一场计划中的政变。他也提到，约翰表现出了家族中的某些精神病征兆。[22]

1584 年，伊凡雷帝去世；两年后，巴托里去世。伊凡之子费奥多尔一世继位，事实证明他是个懦弱的统治者。鲍里斯·戈东诺夫和尼基塔·罗曼诺夫领导的贵族治理着国家。1598 年，戈东诺夫在费奥多尔之后当选沙皇，统治俄国直至 1605 年。

如前所述，巴托里在波兰的继承人是约翰三世和卡塔日娜之子齐格蒙特三世。卡塔日娜是个虔诚的天主教徒，也按照这种信仰培养儿子。波兰人和瑞典人都希望齐格蒙特当选为波兰国王可以解决两国间的问题，因为他也是瑞典王位的继承人。尽管卡尔曾在 1568 年同意哥哥约翰三世应当由其子继任，但

---

① 译注：亦名"英耶曼兰"，大致位于芬兰湾末端，后来的俄国圣彼得堡就建在此处。

他现在以齐格蒙特的宗教信仰为由，发现了为自己索取瑞典王冠的机会。彼得·威尔逊认为卡尔"在许多方面都是三兄弟中最乏魅力的"。[23]毫无疑问，卡尔是一位操纵者、阴谋家，自私透顶。

1593年，卡尔得以正式宣布瑞典为路德宗国家。当齐格蒙特于该年来到瑞典时，他被迫接受新的法律，并允许卡尔在他缺席时担任政府首脑。宗教和个人矛盾导致了敌对团体的形成，一派支持卡尔，另一派支持他的侄子。

1598年，齐格蒙特率领一支小型雇佣军返回瑞典，在斯特根堡击败了一支大得多的瑞军。在一个月后决定性的斯通厄小溪战役中，卡尔趁着正在进行谈判时奸诈地发起了进攻，击败了齐格蒙特的兵马。[24]后者返回波兰，但从未放弃对瑞典王位的诉求，这将萦绕于瑞典人的心头长达两代人以上。卡尔在"里克斯达"（议会）中成功地废黜了齐格蒙特，但到1604年才戴上王冠，史称卡尔九世。

莫贝里相信，早期瓦萨诸王或许受到了同时代的尼科洛·马基雅维利的影响。在政治和军事领域，马基雅维利的作品在斯堪的纳维亚似乎颇具影响。[25]莫贝里注意到，根据《君主论》，"武力、背叛、诡计、谎言、虚伪和掩饰，全部是实现政策的必要且合理的工具"[26]。当时的大多数统治者都遵循着同样的规则，不幸的是现在的很多政治家依然如此。

卡尔九世继续瑞典在波罗的海的战争，带来了灾难性的后果。如果必须以一句话总结这场战争的结果，那就是：业余军事战略家卡尔九世在5年的战争中丢掉了兄长约翰三世之前的统治中得到的一切。

卡尔九世遇上的波兰将领都是杰出的军事领导人，敌人是波兰人和立陶宛人，而不是俄国人。基尔霍姆战役是这场战争中最重要的一战。不论以哪种标准来看，瑞典都遭遇了毁灭性的失败，即便陆军元帅扬·卡罗尔·霍德凯维奇统率的波军兵力只有瑞军的三分之一。弗罗斯特使用了波兰语史料，他写道，里加①市民在乱葬坑中掩埋的瑞典人及其雇佣兵超过了8900人。这个人数占瑞军的82%，令人震惊，而波兰只有100人战死。[27]罗伯茨写道，瑞典的伤

---

① 译注：里加，利沃尼亚大型港口城市，今拉脱维亚首都。基尔霍姆距离里加不远，当时瑞典正在围攻里加，霍德凯维奇以劣势兵力赶来救援，瑞军遂以全部主力迎战波军。

亡至少有 7600 人，而波兰只有 900 人。[28] 无论真实的伤亡数字如何，确切无疑的是，这对卡尔九世是一场灾难。

1610 年 7 月，波兰人和立陶宛人在陆军元帅斯坦尼斯瓦夫·若乌凯夫斯基的指挥下，使瑞俄联军在克鲁希诺遭受了另一次失败。除此之外，在 1605 年的基尔霍姆战役后，战争差不多就结束了。后续阶段基本是周期性的作战和间歇性的和约，直到 17 世纪 20 年代战争才真正重启。在第一章中，关于卡尔九世在波罗的海的对俄战争和对丹麦–挪威的战争，将有更加详细的叙述。

艾伦·阿克塞尔罗德写道："瑞典人没有轻易产生战争的思想。" [29] 他是正确的，因为今人将瑞典视为一个非常和平的国家。从历史上看，这种观点是错误的，读者从这篇简述和本书的其余部分中就能了解这一点。在斯堪的纳维亚人有文字记载的历史的前一千年中，西方社会中很难找到比他们更加好战的。他们卷入了内战、北欧国家间的战争或与其他欧洲国家的战争，几乎从不间断，直到进入 18 世纪晚期为止。皈依基督教前的北欧古代宗教信仰的残留与这种情况有一定关联，因为它高度崇尚作战、荣誉和瓦尔哈拉观念——瓦尔哈拉是神话中战殒的武士陪伴诸神的家园。

虽然瑞典在 1815 年后选择了武装中立，但北欧地区的其他国家——芬兰、丹麦和挪威——直到 20 世纪中叶仍继续卷入战争。直到 21 世纪，它们仍然参与战争，因为它们在伊拉克和阿富汗提供了有限的力量。

注释:

[1] Robert I. Frost, *The Northern Wars 1558-1721* (London: Longman, 2000), p. 330.

[2] R. M. Hatton, *Charles XII of Sweden* (New York: Weybright and Talley, 1969), behind p. XVII.

[3] 这些日期没有得到普遍接受。Karsten Alnæs, *Historien om Norge*. Five volumes (Oslo: Gyldendal Norsk Forlag, 1996-2000), volume 1, pp. 89-116在考古发现的基础上，使用的日期是约700年至约1050年。

[4] Gwyn Jones, *A History of the Vikings*, (New York: Oxford University Press, 1968), p. 21-28.

[5] Martina Sprague, *Sweden: An Illustrated History* (New York: Hippocrene Books, Inc., 2005), pp. 21-28.

[6] Robert Ferguson, *The Vikings: A History* (New York: Penguin Group, 2009), pp. 108-117.

[7] Vilhelm Moberg, *A History of the Swedish People*. Two volumes. Translated by Paul Britten Austin (Minneapolis: University of Minnesota Press, 2005), volume 1, pp. 73-85.

[8] Sprague, *op. cit.*, p. 71.

[9] *Ibid*, p. 69.

[10] Erich Christiansen, *The Northern Crusades* (New York: Penguin Books, 1997), pp. 93-113.

[11] Sprague, *op. cit.*, p. 74.

[12] Moberg, *op. cit.*, volume 1, p. 198.

[13] *Ibid*, volume 1, pp. 204-205.

[14] Kristian Erslev, *Dronning Margrethe og Kalmarunionens grundleggelse* (Kjøbenhavn: J. Erslev, 1882) 估计那时的丹麦人口大约等于瑞典、挪威和芬兰人口之和。

[15] Moberg, *op. cit.*, volume 1, p. 206.

[16] 1592—1599 年间，瑞典的法定统治者是古斯塔夫一世之孙、约翰三世之子西吉斯蒙德。

[17] Andrina Stiles, *Sweden and the Baltic 1523-1721* (London: Hodder & Stoughton, 1992), p. 18.

[18] Moberg, *op. cit.*, volume 2, p. 169.

[19] Wilson, *The Thirty Years War*, p. 178.

[20] Stiles, *op. cit.*, p. 30.

[21] Michael Roberts, *The Early Vasas: A history of Sweden 1523-1611* (London: Cambridge University Press, 1986), p. 258.

[22] *Ibid*, pp. 216-217.

[23] Wilson, *The Thirty Years War*, p. 180.

[24] Frost, *op. cit.*, p. 45.

[25] Geir Atle Ersland and Terje H. Holm, *Norsk Forsvarshistorie*. Three volumes (Bergen: Eide Forlag, 2000), volume 1, pp. 151-152.

[26] Moberg, *op. cit.*, volume 2, pp. 180-184, particularly p. 181.

[27] Frost, *op. cit.*, p. 65.

[28] Roberts, *The Early Vasas*, p. 401.

[29] Alan Axelrod, *Little-Known Wars of Great and Lasting Impact: The Turning Points in Our History We Should Know More About* (Beverly, Massachusetts: Fair Winds Press, 2009), p. 129.

古斯塔夫·阿道夫的
丹麦和波罗的海之战

> 我的天性是从不轻信没有亲自做过的事；同样有必要的是，我用自己的眼睛观察一切。

> ——古斯塔夫·阿道夫如此回应劝告他不要拿生命无谓冒险的人

成长之年

1594 年 12 月 9 日[①]，古斯塔夫二世·阿道夫生于斯德哥尔摩。他是国王卡尔九世与荷尔斯泰因–戈托普的克里斯蒂娜的长子，尽管古斯塔夫出生时，卡尔还没有当上国王。合法的国王是卡尔的侄子齐格蒙特（1593 年加冕）。

作为王族公爵和公爵夫人的儿子，古斯塔夫二世·阿道夫得到了应有尽有、呵护备至的培养。此时尚无迹象表明他会成为未来的国王，因为他出生时瑞典的王冠还在家族的另一个支系中——直到 1604 年他的父亲卡尔九世才加冕称王。古斯塔夫在各个方面都有私人教师提供教育。他不是一个无所事事的孩子，而是具有相当多的天赋智慧，还有强烈的好学精神。

据说，古斯塔夫 12 岁时就可以说一口完美的德语——这并不奇怪，因为他的母亲就是一位德意志郡主——以及流利的拉丁语、意大利语、荷兰语。他也早早表现出了日后成为打动人心的演讲家的迹象。

---

① 译注：虽然作者尽量使用格里历（新历），但此处日期是儒略历（旧历），按格里历古斯塔夫生于 12 月 19 日。

而他的出类拔萃真正体现在学习外交和军务上。年轻的古斯塔夫几乎阅读了他能获取的一切关于战争艺术和科学的资料，拿骚的莫里斯是他的偶像。他是一位强壮的运动员，擅长骑马和使用各种武器。他早早表现出了对有形危险的轻视，这个特质在他之后的人生中也频频显露，最终导致了他的死亡。

1609 年，荷兰独立战争有一次休战。据迪普伊上校所说，这场战争的很多老兵来到瑞典，寻找参加波罗的海作战的机会。他们描述的莫里斯引入的新型战法使古斯塔夫产生了极大兴趣。[1] 这些对话和他自身的阅读对他的一生产生了深远影响。

1599 年，齐格蒙特被议会废黜，其叔父卡尔成为有实无名的国王。齐格蒙特作为正当的继承人，拒绝接受被叔父操纵的议会决定，于 1600 年初宣战。敌对行动很快在利沃尼亚爆发。本场战争将持续到 1629 年，其间时有停战。

从形式上看，卡尔九世担任国王的时间较短（1604—1611 年），但他已经开始让古斯塔夫及早参与国家事务。古斯塔夫常常参加枢密院会议，并接见了很多外国使节。1609 年，15 岁的古斯塔夫掌管了西曼兰公国的行政。次年，他请求父王允许他参加对俄远征，但遭父王拒绝。

1605 年后，瑞波冲突暂时告一段落，这是因为俄国在沙皇鲍里斯·戈东诺夫去世与米哈伊尔·罗曼诺夫于 1613 年开始统治之间陷入了内乱——史称"混乱年代"。一连串的觊觎者自称是留里克王朝的末代皇子季米特里，而此人事实上已经在 1591 年去世。[2] 波兰和瑞典都利用俄国的动荡攫取俄国领土。1609 年，齐格蒙特干涉俄国的权力斗争，支持一帮在莫斯科围困沙皇瓦西里·舒伊斯基的叛乱贵族。齐格蒙特的目的是让自己儿子瓦迪斯瓦夫成为新沙皇。[3]

被围困的沙皇向瑞典求救。为了报答这一援助，他承诺将芬兰湾争议地区的控制权割让予瑞典。卡尔九世表示同意，并派出了陆军元帅雅各布·德拉加尔迪麾下的一个军团。

德拉加尔迪的兵马与忠于沙皇舒伊斯基的部队合作，解救了俄国首都，迫使叛军撤退。[4] 在莫斯科取胜后，德拉加尔迪与俄国盟友前去救援被波军围困的斯摩棱斯克堡垒。然而，1610 年 7 月 4 日，在莫斯科至斯摩棱斯克的半途中，波兰最伟大的统帅之一、陆军元帅（赫特曼）斯坦尼斯瓦夫·若乌凯夫斯基率领一支规模小得多的波兰军队，在克鲁希诺战役中重创瑞俄联军。

若乌凯夫斯基随即进军莫斯科，将其占领，并废黜了沙皇瓦西里（巴西尔）。经历克鲁希诺惨败，且俄国现已被波兰实际控制，卡尔九世认定最明智的行动路线就是向北撤退。他认为，现在俄国动乱不休，是夺取瓦西里求助瑞典时承诺的一些领土的大好时机。德拉加尔迪夺取了科斯霍姆附近地区和诺夫哥罗德城。

与侄子齐格蒙特类似，卡尔九世或许也有建立王朝的动机。瑞典历史学家尼尔斯·安隆德（1889—1957 年）写道：1611 年初夏，"俄国国民自卫队聚于莫斯科，因对本土统治者的前景心灰意冷，选择瑞典的古斯塔夫·阿道夫担任他们的沙皇和大公"[5]。当雅各布·德拉加尔迪与被征服的诺夫哥罗德城缔结条约时，卡尔九世被称作这座城市的保护者，并指明他的某位儿子将成为沙皇。正设法抑制波兰扩张的卡尔九世似乎对俄国的提议感到惊诧。

安隆德认为，有证据表明 1612 年夏季古斯塔夫仍然在考虑俄国的提议，这或许是出于一种策略，以便对付敌人波兰。[6] 最终，他认定这不是一个好主意，因为瑞典与俄国的利益是冲突的。

然而，卡尔九世的次子卡尔·菲利普或许愿意迎接挑战。古斯塔夫对这个主意同样缺乏热情。他意识到，俄国与瑞典未来的利益冲突可能会使他与弟弟之间产生仇恨。他毫无疑问将波兰的情况记在心里，因为他正在与堂兄作战。

然而，克里斯蒂娜王后似乎支持该计划。不过，浪费了很多时间后，卡尔·菲利普才动身赴俄。在他到达俄国边界前，发生了一件事，使在莫斯科建立瓦萨王朝幼支的希望破灭了。这件事就是 1613 年米哈伊尔·罗曼诺夫当选沙皇——而他将统治俄国直至 1645 年。瑞典继续与俄国作战，直到 1617 年签订《斯托尔博瓦和约》为止。

卡尔马战争（1611—1613 年）

丹麦的克里斯蒂安四世决定利用瑞典深陷俄国与利沃尼亚的战争，解决宿怨。这是克里斯蒂安的狡猾动作，因为卡尔九世最好的军队全都在波罗的海地区，如果强大的丹麦舰队封锁瑞军可能登船的波罗的海东部港口，他们就无法调回瑞典。克里斯蒂安貌似也知道卡尔九世患了中风。我们知道的是，古斯塔夫认为丹麦的进攻是一种背叛；而他和克里斯蒂安仍将是一对劲敌，直到他在 1632 年阵亡为止。

让我们迅速回顾这场战争的缘由。它发生在血腥的"北方七年战争"结束 41 年后。《什切青条约》几乎在各个方面都是瑞典国王埃里克的挫败，它只给失败的一方带来了怨恨，并助长了胜利一方的野心。

因此，17 世纪一开始，波罗的海的主导力量是丹麦-挪威王国。即便不考虑偏远的领土冰岛与格陵兰，该王国也覆盖了从德意志北部至欧洲大陆末端的广袤地区。海岸线的总长度不可胜计，为前往大西洋与波罗的海提供了便捷的渠道。在南方，日德兰半岛上的诸公国增加了相当多的德语人口。对野心勃勃的奥尔登堡王朝而言，附近世俗化的北德主教区是可以争取的目标。波罗的海的出入口完全在丹麦手中，这不仅仅给王室的内库带来了丰厚的财富，也让丹麦人有了与西欧海上强国周旋的强大影响力。瑞典东南海外的哥得兰岛和奥塞尔岛①被丹麦控制，对瑞典构成了威胁，因为它们是前往波罗的海东部的垫脚石，也有利于海军掌控波罗的海。

挪威对联盟的贡献，首先在于挪威人的航海天赋——他们的水手构成了海军和商船队的主心骨。在广阔的市场中，深海渔业和大宗木材出口因高需求而获益。挪威的北部海岸使之可以控制来自白海②的贸易。同时，丹麦-挪威只需要对付一个国家，这就是包括芬兰在内的瑞典。

另一方面，瑞典感到自己被包围了。西部、北部以及斯堪的纳维亚分水岭以东的两个省③，均在挪威控制之下。挪威发生的冲突可能扩展到波罗的海，将瑞典的北部和南部分割开来。挪威的地理位置也对瑞典朝思暮想的北冰洋出海口造成了困扰。在东方，瑞典面对着两个大国：东正教的俄国与天主教的波兰。在南方，它不得不与占据了瑞典本土一大块的丹麦④和跨越波罗的海南部的德意志汉萨同盟竞争。

---

① 译注：奥塞尔岛虽位于瑞典东南，但属于爱沙尼亚的周边岛屿；哥得兰岛则是瑞典的海上门户。

② 译注：位于俄罗斯北部，亦近斯堪的纳维亚半岛，属北冰洋。

③ 译注：即耶姆特兰和海里耶达伦两省。今天，挪威和瑞典的边界就是斯堪的纳维亚山脉，而在 17 世纪前挪威有两个省位于山脉以东，就像插入瑞典本土的楔子。

④ 译注：这里是说，丹麦占据了斯堪的纳维亚半岛最南端的斯科讷诸省。事实上，这些省自中世纪起就长期归丹麦统治，17 世纪中期才为瑞典吞并。

数个世纪以来，矿业都是瑞典最重要的财源之一，但其潜力尚未全面发掘。农业是听天由命，在一些年头有盈余，而另一些年头只得依赖进口。瑞典和芬兰的森林密布，但它们的开发主要是供国内使用，出口的极少。瑞典的航运没法与丹麦-挪威相提并论。除了埃尔夫斯堡堡垒和港口^①周边的一小段土地外，瑞典没有西部的出海口。

卡尔九世试图将瑞典与芬兰疆域扩张至北冰洋，以此干扰俄国白海方向的贸易，并为瑞典提供前往大西洋的出海口，这些政策向丹麦敲响了警钟。这至少是克里斯蒂安四世在 1611 年突袭瑞典，引发长达两年的卡尔马战争的原因之一。斯堪的纳维亚诸国间还有其他很多仇怨可以被统治者用来煽动群众。两个王国之间的敌意，是决定它们在 17 世纪的关系的最大单一因素。[7]

丹麦突然从斯科讷和挪威发动入侵，使卡尔九世一病不起。由于大多数瑞军正在俄国和利沃尼亚作战，他只能局部地集中能找到的所有军队。当国王准备进军解救受困的卡尔马城堡时，他授权儿子古斯塔夫——尚不满 17 岁——指挥东约特兰部队。

克里斯蒂安四世在进攻前准备充分，甚至与波兰和俄国结成了联盟。防守森严的卡尔马城是保卫瑞典东南部的关键。8 月，克里斯蒂安乘船前往卡尔马。丹麦人突袭并夺取了这座城镇，但没有拿下城堡。

古斯塔夫不甘心留在东约特兰，他自作主张，召集了一小股民兵，渡海进入厄兰岛——丹麦人只在此留下了少量军队。因此，当古斯塔夫率领的瑞军现身时，丹麦守军毫无准备，撤往博里霍尔姆城堡，并很快被迫投降。

尽管卡尔九世率领的援军正在接近，卡尔马城堡的瑞军指挥官仍然投降了。克里斯蒂安四世看到瑞典人可以召集一支民兵，意识到原先在瑞典东南部长驱直入的希望被破坏了。随着冬日临近，克里斯蒂安留下一支卫戍部队守卫卡尔马后，便撤走了剩余军队，以待 1612 年的作战。

古斯塔夫自厄兰岛而返，计划实施另外的进攻行动。他率领自己的小股部队进入丹麦斯科讷省，似乎只打算进行速战速决的袭击。然而，边境要塞克

---

① 译注：埃尔夫斯堡位于约塔河（彼时丹、瑞、挪界河）河口，既是一座堡垒，也是一处海港。

里斯蒂安堡的丹麦指挥官警觉了起来，向克里斯蒂安发出急信，要求 500 名左右骑兵前来增援。信件根本没有送达目的地，因为它被瑞典人截获了。古斯塔夫发现并抓住了机会。他将麾下的一支民兵打扮得像丹麦骑兵，在夜间接近要塞。丹麦人误以为这就是他们请来的援军，就打开了大门。经短暂交战，要塞被攻克，战争的第一阶段以瑞典的胜利告终。①

1611 年之战结束后几个星期，卡尔九世去世。瑞典法律规定国王在全面执掌政府前必须年满 24 岁。古斯塔夫尚不满 17 岁，所以他的母亲、他的堂兄东约特兰公爵约翰和枢密院的 6 名贵族组成了摄政委员会。然而，不到两个月，议会就修改了继承法，允许古斯塔夫在 17 岁称王。就在生日的 8 天后，他当上了瑞典国王。

1612 年 1 月，古斯塔夫的第一个行动，就是任命 28 岁的阿克塞尔·奥克森谢尔纳为首相。这是个明智的选择。阿克塞尔一直是古斯塔夫的左膀右臂，直至国王战死沙场。其后，阿克塞尔接管了德意志事务的指导权，同时担任古斯塔夫未成年的女儿克里斯蒂娜的监护人。奥克森谢尔纳冷静的性格，与性烈如火的国王可谓相得益彰。

古斯塔夫继承的除了王冠，还有三场进行中的战争：瑞丹战争、瑞波战争、瑞俄战争。敌人的实力比起瑞典均有较大优势。古斯塔夫必须分个轻重缓急。他准确地洞察到，与丹麦的战争对瑞典的利益才是最危险的，故而将解决这场冲突置于优先地位。他渴望尽快结束这场战争，只要条件可以接受。

1612 年对丹麦和挪威的作战

1612 年战事开局时，丹麦因占据卡尔马和埃尔夫斯堡两城而具有明显优势。后者是瑞典面向西方的唯一出口。克里斯蒂安四世或许认为自己还有一个优势：坐在瑞典王位上的是一个没有经验的年轻人。这些实际存在的或自以为拥有的优势，或许可以解释他为什么拒绝了英王詹姆斯一世的斡旋。[8]

---

① 译注：亦有相关作品将克里斯蒂安堡战役的时间置于厄兰岛战役前，如 G. D. 彼得森的《瑞典的武士国王》（2007 年，121 页）、E. C. 安德森的《帆船时代的波罗的海海战》（1910 年，31–32 页）等。

古斯塔夫并不打算通过旷日累时的围城行动收复两座沦陷的城市，而是决定把战火烧到丹麦领土。他不顾大多数谋臣的意见，大胆决定入侵斯科讷。他最迫切的目标就是赫尔辛堡城镇。在这里，他暴露了日后将在波兰与德意志作战中屡屡出现的两大弱点：没有获得敌方行动的充分情报，没有采取足够的安全措施。接近目标前，瑞典人遭到了丹麦的突袭，结果瑞军战败，迫使古斯塔夫迅速撤退。经过这次尖锐的挫折后，古斯塔夫决定去挪威碰碰运气。

可在挪威他仍然没有取得值得重视的成果。但是，国王鲁莽地身先士卒，几乎送掉了自己的一条命，而这种事还将重复。在冰封的湖上进行的一次骑兵交锋中，他的战马坠入冰中。因为他身披甲胄，把他救起来费了很大的劲儿。英勇地冲锋在前对军队有极大的激励作用，这也是古斯塔夫反反复复做的事。然而，这种时候，整支军队面临着因失去领导者而战败的风险——在波兰和德意志战事中就发生了这种情况。领导者在战役中，是以赢得作战并节省人命为目的，而身处对行动实施最佳控制之处。只有当所有资源均投入特定的行动中，可结果悬而未决之时，领导才应该亲自上场，发挥决定作用。

当古斯塔夫在挪威作战时，克里斯蒂安四世准备对瑞典首都斯德哥尔摩发动大胆一击。为了避免古斯塔夫发现其真实目的，他假装准备进攻挪威边境附近的延雪平堡垒。这是个非常令人信服的佯攻，因为这将使丹麦军队控制古斯塔夫与瑞典的联络线。克里斯蒂安希望通过打击古斯塔夫的后方，使其无法妨碍自己对斯德哥尔摩的主力行动。

对克里斯蒂安而言，这是一个漂亮的战略动作，但实施起来没有那么精彩。如克里斯蒂安所愿，古斯塔夫移师保护延雪平，丹军主力 8000 人登上 30 艘船驶向斯德哥尔摩。兵力严重不足的瑞典海军无力阻止。克里斯蒂安在距瑞典首都仅有 19 公里的地方成功率军登陆。

古斯塔夫获悉丹麦威胁首都的消息后，迅速集结起一支 1200 名雇佣兵的小部队，实施了精疲力竭的 400 公里急行军，不到一周就完成了任务。当他到达斯德哥尔摩时，克里斯蒂安仅仅从登陆点行进了 10 公里，没有发生重大的交战。古斯塔夫到达后，克里斯蒂安只能返回丹麦。

两年徒劳的战争结束了，没有任何一方取得可观的收益。瑞典人蹂躏了挪威的耶姆特兰和海里耶达伦两省，但没有越过分水岭。更重要的是，古斯塔夫将丹麦逐出瑞典南部的希望落空了。事实上，卡尔马与埃尔夫斯堡两城的沦陷，增加了丹麦的财富，并剥夺了瑞典面向西方的唯一出海口。因此，双方都准备叫停战争，接受了英国与荷兰的提议。英荷两国渴望保持北欧的均势，就和平条约展开斡旋。这番斡旋促成了 1613 年 1 月 19 日《克奈雷德条约》的签订。

本条约的条款对丹麦更加有利。古斯塔夫不得不放弃父亲在挪威北部寻找出海口的政策，甚至返还了已经征服的挪威两省。瑞典所有的注意力都放在收复约塔河口周边的失地上，那里为瑞典提供了通往西方的唯一出海口。[9] 该条约将卡尔马与埃尔夫斯堡归还瑞典，但瑞典需要付出非常高昂的代价——100 万王国塔勒，分三期支付，第一期必须在丹麦撤军前支付。对一个同时卷入三场战争的穷国而言，这简直是天价。但是，荷兰保证提供财政援助，促成了这笔交易。事实上，荷兰急于保障北欧的均势，以至于它与瑞典在 1614 年结成了同盟。这也表明荷兰与英国都认为丹麦–挪威才是更强势的一方。[10]

对俄战争

瑞丹战争告一段落后，古斯塔夫得以将精力投入波罗的海另一岸的战争中。然而，他将出发时间推迟到了 1614 年，看起来并不着急。议会通过投票，为前往俄国的冒险批准了 50 万王国塔勒。幸运的是，在古斯塔夫到达战场前，他在利沃尼亚的指挥官、首相的弟弟加布里埃尔·奥克森谢尔纳成功地与波兰缔结了休战协议——在接下来的年头里还有很多这样的协议。

迪普伊推测，古斯塔夫推迟离开瑞典，与他对女伯爵艾芭·布拉赫的迷恋有关。看上去，他希望迎娶艾芭，但他的母后反对这桩婚事。她告诉儿子，不应该为爱情而结婚，而应该为政策而结婚。她说服了儿子，而艾芭后来嫁给了国王儿时的军事导师、陆军元帅雅各布·德拉加尔迪。这番波折似乎没有影响到国王与陆军元帅的关系。另一个原因，或许与他弟弟谋取俄国皇位的活动有关（前文已有讨论）。由于古斯塔夫与谋臣们花了较长时间才做出决定，俄国人撤销了他们的提议，而选出了米哈伊尔·罗曼诺夫。迪普伊认为，这或许是古斯塔夫一生中犯的最严重的政治错误。[11] 然而，古斯塔夫担心俄国与瑞典相冲突的利益将给兄弟关系带来麻烦。

1614 年古斯塔夫驶向战区，第一站是芬兰。从这里开始，他就亲自指挥

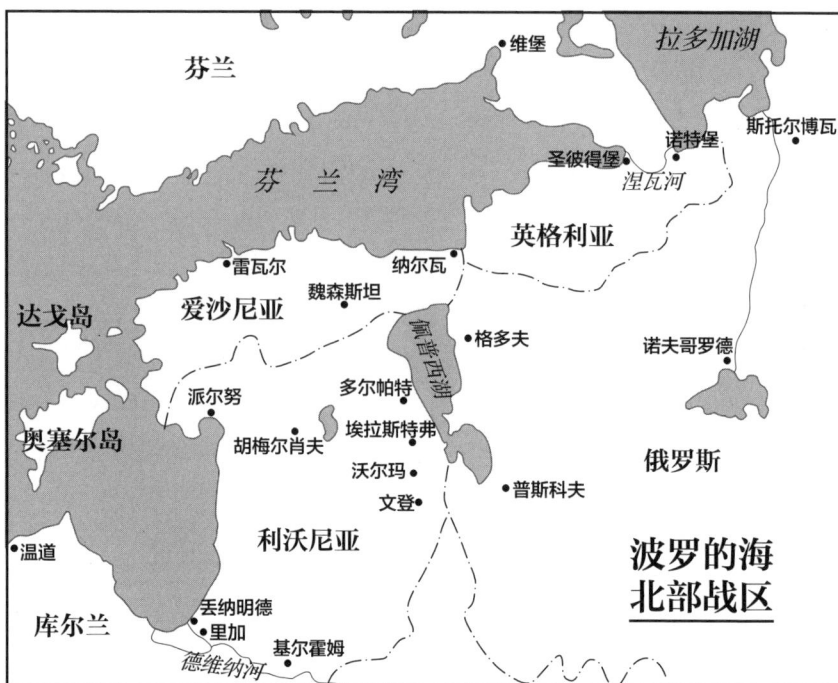
◎ 波罗的海北部战区示意图

对俄作战的部队。这些军队曾由德拉加尔迪指挥，而他现在成了二号指挥官。这是个明智的决定，德拉加尔迪已经身处战场多年，对形势了如指掌。此时，瑞典据有卡累利阿、英格利亚大部和诺夫哥罗德。1613 年，德拉加尔迪所部已经打退了俄军夺回诺夫哥罗德的一次尝试。

　　1615 年初，古斯塔夫开始发动攻势，由芬兰进军英格利亚。通过突袭格多夫城，他完成了对英格利亚的征服。古斯塔夫随后试图突袭普斯科夫，这是俄国西北部最强大的堡垒，进攻失败了。于是，瑞军实施了围困。怎料三个月后，围困还没有成功的迹象。随着冬季临近，古斯塔夫撤军了。

　　1615 年的俄国之战，就像 1612 年的对丹战争一样缺乏有意义的成果。瑞军已经拿下了英格利亚的剩余地区，却未能在普斯科夫取得任何进展。迪普伊注意到，瑞军唯一重要的变化就是古斯塔夫引入了严格的纪律。

　　1615 年之战结束时，古斯塔夫已经认定俄国是个落后得不值得打的国家。

28

他准备就和约展开谈判。俄国人同样急于结束战争，因为米哈伊尔沙皇需要时间在毁灭性的内战后重建国家。和平谈判期间，古斯塔夫留在同样受到战争摧残的国土芬兰。

1617 年初，俄国接受了瑞典提出的苛刻和平条件，并于 2 月 27 日签订《斯托尔博瓦条约》。俄国接受了瑞典对卡累利阿和英格利亚两省的所有权，此外还向瑞典支付了一大笔赔款。诺夫哥罗德和其他四个沦陷城市归还俄国。通过吞并卡累利阿和英格利亚，瑞典暂时获得了芬兰与爱沙尼亚间的安全地带。俄国再次被逐出波罗的海，俄国与西方的大多数贸易都在瑞典的管控下进行。[12]

在古斯塔夫担任国王的前 4 年，他与瓦萨王朝的先辈们其实没有明显差别。也没有迹象表明在以后 16 年，他的军事成就会使他直至 20 世纪和 21 世纪仍被视为"近代战争之父"，跻身历史上的伟大统帅之列。

古斯塔夫在这一时期并非无所事事。他已经全面构思了他的改革，并将在对波兰作战时实践一部分，改良另一部分，因为战争对于年轻的国王是重要的学习经验。

古斯塔夫在其他领域也有步骤地对瑞典进行近代化建设，强化瑞典的国际地位。他推行政府改革，以提升效率；着手建立一套经济制度，为未来的繁荣打下基础。他鼓励商业的发展，与外国签订贸易条约。他在瑞典西海岸建立的新港口哥德堡，将成为这个国家的第二大都市。他鼓励扩充瑞典的商船队，并开始建立一支强大的海军，使之能够在未来主宰波罗的海。在所有这些努力中，他寻求了一流学者、商人、贵族的建议，使他们成为改革计划的热情支持者。然而，如弗罗斯特所言，这些改革也导致贵族得到了更多权势，扩大了枢密院和议会的影响力。[13]

波兰-立陶宛战争

17 世纪伊始，波兰-立陶宛联邦在竞争波罗的海支配权的三国中是最大最强的。其疆域是法国的两倍，不仅仅包括现在的波兰和立陶宛，也包括拉脱维亚、白俄罗斯和西乌克兰。虽然联邦的人口分布稀疏，但至少也有1100万居民，是当时瑞典人口的 6 倍多。

1611 年，波兰与瑞典休战，直至 1617 年全面战争再次爆发。接下来12

年里，波兰人与立陶宛人枕戈饮胆，力图将瑞典人驱出利沃尼亚。[14] 我决定逐年概述这些作战。由于交战的军队需要下寨过冬，有时会持续很多月，所以一年的作战通常是短期的。

当古斯塔夫决定于 1617 年重开战端时，波兰因与俄国和奥斯曼土耳其作战而严重分心。瑞典或许已经决定利用好这一时机，尤其是考虑到利沃尼亚和立陶宛几乎无兵把守。瑞军在整个战争期间都保持着兵力优势。

截至此时，未来的"近代战争之父"遇到的只是平庸的对手。然而，古

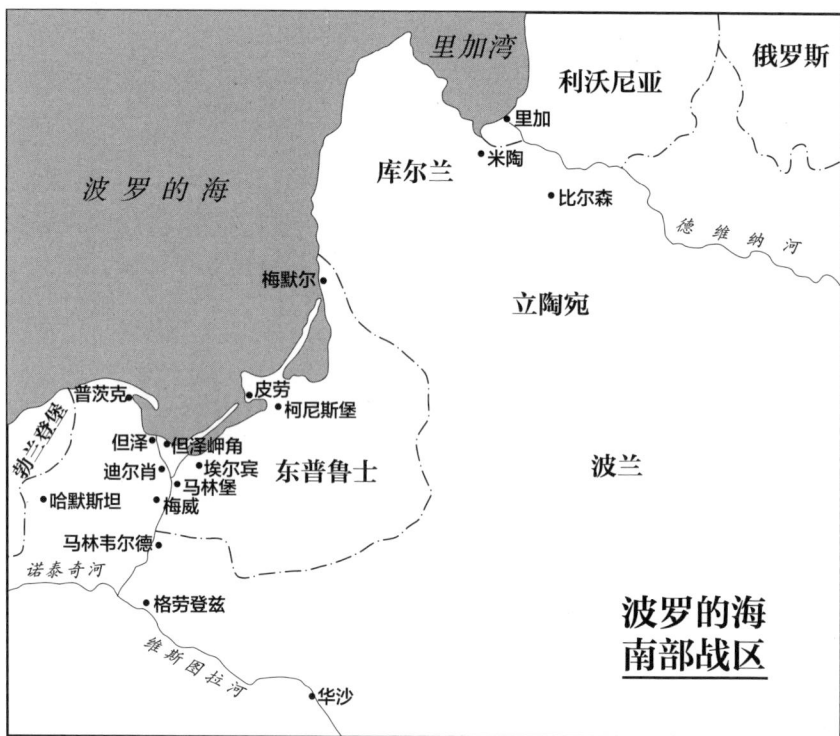

◎ 波罗的海南部战区示意图①

---

① 译注：东普鲁士的地域画大了。当时，东普鲁士向西没有越过维斯图拉河，且还有一块向东的巨大凹陷。可参阅弗罗斯特《北方战争》地图 1—4（2000 年，367–369 页）、帕克《三十年战争史》地图 2—4（1997 年，190–191 页）、巴勒克拉夫《泰晤士世界历史地图集》（1985，190–191页）、张芝联《世界历史地图集》（2002 年，92 页）等。

斯塔夫现在要面对一些足智多谋、经验丰富的波兰将领了。新对手的能力为古斯塔夫提供了出色的经验。很多情况下，这些富有在东方和南方边境作战经验的将领，都避免与瑞军展开对阵战。然而，事实证明，他们具有强大的骑兵，对孤立的瑞军分遣队和要塞能够发起迅速打击，并取得成功。瑞军的骑兵运用传统上就处于劣势，这主要是由于他们骑的是体型较小的斯堪的纳维亚马，速度不及欧陆马。我们将会看到，这在追击和撤退中都是严重的缺陷。波兰人和立陶宛人还拥有主场优势，这给他们带来了准确的地理信息和情报。瑞典在波兰和德意志作战时都未能完全克服这个问题。

1617 年，得到援兵的古斯塔夫在利沃尼亚登陆。他向当地的波兰–立陶宛小型分遣队发起攻势，迅速夺取了派尔努和温道的港口以及德维纳河口的丢纳明德岛。其主要目标之一里加，则未能成功夺取。瑞军在波兰遇到的防御工事，比以往常见的更加坚固。这些堡垒可以由较少的部队充分把守，瑞典人提升攻城技术尚需时日。

1618 年春，当陆军元帅克日什托夫二世·拉齐维乌率军解救里加时，古斯塔夫感到是时候像刚刚结束的瑞俄战争那样缔结一份和约了。然而，他的堂兄齐格蒙特三世拒绝放弃对瑞典王位的诉求，致使和约无法签订——今后这种情况还会多次出现。然而，双方仍然安排了两年的休战期。

古斯塔夫返回瑞典，在接下来三年里建立、组织、训练军队。迪普伊写道：

……从 1618 年前几个月开始，（古斯塔夫将）大部分个人注意力和努力都投入开发新武器、改善旧武器、设计新装备和新战术上，并将这一切融为一套战争机器，这将使火药武器和他自己对武器的改进充分发挥效力。[15]

在这三年期间，还发生了一个插曲：古斯塔夫娶了勃兰登堡选侯乔治·威廉的妹妹玛丽亚·埃莱奥诺拉。就像他母亲之前声称的那样，这就是一次政治联姻。到头来，这桩婚姻既没有带来政治优势，也没有带来多大的欢乐。[16]

1621—1622 年之战

1621 年 7 月 24 日，古斯塔夫在派尔努登陆。他为征服利沃尼亚而征召的海陆两军，与之前的阵容有着天壤之别。舰队现由 158 艘船组成，包括 25 艘战舰，载有 17850 名士兵，其中骑兵 3150 名。[17] 迟至 8 月 14 日，舰队才驶进德维纳河口。

波兰人仍然忙于与奥斯曼土耳其作战，以 4.5 万人防守霍西姆①。[18] 然而，土耳其战争有趋缓迹象，古斯塔夫明显是知道这一状况的。因此，他迅速向里加挺进。这是一座大城市，人口是斯德哥尔摩的两倍多。

8 月 29 日，瑞军出现在里加城下。城中守军虽仅有 300 人，但防御工事较为强固，守军还得到了 3700 名城市民兵的支援。城市的补给也很充足。[19]

古斯塔夫包围了里加，立即开始了强大的围攻行动，包括动用 22 门重型攻城炮实施轰炸。瑞典工兵在堡垒的墙下掘土埋雷，步兵对要塞进行了持续不断的探查。守城者的防御非常出色，击退了瑞军的多次侵袭，甚至还向围攻者发起了突击。

9 月 10 日，里加市民听到了远处的鼓角争鸣，振奋不已。这是立陶宛陆军元帅拉齐维乌率领的 1500 人援军，与一支瑞军相遇。立陶宛援军很快被人数更多的瑞军击退。瑞典人毫不松懈，将城市团团包围，守军开始意识到继续抵抗是毫无意义的，遂展开了投降交涉。9 月 16 日，古斯塔夫进城了。守城者保住了荣誉，瑞军没有展开报复。古斯塔夫再次利用波兰–立陶宛主力军缺席之机，迅速进军库尔兰公国。其首府米陶于 10 月 15 日不战而降。

古斯塔夫已将里加与库尔兰纳入瑞典囊中，同时得知波兰已与奥斯曼土耳其休战，遂向波兰提出了和议。齐格蒙特三世再次拒绝，但授权拉齐维乌达成新一次停火。本次休战协议于 1622 年 8 月 11 日生效。瑞典不得不放弃库尔兰，但保住了里加与利沃尼亚。

古斯塔夫返回瑞典。日后，他屡屡在返回国都的同时将军队留在波罗的海地区。历史学家们提出了多种解释：处理国事、征召新兵、试验新武器。这与卡尔十二的行动形成了鲜明对比，此人无论在战时还是在冬季宿营期均与军

---

① 译注：位于今乌克兰西部。1620—1621 年，波兰与奥斯曼土耳其为争夺在摩尔多瓦的势力范围爆发了战争。1621 年，苏丹奥斯曼二世御驾亲征。9—10 月，双方在霍西姆进行了一个多月的作战。前文出场的扬·霍德凯维奇就死于此次战役期间。双方不久之后媾和。

队待在一起，在大北方战争期间，他大多数时候都远离瑞典。

波兰人对齐格蒙特索要瑞典王位并不乐意，并将连绵不绝的战争归因于此。虽然波兰议会拒绝为重启对瑞战争而拨款，但也没有阻止齐格蒙特制订野心勃勃的计划，其中包括与但泽达成组织舰队入侵瑞典之协议。为了寻求海军支援，他也与西班牙展开了磋商。

古斯塔夫对堂兄的所作所为心知肚明。1623 年 6 月，瑞典国王率领一支强大舰队到达但泽近海，要求该城市保证不支持齐格蒙特的计划。但泽起初不情愿，但最后还是向古斯塔夫做出了保证。齐格蒙特的计划随之搁浅，他同意将拉齐维乌达成的停火期延长一年。

1625—1626 年之战

随着波兰与瑞典的停战期即将结束，1624 年底双方又一次尝试达成永久协议。欧洲国家已经开始形成两个阵营。古斯塔夫得到了其中一个阵营的两个大国的支持——英国与法国。神圣罗马帝国及其诸侯国建议齐格蒙特不要与瑞典缔结永久协议。这种僵局导致瑞典首相中断了谈判。

齐格蒙特与奥地利哈布斯堡家族关系良好，尽管后者曾于 1587 年反对他当选国王。[①]

1613 年，波兰与哈布斯堡正式缔约，这基本上是王室联姻的结果。条约承诺互相提供打击乱党的支援，按照波兰的定义，这指的就是瑞典的瓦萨分支。然而，1618 年波希米亚叛乱时，哈布斯堡试图调用这一条款，波兰却退缩了。

瑞典与波兰都准备重开战端。古斯塔夫先发制人，于 1625 年 7 月率领两万大军在里加附近登陆。齐格蒙特没有获得贵族们对战争全心全意的支持，故而准备不足。瑞典在利沃尼亚巩固地位，并重新拿下库尔兰，他却无力干预。到该年年末，古斯塔夫已经实现了所有目标。

一小股波军试图突袭冬营中的瑞军。但在 1626 年 1 月 17 日的瓦尔霍夫之战中，他们反而被具有压倒性兵力优势的瑞军突袭。瑞军追逐败退的波兰人，

---

① 译注：该年波兰大选，哈布斯堡家族也推出候选人，与齐格蒙特竞争。俟波兰政局稳定，齐格蒙特与哈布斯堡王朝修好。

直入立陶宛西南地区。瑞典国王再次返回瑞典，留下德拉加尔迪掌管利沃尼亚。

1626 年的东普鲁士之战

古斯塔夫无意将战火烧到立陶宛或波兰的中心地带。他聚焦于东普鲁士，意在夺取或支配波罗的海沿岸。清除波兰商品尤其是谷物的出海通道，将阻断其商贸，钳制其经济。随之而来的压力，据信足以使齐格蒙特缔结持久和约，对古斯塔夫而言，这意味着波兰国王不得不放弃对瑞典王冠的诉求。

古斯塔夫率领 2.6 万名士兵和 150 艘船到达东普鲁士的皮劳。① 普鲁士公国是波兰的一个封建采邑，普鲁士公爵正是古斯塔夫的内兄勃兰登堡选侯。瑞军迅速拿下了柯尼斯堡和附近的其他普鲁士城镇。

7 月中旬，古斯塔夫渡过维斯图拉河，夺取了迪尔肖。他要求但泽保持中立，但被拒绝，因为这座城市的前途依赖与波兰的贸易。像勃兰登堡选侯一样，它也向封君波兰效忠。瑞典国王不得不退而求其次，夺取维斯杜拉三角洲的若干城镇，切断了但泽与波兰的所有道路。

齐格蒙特与波兰人终于受激而动。他率领一支仓促征召的军队，进入维斯图拉河下游格劳登兹附近。堂兄弟间的第一次对战发生在 9 月下旬，波兰人进攻由小股瑞军驻守的梅威② 城堡。迪普伊写道：古斯塔夫"急忙救援该城堡，在维斯图拉河左岸轻松击败了规模更大的齐格蒙特军队"。[20]

毫无疑问，梅威的三日之战是瑞典的胜利，但事实没有这么简单。战斗前后打了一个多星期，或许不该将其视为一场战役。其中发生了若干次交战：9 月 22 日一次，9 月 29 日波兰进攻两次，10 月 1 日最终行动一次。

9 月 22 日的波兰骑兵冲锋被击退了，29 日的两次亦然。战败的次日，翼骑兵的士气全面低落，齐格蒙特费了好大一番劲儿才说服他们在 10 月 1 日重新试一试。这一次，他们成功将瑞军第一线火枪兵打出了山脊，因为后者向波

---

① 译注：虽然本节的标题是"东普鲁士"，但除皮劳、柯尼斯堡等城位于东普鲁士（普鲁士公国）外，接下来的迪尔肖、格劳登兹、梅威、普茨克、哈默斯坦、霍尼希费尔德等地均位于西普鲁士（王室普鲁士）。换言之，古斯塔夫主要是在西普鲁士作战。

② 译注：梅威（Mewe）是格涅夫（Gniew）的德语名字。

兰步兵齐射一次后没有时间重新装填弹药。然而，翼骑兵遭到瑞军第二线火枪兵的齐射阻止，他们再度被迫撤退，且秩序混乱。瑞军第二线火枪兵显然与被逐的第一线火枪兵有一段距离。[21]

梅威行动结束了 1626 年的作战，双方均下寨过冬。古斯塔夫复返瑞典。

1627 年之战

1626—1627 年作战期间，波兰对瑞波战争的态度发生了重要转变。在 1627 年以前，很多波兰人将瑞波战争视为堂兄弟间的王位争端，不愿意全力支持齐格蒙特。随着瑞典围攻但泽并进入东普鲁士，这种态度改变了。他们意识到，战争已经成为波兰能否作为强国而存在的斗争。波兰议会决定全力翊戴国王，为支持战争而征税。

齐格蒙特没有亲上战场，而是派遣陆军元帅斯坦尼斯瓦夫·科涅茨波尔斯基接管普鲁士前线。科涅茨波尔斯基是一位杰出的战地指挥官，在与奥斯曼土耳其近期的战争和与鞑靼人、哥萨克的战斗中扬名立万。他是一位资深士兵、出色的战略家、果断的骑兵领导者和熟练的战术家。1626 年行将结束时，他来到普鲁士，随后数年成了古斯塔夫在战争艺术方面最突出的指导者。他不仅向古斯塔夫传授了战略，还极大地发展了国王作为沙场战术家的天赋。毫无疑问，他是古斯塔夫前所未遇的至强敌手。[22]

1627 年春，科涅茨波尔斯基先发制人，他的第一项行动就是打通与但泽的联络。瑞典守军面临着来自海陆两方的威胁，不得不交出了设防的港口普茨克。这为但泽前往波兰与德意志打开了一条走廊。

拿下普茨克 5 天后，科涅茨波尔斯基得到情报称 4000 名德意志雇佣兵正在加入瑞军的途中。他将步兵、火炮、辎重留在身后，率领骑兵以最快速度向西而去，在哈默斯坦与雇佣军相遇。他让骑兵像屏风一样包围了城镇，当步兵和炮兵赶来后，他开始炮轰受困的德意志人。德意志士兵向指挥官发难，向波兰人投降了。多数人转入波军麾下，不愿意加入波军的 1500 人立誓在 13 个半月内不得与波兰人作战后，被护送到德意志边境。[23]

科涅茨波尔斯基发动攻势时，古斯塔夫尚在瑞典。当古斯塔夫开始返回战场时，不利的天气使他迟至 3 月 8 日才到达皮劳。他带上了 6000 名援军，使波兰与东普鲁士的瑞军总数达到了 3.5 万人。这是瑞典至此派到海外最大规模的军队。

古斯塔夫不打算揪出科涅茨波尔斯基，以一场决定性战役了结战争，而是以夺取但泽为第一目标。可能他希望此举能够迫使这位波兰陆军元帅回师救援。恢复陆上封锁后，古斯塔夫决定拿下但泽岬角，即维斯图拉河口的一块设防的狭长地带，由此可以在陆上封锁撑不下去时从海上封锁但泽。但泽岬角由 400 名波军驻守，国王决定乘坐敌船渡过河口。他又一次表现出了鲁莽的性格，为了挑选最佳的登陆地点，他身处领头船上，结果臀部中弹受伤。没有国王的领导，瑞典人士气下降了。面对密集的滑膛枪火力，他们中止了进攻。不知为何海上封锁的任务没有交给瑞典海军。

古斯塔夫的伤没有生命危险，但他在可以重新指挥前，躺了好几个星期，而这是一段关键的时期。他不顾一切的英勇使他在士兵中大受欢迎，但也令瑞典政府忧心忡忡。总有人劝他不要这么莽撞。其中一次告诫是军中的苏格兰人杜梅因上尉提出的。国王简单地回复道："我的天性是从不轻信没有亲自做过的事；同样有必要的是，我用自己的眼睛观察一切。"[24]

科涅茨波尔斯基利用瑞典国王缺位的机会，改善自己的战略态势。他以快速的骑兵突袭接连对瑞军联络线实施骚扰，对瑞典人造成了持续的困扰。1627 年 7 月 3 日他开始围攻梅威，7 月 12 日瑞典守军投降。

7 月中旬，古斯塔夫已经恢复到可以上马的程度。他前往但泽，开始围城行动。科涅茨波尔斯基远远尾随，建立了一座武装营地，距离瑞军总部迪尔肖仅有 8 公里。

在但泽附近时，古斯塔夫获悉勃兰登堡选侯已率领 2000 名普鲁士人支援齐格蒙特。古斯塔夫渡过维斯图拉河，在莫龙根包围了普军。普军不战而降，勃兰登堡选侯也在被俘者之列。古斯塔夫派骑兵护送他返回勃兰登堡。古斯塔夫与他内兄之间的谈话肯定非常有意思。

迪尔肖战役

获悉科涅茨波尔斯基已在莫特拉瓦河西岸高地上建立阵地，俯瞰瑞典的武装营地，古斯塔夫急奔迪尔肖而去。瑞军兵力似乎多于波军。

国王通过亲自侦察，注意到瑞军掌控的那一岸土地潮湿，堤道或堤坝也会对行动造成阻碍。8月17日中午左右，瑞军开始行动，骑兵击退了科涅茨波尔斯基移动到瑞控河岸的一些前哨。

古斯塔夫认定，越过沼泽、渡过莫特拉瓦河进攻科涅茨波尔斯基早有防备的阵地，无异于自杀。尽管大量瑞军正在围攻但泽，但他在迪尔肖仍有兵力优势。波军在此有7000人，而瑞军有10200人。[25] 双方均在等待另一方迈出第一步。古斯塔夫命令瑞军挖掘壕沟。

由于瑞军几个小时都不现身，波兰元帅等得不耐烦了，决定先行出击。他率军穿过莫特拉瓦小河，击退了一些瑞军前哨，然后在堤道以东一块相对坚实的地面上，将军队布置为作战阵形。此时，他才惊讶地发现瑞军也布置为作战阵形，并有匆忙挖好的战壕保护。

科涅茨波尔斯基等了两小时，希望瑞军会离开战壕。但古斯塔夫没有轻举妄动。他知道波军处于凶险的形势中，因为他们的前方是瑞军的战壕，而后方是沼泽地和小河。科涅茨波尔斯基同样意识到了这一事实，并且认为自己必须在夜幕降临前行动。他开始缓慢地、谨慎地向小河撤退。

这正是古斯塔夫期待已久的时机。他向军队下达了攻击令。科涅茨波尔斯基亲领的一个团掩护波军撤退，并且承受了瑞军的主要冲击。在随后的混战中，科涅茨波尔斯基的战马被毙，他被迫下马步战。已经到达莫特拉瓦河西岸的波兰骑兵团现在通过狭窄的堤道返回，但没有足够部署的空间。瑞军火炮清扫了堤坝，给波军骑兵造成了严重伤亡。最终，科涅茨波尔斯基在己方火力的掩护下，将残兵撤至西岸。迪普伊写道："波军的总伤亡虽不为人知却非常沉重。瑞典人将500名重伤的波兰人带到营中。他们自己的损失微乎其微。"[26] 弗罗斯特没有给出瑞军的伤亡数字，但记叙了波兰人仅有80～100人战死或溺死的事情。[27]

关于迪尔肖战役的结果，各种资料给出了不同且相互矛盾的结论。有的将其视为瑞典的胜利，有的认为这是非决定性的平局，还有的认为这是波兰的胜利。民族主义情绪往往在这些结论中盛行。学院派军事史作者常常不能充分领悟"真相是战争的第一个牺牲品"和最初几份战报总是错误的道理。如果对立双方给出了悬殊的伤亡数字，最好的处理方法是两组数字一起说。衡量一场战役结果的最佳标准，就是各方在交战结束后的所作所为。[28]

在迪尔肖，古斯塔夫决心次日继续作战。他率领 9 个步兵团、40 个骑兵中队、1600 名火枪兵渡过莫特拉瓦河。这看上去并不像是一位败军之将。弗罗斯特描述道："瑞军步兵目标明确地向波兰军营前进时，波兰骑兵几近恐慌。"[29]

还有一件事也体现了古斯塔夫目空一切的勇敢。之前的伤尚未痊愈，他就率领部下侦察隆基特基村。波兰人正在那里急匆匆地修筑战地工事。一位波兰军官认出了国王，指示两位火枪兵向他开枪。第一枚子弹没打中，但第二枚击中了目标。古斯塔夫的肩、脖一带受伤，坠于马下。

古斯塔夫相信自己受了致命伤，下令撤军。虽然他有好几天都情况危急，但还是逐渐康复了，只不过有三个月无法行动。考虑到前文弗罗斯特所述的波兰骑兵士气低落，古斯塔夫的鲁莽使自己丧失了可能决定性击败最强敌手的最佳机会。

瑞典骑兵在迪尔肖将波兰骑兵逐出战场，表现确实出色，但这并不意味着他们在这方面已经与波兰人不相上下。[30] 瑞典骑兵的坐骑太小、太慢，无法与更大、更快的敌军坐骑势均力敌。

封锁但泽期间，瑞典的一次海上挫败值得一提。一支 6 艘船的瑞典小舰队分为两组，其中只有 2 艘船的那组遭到海军将领阿伦德·迪克曼指挥的 9 艘较小的波兰船进攻。他和瑞典指挥官尼克拉斯·斯特恩舍尔德均在随后的酣战中阵亡。波兰人俘获了其中一艘瑞典船，而瑞典人在第二艘船即将落入敌手时将其炸毁。随后，其他 4 艘瑞典船终于现身，驱走了波兰人。然而，这终究是瑞典海军的尴尬之战。

与波兰的冲突已经成了僵持不下的消耗战，哪一方都无望取得决定性胜利。古斯塔夫在养伤期间，科涅茨波尔斯基士气受挫的部队由于军饷不足而几近哗变。1627 年之战再度以平局告终。10 月下旬，古斯塔夫返回瑞典。

1628 年之战

冬季，瑞军向东普鲁士派出新的援兵。现在，他们与科涅茨波尔斯基相比，已具明确优势。这种局面不是波兰指挥官的疏忽造成的，也不是因为人力资源的缺乏，而是波兰政府的低效率。

1628 年 5 月下旬，古斯塔夫率领 4000 人抵达皮劳。瑞典战地军队总数已接近 8900 名步兵和 6000 多名骑兵。[31] 瑞典在此的军队比波兰多得多，但分散在各个要塞中，这个问题将在德意志作战中造成更严重的影响。虽然军队的总人数看起来令人震撼，但集中兵力却越来越难。古斯塔夫仍然执迷于攻克但泽，而不满足于海上封锁。这导致他在 6 月初对城市发动了袭击，但付出高昂代价——瑞军伤亡达 1400 人——也未取胜。

8 月下旬，瑞军夺取马林韦尔德。总部在梅威的科涅茨波尔斯基挥师南下，在维斯图拉河东岸、格劳登兹附近建了一座强化阵地。古斯塔夫尾随而去，但发现波兰的堑壕过于强大，于是在几公里之外建起了设防营。他命令一部分军队对梅威发起进攻，试图引诱科涅茨波尔斯基离开高垒深沟的阵地。科涅茨波尔斯基没有上当。

瑞典人多次尝试调虎离山，但科涅茨波尔斯基无动于衷。这种徒劳的活动进行了一个月后，瑞军在 9 月下旬拔营，南下进入波兰北部。科涅茨波尔斯基跟随在后，紧盯瑞军侧翼。波军截断了瑞军的补给，并进攻形单影只的分遣队。瑞军对波兰的袭击在很大范围内造成了恐慌，但科涅茨波尔斯基的骚扰也对瑞典人造成了伤害。

饥饿与疾病这两个幽灵同样造成了伤害。虽然我没有准确的数字，但我可以肯定更多的士兵死于这两个原因而非实际的作战。[32]

1628 年之战或许是这场漫长战争中最没有成果的一次。瑞军在埃尔宾下寨过冬。11 月初，古斯塔夫又一次开始了一年一度的回国之旅。古斯塔夫在战争中没有表现出好胜心，这令人惊奇，人们提出了很多理由解释他的行为，其中最有逻辑且互有关联的两个是：

（1）由于经济压力，瑞典在波罗的海的力量已经达到可以与齐格蒙特言和的程度。波兰的海岸被封锁了，瑞典控制了从波兰北部到波罗的海的东西两侧的陆路。

（2）古斯塔夫越来越关注德意志的事态，神圣罗马帝国正在取胜，势力延伸至波罗的海沿岸。这威胁到了瑞典控制这片海域的战略目标。

1629 年之战

1629 年有点不同寻常，因为我们见证了一场真正的冬季作战。2 月，为解除斯坦尼斯瓦夫·波托茨基麾下波军对斯特拉斯堡的围攻，瑞典陆军元帅赫尔曼·弗兰格尔发起了强势推进。这发生在古斯塔夫尚在瑞典期间。弗兰格尔在古日诺对波托茨基发起奇袭，通过侧面进攻，事实上摧毁了波托茨基的军队，赢得了胜利。波军伤亡 2000 人，几乎是参战兵力的一半。然而，虽然在古日诺取得了一场大胜，弗兰格尔却不会加以利用。他杀向托伦城镇，却并没有足够的兵力将其攻克。由于他的小部队面临深入敌境而被消灭的危险，他明智而迅速地向北撤退。[33]

同时，奥克森谢尔纳与波兰成功缔结了一份休战协议。休战期从 1629 年 2 月——弗兰格尔取得战果后——持续到 6 月，但所有达成永久和平的尝试均告失败。因此，双方都准备重启战端。

霍尼希费尔德战役

瑞典已经建立了一个三角形的大本营，以迪尔肖、马林堡两镇和维斯图拉河分成两大支流处为端点。没有参加仍在进行的但泽围城战的所有军队，均进入该三角区。古斯塔夫在更靠南的马林韦尔德立营，有约 1.3 万人（8000 名步兵和 5000 名骑兵），留下约 5000 人控制大本营。

随着陆军元帅汉斯·乔治·冯·阿尼姆麾下的奥地利分遣队 7000 人（5000 名步兵和 2000 名骑兵）到来，波军兵力已增至约 2 万人。[34] 看起来，皇帝担心古斯塔夫可能进入勃兰登堡。在阿尼姆加入科涅茨波尔斯基前，古斯塔夫曾打算将其拦截，却未能阻止两者会师。[35]6 月 25 日会师后，科涅茨波尔斯基和阿尼姆决定进攻马林堡。

弗罗斯特写道科涅茨波尔斯基和阿尼姆决定进攻马林韦尔德，这肯定是个无心的笔误。两人曾争论过，是进攻瑞典的海军基地皮劳，还是瑞军大本营区内的马林堡。如果他们的目的是进攻马林韦尔德的设防营地，古斯塔夫肯定会那里等他们，而不是向北去并在霍尼希费尔德被撞个正着。

古斯塔夫在马林韦尔德得知科涅茨波尔斯基北进的消息后，猜到了敌军的意图。他也向马林堡赶去。波兰的情报使科涅茨波尔斯基掌握了瑞军的一举一动，他决定在瑞军行进途中给予突然袭击。他带上了大多数骑兵——算上奥地利龙骑兵约有 4500 人，迅速向古斯塔夫杀去。

6 月 27 日，当一小股龙骑兵将瑞军打到雷伯河上的一处渡口后，科涅茨波尔斯基在斯图姆以南的霍尼希费尔德阻截了瑞军长队。他立即进攻由莱茵伯爵约翰·威廉指挥的 2400 名瑞典骑兵与雇佣兵组成的混合分遣队，并亲自指挥一支骑兵穿过一道隐蔽的山谷，侧面打击在一条低矮山脊上列阵的瑞军[①]。惊慌的瑞军被打散。随着援兵赶到，他们重新聚集，但在波军的进攻下又一次逃之夭夭。

现在，古斯塔夫率领剩余骑兵现身战场，在普尔科维茨村附近加入战斗。在随后的激战中，古斯塔夫不顾安危，险些战死，两次差点儿被俘，最终背部受了轻伤。在疯狂的战斗中，瑞典骑兵再度战败，幸好陆军元帅赫尔曼·弗兰格尔之子约翰·弗兰格尔上校率领步兵分遣队及时赶到，才避免了全面溃败。

瑞军努力脱离了战斗，撤往斯图姆与余部会合。波兰人没有穷追猛打。瑞军有 1500 人战死，损失惨重。死者包括莱茵伯爵约翰·威廉和约翰·弗兰格尔上校。他们还损失了 15 门野战炮，数百人被俘。波军损失较低。[36]

确信科涅茨波尔斯基不打算追击后，古斯塔夫继续撤往马林堡。确信这座城市的防御足够抵挡围攻后，他奔向了迪尔肖总部。得到援军的科涅茨波尔斯基获悉古斯塔夫离开马林堡后，北上围攻之。这座金城汤池防守到位，科涅茨波尔斯基努力几星期都没结果，遂放弃围攻，转向南方，或许希望古斯塔夫能够尾随。

但古斯塔夫留在了北方。他忙于一系列活动，试图将这不成功的八年消耗战以可以接受的条件收场。如罗伯茨所言，1629 年夏末的局势与 3 年前非常相似。[37]

---

① 译注：据弗罗斯特的《北方战争》（2000 年，111 页），部署在低矮山脊上的瑞军正是莱茵伯爵所部，他指挥的瑞军只是后卫。

《阿尔特马克休战协议》

齐格蒙特也开始意识到，他无法将瑞典人逐出东普鲁士。他同样非常清楚，波兰贵族反对他与瑞典作战，因为这带来了更多的战争破坏和财政压力。然而，齐格蒙特仍然固执地拒绝放弃对瑞典王冠的诉求。

古斯塔夫也打算结束这场拖延已久的昂贵战争，尽管由于战场就在波兰，瑞典付出的代价并没有波兰那么大。瑞典的局面或许没有弗罗斯特描述的那么惨淡。[38]

现在，古斯塔夫急于尽快投入更加重要的德意志战争。法王路易十三的宰相阿尔芒·让·黎塞留（1585—1642 年）发挥影响力，已于 1629 年初撮合了一次瑞波休战，他还承诺如果瑞军参加在德战争就予以资助。在这里我们提前说一下，瑞典与法国在 1631 年 1 月签订了《巴瓦尔德条约》，法国承诺每年提供 40 万王国塔勒资助瑞典远征军。

瑞典、波兰在阿尔特马克（斯图姆附近）开始磋商。1629 年 9 月 26 日签订了为期 6 年的休战协议。休战条款对瑞典非常有利：

（1）普鲁士所有港口，除普茨克、但泽和柯尼斯堡外，均由瑞典掌握。

（2）为弥补皮劳和梅默尔的损失，勃兰登堡选侯可临时占据波兰城镇马林堡、斯图姆、但泽岬角和马林堡附近的肥沃地区。如果停战协议到期之时尚未达成和约，这些地区都要划入瑞典。

（3）瑞典占有德维纳河以北的利沃尼亚全境。

（4）瑞典须撤出库尔兰公国。

（5）经过但泽的出口商品，瑞典可以得到额外的 3.5% 关税，由此，瑞典有权得到的关税达到 5.5%。

（6）波兰不得在但泽造船。

（7）勃兰登堡选侯同意瑞典对经过库尔兰港口的商品征收过境费，作为他临时持有之地的代价。

《阿尔特马克休战协议》及相关条约使瑞典实质上全面控制了波兰的出海口。此外，瑞典得到了从但泽、库尔兰港口、瑞控港口的进出口通行费中获取巨额收入的保证。波兰和勃兰登堡事实上被迫支付瑞典的战争成本以及瑞典参加三十年战争头几年的大量花费。

如果没有法国、英国、荷兰对波兰人强力施压，瑞典不可能得到这些有利条件。这些国家对神圣罗马帝国向波罗的海和北海的扩张感到惊慌。帝国陆军元帅瓦伦斯坦已于 1626 年[①] 到达斯特拉尔松德，并开始围攻这座重要的波罗的海港口。上述国家需要瑞典的力量阻止帝国军，而代价通过《阿尔特马克停战协议》由波兰承担。同样的道理，1635 年停战协议需要续约时，上述国家却表现出了不同的态度。《阿尔特马克停战协议》续签了 26 年，瑞典却丧失了很多曾在阿尔特马克获得的成果。因为在那个时候，瑞典的武力和鲜血已经解除了来自帝国的威胁。在国际关系领域中，只有永远的利益，没有永远的朋友。

---

① 译注：应为 1628 年。本书第三章，以及杰弗里·帕克的《三十年战争史》、彼得·威尔逊的《欧洲的悲剧：三十年战争史》、尼斯比特·贝恩的《斯堪的纳维亚：1513—1900 年政治史》、西奥多·道奇的《古斯塔夫战争史》、安德森的《帆船时代的波罗的海海战》等作品中，围攻斯特拉尔松德的年份均为 1628 年。

注释:

[1] Dupuy, *Gustavus Adolphus*, p. 7.

[2] Wilson, *Thirty Years War*, p. 195.

[3] *Ibid*, p. 196.

[4] Dupuy, *Gustavus Adolphus*, p. 10.

[5] Nils Ahnlund, *Gustavus Adolphus the Great*. Originally published in 1940. Translated from Swedish by Michael Roberts. (New York: History Book Club, 1999), p. 50.

[6] *Ibid*, p. 51.

[7] *Ibid*, p. 220.

[8] Depuy, *Gustavus Adolphus*, p. 13.

[9] Ahnlund, *op. cit.*, p. 221.

[10] *Loc. cit.*

[11] Dupuy, *Gustavus Adolphus*, pp. 16-17.

[12] 欲了解古斯塔夫·阿道夫对《斯托尔博瓦条约》的深入分析，参阅 Ahnlund, *op. cit.*, pp. 231-233。

[13] Frost, *op. cit.*, p. 102.

[14] Lukowski, Jerzy and Zawadzki, Hubert, *A Concise History of Poland*, Second Edition. (New York: Cambridge University Press, 2006), p. 93.

[15] Dupuy, *Gustavus Adolphus*, p. 22.

[16] Ahnlund, *op. cit.*, pp. 78-82 and 84-89.

[17] Generalstaben, *Sveriges Krig 1611-1632 II Polska Kriget* (Stockholm: V. Petterson, 1936), pp. 75-76; Dupuy, *Gustavus Adolphus*, p. 25和Philip J. Haythornthwaite, *Invincible Generals* (Bloomington: Indiana University Press, 1192), p. 29给出了相同的数字，但与总参谋部（Generalstaben）的数字略有不同。

[18] Frost, *op. cit.*, p. 102.

[19] *Ibid*, p. 103.

[20] *Ibid*, p. 32.

[21] *Ibid*, pp.104-105.

[22] Dupuy, *Gustavus Adolphus*, p. 33.

[23] *Ibid*, pp. 33-34. 关于德军的规模和命运，各种资料有些混乱。迪普伊和海桑斯怀特认为有5000人，而弗罗斯特前引书109页认为其规模是2500人。弗罗斯特也写道，拒绝加入波军的人在波美拉尼亚的归途中被农民杀害。

[24] As quoted in Liddell Hart, *Great Captains*, p. 97.

[25] Generalstaben, *Polska Kriget*, pp. 356-357 and Frost, *op. cit.*, p. 129, note 15.

[26] Dupuy, *Gustavus Adolphus*, p. 39.

[27] Frost, *op. cit.*, p. 108.

[28] 我曾经亲身体会过这个老道理，那就是最初的战报总是错得离谱。此外，我撰写关于1940年德国入侵挪威的图书时，翻阅过各种参战者的战报，各种差异令我震惊，有些时候甚至难以相信它们描述的是同一件事。失败的一方常对结果进行粉饰，但并不总是如此。

[29] Frost, *op. cit.*, p. 105.

[30] Michael Roberts, *Gustavus Adolphus: A History of Sweden 1611-1632*. Two volumes. (New

York: Longmans, 1958) volume Ⅱ, p. 248.

[31] Generalstaben, *Polska Kriget*, pp. 414-415.

[32] 对17世纪战争中瘟疫的详细讨论, 参阅R. S. Bray, *Armies of Pestilence: The Impact of Disease on History* (New York: Barnes & Noble Books, 2000).

[33] Frost, *op. cit.*, p. 111.

[34] Dupuy, *Gustavus Adolphus*, p. 49 and Haythorntwaite, *op. cit.*, p. 31. 毫不奇怪, 其他资料给出了不同的数字。弗罗斯特前引书认为军队的总兵力仅有5000人。他声称瑞典人将阿尼姆的兵力夸大为1.2万人或1万人——此处参阅Roberts, *Gustavus Adolphus*, volume Ⅱ, p. 39。前一个数是瓦伦斯坦同意派遣的, 而后一数字是西吉斯蒙德同意接受的。

[35] Frost, *op. cit.*, p. 111.

[36] Dupuy, *Gustavus Adolphus*, p. 51.

[37] Roberts, *Gustavus Adolphus*, volume Ⅱ, p. 395.

[38] Frost, *op. cit.*, pp. 112-113.

军事革命——荷兰与瑞典的改革

第二章

我的士兵是贫穷的瑞典与芬兰小伙子，不错，他们粗野、邋遢；但他们打仗勇猛，而且很快就会穿上更好的衣服。

——古斯塔夫二世·阿道夫

在第一章中，我们详述了古斯塔夫的早期作战和瑞典崎岖崛起之路的开端。这一时期，他对武器和战术的一些创新尚在孕育阶段，他打仗的方式是新旧混合的。因此，这为年轻的国王提供了训练场和学习经验。本章中，我们将见证武器和战术的广泛改进，这是军事天赋的产物，终将使瑞典成为令人敬畏的军事强国。

中世纪到近代的过渡，主要发生在 17 和 18 世纪，几乎给生活的各个方面都带来了重大变化。这些变化影响了艺术、文学、政治、经济、科技和军事。

本书限于主题，主要关注军事上的变化——或者像文献中频繁称呼的那样是"军事革命"。毫无争议的是，军事变革是政治背后的驱动力，本书将带你领略很多例证。

16—17 世纪，战争几乎接连不断。不出所料，这一局面导致了武器、战术的发展和战争时间的延长。[1] 军事的变化主要是在技术和武器方面，始于 15 世纪中叶，方式是渐进的。然而，正如约翰·蔡尔兹所言，经数个世纪发生的变化不能被称作革命。[2] 只有这些变化在 17 和 18 世纪加速时，它们本质上才具有革命性质。

中世纪晚期的技术进步在 18 世纪初期已经导致——起初是渐进的——战争的所有方面发生改变。其间,军事活动对人口和乡村造成毁灭,且由于暴力的垄断权由君王牢固掌握,与之相伴的军队规模扩大与成本增加导致了绝对君主主义和专制统治在整个欧陆兴起。

军事革命

三十年战争前的军队,规模相对较小,且主要以雇佣兵为基础。由于训练开支,各国越来越转向常备军事机制,并逐渐淘汰逢冬即散的民兵。罗伯茨指出,技术的迅速传播受到了使用雇佣兵的影响,他们在为某国服务时学到的新技术,以后改换门庭时也会带去。[3]

军队规模的迅速扩大是 17 和 18 世纪的标志。这源于一系列因素,如战争的扩散、人口的增加、装备的复杂化、专业化的加强、后勤基地的扩大。[4]

三十年战争之初,帝国军约有 2 万人,而新教反对派约 1.2 万人。十来年后,天主教军队超过了 15 万人,而瑞典指挥的部队还要多一些。[5]

新的武器、向大规模常备军事机制的转变、对大型且复杂化的后勤基地的更多需求、旷日持久的战争,都导致军费陡增,而这又给多数国家带来了重大的政治变革。唐宁指出,单单一门加农炮的成本就与养 800 名士兵整整一个月相埒。整个军备过渡阶段均有巨大的开销。[6]

经济上的考虑决定着战略,古往今来皆是如此。国家不愿意军队有毁灭的风险——军队是昂贵的投资,因此战争大部分时候是短暂的,且本质上是非决定性的。大型作战避免了。鲜有的发起速战速决的决定性作战的尝试,由于糟糕的通讯和随之而来的速度的缺乏,通常都失败了。

多数欧陆国家解决军费陡增的方法,是征召常备军。这一转变在多数国家发生于 17 世纪后半叶。这不是说雇佣军退出历史舞台了,他们继续在一国的军队中占有可观的比重,甚至在 19 世纪仍然存在。三十年战争期间,瑞典通过所谓的"贡赋制度",将维持军队的压力转嫁到其经营的领地上。

20 世纪 50 年代以来,我们进入了一个类似的技术进步的时代。70 年代以来,由于我们采用了全面志愿兵役制,人力成本上升,同时高成本的技术大爆发,因此大多数西方国家的常备军都被严重削减。多数军事硬件的成本已经像火箭一样飙升。现代战斗机或对地支援飞机的花费比之第二次世界大战中类似的飞机，就能说明这一点，而这种问题在各方面是普遍存在的。似乎显而易见的是，现在我们面临着类似于 17 世纪的变化——集权的强化、高额的税负和丧失个人自由的可能性。

16—17 世纪见证了多数国家（俄国、波兰-立陶宛、奥斯曼土耳其是知名的例外）的骑兵的衰落。这种改变在这一时期很早之前就在进行了。随着步兵武器的改进和有效化，战场越来越由步兵主导。这就需要组织和战术上的变化。

16 世纪初，为了解决这一问题，西班牙选择了类似希腊密集方阵的组织结构。部队的装备是长矛和火器的混合。步兵在战场上取得了突出地位，被组织为多个包含 3000 人的单位（tercio），英语读者或许更熟悉"西班牙方阵"这个名字。这种设计的部分原因是让火绳枪成为更有效的步兵武器。像希腊方阵一样，人们希望西班牙方阵也能横扫眼前的一切。

在这些 100×30 的方阵中，长矛兵位于中央，火枪兵位于侧翼。然而，这种编队在战场上较为笨拙，降低了战术的灵活性。尽管有这些缺陷，西班牙方阵仍然主宰欧洲战场长达一个多世纪。

随着步兵武器和火炮愈发致命，连续衰落数个世纪的重骑兵进一步落伍了。17 世纪，骑兵与步兵之比降到 25% 左右。然而，轻骑兵在追击敌军、散兵作战、掩护队友、切断联络线等方面仍然大有用处。

拿骚的莫里斯改革

愈发明了的是，西班牙体系需要调整，使之更加灵活且更好地使用人力。在调整过程中，第一个重大步骤是奥兰治亲王拿骚的莫里斯（1567—1625 年）完成的，他是联省[①]反抗西班牙斗争中的将军，拥有出色的战争理论和实践知识，以罗马军团为模板进行改革。[7] 莫里斯发起的改革引发了 17 世纪军事组织和战术的一场革命。[8]

莫里斯对战争艺术的首要贡献，可以从他对人力的战术部署中窥见。他

---

① 译注：即尼德兰联省。

减少步兵编队的规模和纵深，以此获得战场上的灵活性。莫里斯调整方阵的方法是将之细分为 580 人一个单位，排成 10 行。[9]

这种新编队成为近代线式队列的开端。连队被组织为若干营级规模的单位，长矛兵居中，火枪兵在侧翼，目的是让火枪兵在转到后排重新装填弹药前能够逐排持续开火。因此，我们可以看到，火枪兵和长矛兵仍然在一个单位中，但不再混杂得让相当多士兵派不上用场。营的正面最长约 250 米，这种编队避免了西班牙方阵中的人力浪费。① 能够有效利用武器的士兵事实上多了一倍。

虽然长矛应当保护火枪兵免受骑兵攻击，但较小的单位比起西班牙方阵，其侧翼与后方更容易受到攻击。为避免这种风险，莫里斯试图采用棋盘式战斗编队，"第一线各营间的空隙，由第二线呈梯级排布的各营掩护"，并尝试将侧翼依托于天然障碍物上。[10] 如果做不到这一点，侧翼就由骑兵保护。各营以 3 线组成"旅级"编队。

蔡尔兹注意到，拿骚的莫里斯的军队改革需要广泛的训练和高度的纪律——这是促成国家常备军的因素。该制度的成功需要在各种地形上进行强化训练，而这就是莫里斯最重要的贡献。这种训练让军官们熟谙布阵和变阵，也让军队在作战间歇期有事可做。诸如走正步这样的传统就源于这一时期。[11]

莫里斯在试验爆弹等新式武器方面也走在时代前列。他坚持运用野战工事，还推出了能够减少攻城时间的创新。他将野外望远镜用于观察军情，对绘制地图也颇有兴趣。[12]

莫里斯的创新没有解决与西班牙方阵相关的所有问题。长矛兵的作用一如既往，火枪兵依旧与长矛阵结合。在某些方面，新型线式编队在防御上的有效性比它所取代的体系高不到哪里去。莫里斯带来的变化，可以被视为早先的火药时代与古斯塔夫体系间的一种过渡。古斯塔夫对莫里斯体系的修正基本延续到法国大革命时期，仅有微调。而莫里斯和古斯塔夫的线式编队和机动性的根本理念，共同延续至 20 世纪。

包括防御工事和攻城术在内的科技也发生了变化。古老的中世纪石墙很

---

① 译注：西班牙方阵人员较多，当面对某个方向的敌人时，其他三个方向的士兵缺乏机动，无法施展。

快被发射铁弹的加农炮摧毁。足以承受炮火的新型工事成本高昂，超出了多数小国的承受力。[13]

杰弗里·帕克提到过该时期其他方面的变化，如军事学院的出现、早期"战争法"的制定、兵法著作的传播。[14]

古斯塔夫·阿道夫改革

古斯塔夫的成就既容易被高估，也容易被低估。关于该时期的作品中，两种极端都不乏其例。确实，就像迪普伊上校指出的那样，古斯塔夫的许多创新采自他人，并且他也不是该时期唯一寻求改善军事制度的人。[15] 林恩·蒙特罗斯评论道："除极少例外，瑞典的军事改革多多少少都要归功于他人的试验……古斯塔夫作为天才组织者，在先辈止步之处启程，对他们的理念择善而从，并使之与自己的理念相结合。"[16]

拿骚的莫里斯与古斯塔夫不光是军事理论家，也是军事实践家。然而，很难找到哪个人像古斯塔夫一样，成功地填补了理论与实践的缺口，或者将零碎的理念融合在一套体系中。除了成吉思汗以外，古斯塔夫是唯一一位因使用主要由自己设计的战争机器而在战场留名的伟大统帅。[17] 李德·哈特给古斯塔夫安上了"近代战争之父"的头衔，并写道："他的杰出成就事实上是他锻造的战术工具，以及它得以取胜的战术'机制'。"[18]

古斯塔夫的成就太多了。他创建了机动野战炮兵，让各兵种联合行动成为可能，恢复了骑兵的作用，发展了近代的步兵作用。他不仅是 18 世纪线式战术的创始人，还打下了 20 世纪步兵战术的基础。他组织了最初的国家军队，创建了最初的有效补给系统，实施了军纪制度，为"军事法"的制定打下了基础。[19]

迪普伊对古斯塔夫继承的军队有如下描述：

1611 年古斯塔夫·阿道夫登基时，瑞军境况窘迫：组织差劲，实力不足，缺少长矛，火枪兵装备着过时的火绳钩枪，领导者能力欠缺，行政管理几乎不存在，军队招募处于低潮，士气低落……[20]

此外，瑞典还有严重的财政困难，以及近一个世纪不断作战后的国力凋敝。

古斯塔夫不单单是一位复制者和改进者，他也引入了很多自己的变革。[21]
现在我们就来了解一部分，其中既有加以改进的，也有立足于原创的。

步兵

瑞军步兵的基本战术单位是营或中队，包含 408 人。这种结构对长矛仍
稍有倚重——长矛兵 216 人，火枪兵 192 人。长矛兵与火枪兵布置为 3 个四边
形，每个为纵深 6 排。不同之处在于，所有长矛兵位于营阵中央，正面有 36 人，
而火枪兵分成相等的两组，分别位于长矛兵两侧。每个火枪兵编队正面为 16
人。迪普伊注意到，一营通常附加额外的 96 名火枪兵，承担警戒、侦察等任务。
这种阵形使各营能够发挥令人生畏的火力。[22]

而同时代的英国观察家雷伊勋爵以及其他一些人留下了图解，其中没有
标准的旅级战术单位阵形。它们"随任务而组织"，规模和阵形依据战场、敌军、
营的兵力、部队的经验而定。然而，它们的组成单位通常在一个满员的二营团
和两个不满员的团之间。规模往往在 1000 ～ 2000 人之间，但较大的数量加大
了控制难度。[23] 表 2 中的三营旅有 1224 人。通常附有 2 门团级炮，骑兵往往
在后方步兵线列之间。

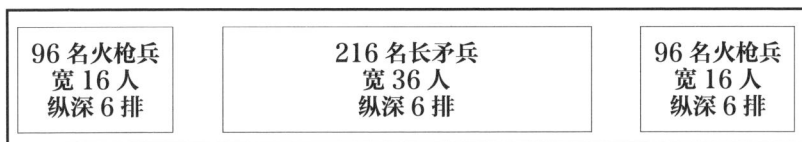

96 名火枪兵 宽 16 人 纵深 6 排	216 名长矛兵 宽 36 人 纵深 6 排	96 名火枪兵 宽 16 人 纵深 6 排

◎ 表 1：瑞军营级标准阵形

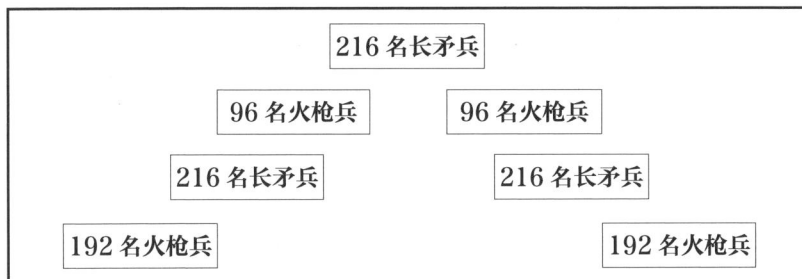

	216 名长矛兵	
96 名火枪兵		96 名火枪兵
216 名长矛兵		216 名长矛兵
192 名火枪兵		192 名火枪兵

◎ 表 2：瑞军可能采取的旅级阵形

古斯塔夫还引入了"齐射",因为火绳枪与燧发枪不精准,同时射击才更有效。后面几排火枪兵上前,进入前方火枪兵间的三英尺间隔,以此实现齐射。① 这成了欧洲步兵战术的基础。在瑞军中当了近六年雇佣兵的苏格兰上校罗伯特·门罗表示,古斯塔夫采取了一种有所不同的齐射方法。根据他的说法,古斯塔夫让第一排先前进十步再开火;随后,第一排在适当位置停下,重新装填弹药,同时下一排穿过他们再发出齐射;每一排重复这一操作。其优势是可以逐步接近敌人,缩短与目标的距离,每一排的开火越来越精准。古斯塔夫事实上将反向行进② 变为进攻行动。[24]

在谈到瑞军对齐射的运用时,文献中有些矛盾和混乱之处。迪普伊写道:

此外,反向行进如此执行,结果是整个编队向前移动,火力事实上是轻武器的徐进弹幕射击。在这一动作中,火枪兵在重新装填弹药时由长矛兵保护。随后,古斯塔夫引入了齐射,进一步提升其线列的火力。在齐射中,三排同时射击。这使连续开火不可能做到,事实证明,三排齐射是有效的,在一场逼近高潮的冲锋前,可以在几分钟内近距离大规模开火。若采用反向行进的方法,则要花费半个小时或更多时间。[25]

我发现,三排步兵全面齐射的运用是有节制的。齐射之后,火枪兵会非常无助,因为他们所有人不得不同时重新装弹。但长矛兵为掩护全面齐射后的步兵而发起攻击行动是存在困难的,除非第二线的三排紧邻第一线。

罗伯特·弗罗斯特写道,梅威之战的第三天,瑞军第一线火枪兵朝波兰步兵齐射后,在重填弹药前被翼骑兵赶下高地。[26] 他在前一页写道,翼骑兵将瑞军第一线逐出高地后,被瑞军第二线步兵的齐射阻止。

还有人怀疑全面齐射是否曾运用过。戴维·帕罗特为迈克尔·罗伯茨的《军事革命商榷》一书投了一篇文章。在该书的第 35 页,帕罗特质疑了齐射

---

① 译注:6 排并 3 排。

② 译注:传统的分段射击,第一排开火后要绕到最后一排重新装填弹药,这一动作叫"反向行进"。

的有效性以及它是否曾被运用过。弗罗斯特在一条注释中注意到帕罗特有不同意见。[27] 在该注释中，他指出帕罗特的评论是没有根据的，随后对齐射加以准确描述："齐射是专门用于抵挡骑兵攻击的设计，纵深各三排的两条线列接连发出两次迅速的齐射，防守者在有限时间内能做的就这么多。"梅威的瑞典步兵两线似乎比惯常的要更加分散，因此先后两次齐射相隔时间不短。

古斯塔夫在步兵武器和装备方面也有重大革新。尽管全身护甲正在迅速消失，瑞典长矛兵仍旧穿戴胸甲和胫甲。使用长矛的一个麻烦是，它经常被敌军骑兵的剑砍断。为克服这一问题，古斯塔夫将长矛的上部装上了铁皮护套。为抵消由此增加的重量，长矛从 16 英尺缩短到 11 英尺。

火绳钩枪被淘汰了，取而代之的是火绳滑膛枪。然而，早期的火绳枪是一种笨重的装备，还需要一个叉状支架点火，增加了火枪兵的负荷。1526年①，瑞波战争期间，瑞典制造商发明了一种更轻便的滑膛枪，这种枪具有机械方面的改进，能让士兵更快地装填弹药。沉重的铁叉架也被替换为一根两头尖的细矛②，称为"瑞典之羽"。它有着双重作用，除了充当滑膛枪支架外，它也可以用作栅栏，对敌方骑兵造成阻碍。由此，火枪兵必要的负荷减少，进而可以添备一把军刀。军刀和"瑞典之羽"使步兵面对骑兵进攻时有了一些防御力。[28]

到了 17 世纪末，燧发枪几乎全面取代了火绳枪。燧发枪总体上没那么精准，开火速率也比改进后的火绳枪慢。这些毫无疑问是很多实践者拒绝采用它的原因。然而，其优势也是巨大的。第一，受天气影响小；第二，燃烧的火绳固有而明显的危险性被消除；第三，由于与燃烧火绳相关的事故风险被排除，部队可以布置得更紧密，因此提升了从某一给定空间发射的火力。[29] 在此基础上，改进后的滑膛枪又有了另一项重大优势：穿透力的提升。弹丸可以穿透当时的一些全身护甲。

刺刀的应用也发生在 17 世纪。1647 年，插入式刺刀首先出现在法国。[30]40年后，套筒式刺刀取代了插入式刺刀，刺刀固定在滑膛枪管的一个套筒上。截

---

① 译注：原文如此。应为 1626 年，1526 年并无瑞波战争。
② 译注：两头削尖，同时杆上装有一个向上弯的小钩，以便支撑滑膛枪。

至18世纪前四分之一的时间，刺刀取代了长矛。

瑞典人也对口径和药量进行了标准化。虽然纸质弹壳显然并非瑞典的发明，但瑞典人似乎首先将其作为标准步兵装备而全面投入使用。弹壳内含仔细计算过的定额药量，附上一枚一盎司的弹丸。每名士兵携带15枚子弹，装在胸前的布质弹药带里。装填时，士兵只需咬掉弹壳的末端，用推弹杆将其推入滑膛枪。这减少了装填时的很多动作，又显著提升了火力。较大程度上由于17世纪20年代的不断训练，瑞军得以将装填速度提升到6排火枪兵可以保持连续弹幕射击的程度。[31]

瑞典的营与莫里斯的非常相似。然而，若不考虑附加的火枪兵①，瑞典的营就稍小一点儿。这两种结构在本质上主要是防御性的，如果得到恰当的强化和支援，他们也可以用于进攻。为获取进攻能力，若干营必须组成旅，并且得到骑兵和炮兵的充分支援。

线式编队的弱点，是编队的侧翼和后方再也得不到充分防御。这一问题随着排数越来越少而恶化，而排数越来越少是为了使正面火力最大化。古斯塔夫的三角形与棋盘形旅级阵形弥补了这一弱点，因为侧翼单位可以转向，以新的正面面对敌人。

骑兵

瑞典骑兵由志愿兵组成，多数为轻骑兵。瑞典战马体型小，但在面对欧陆的大马时表现良好。截至1630年，古斯塔夫有8000名本土瑞典人和芬兰人组成的骑兵力量。通过固定的军饷，辅之以土地或租赁收入等形式的额外补贴，高昂的士气得以维持。[32]

古斯塔夫意识到，在当时的主流情形下，单凭火力是不足以赢得战役的。他还需要那种只能由骑兵提供的冲击力。他抛弃了半回旋战术和传统的骑兵纵深编队。[33] 他将骑兵像步兵那样分成6排，但后来改成3排。虽然他淘汰了半回旋战术，但骑手们仍然配备手枪，不过仅有第一排开火，其他几排仅在紧

---

① 译注：指前文所述的承担警戒、侦察等任务的额外96名火枪兵。

急情况用枪。主要的武器是马刀。火力支援由部署在骑兵中队之间的火枪兵分遣队提供。第一轮齐射扰乱敌军线列后，骑兵发动冲锋，同时火枪兵重新填弹。重新填弹主要是为第二轮冲锋或掩护骑兵撤退而准备的。轻型团级火炮在需要时亦可提供火力支援。

瑞军和当时的其他军队一样使用龙骑兵。在瑞典的案例中，龙骑兵主要是装备卡宾枪和马刀的上马步兵。他们可以承担一系列任务，例如快速袭击、散兵作战、搜寻粮草。古斯塔夫以这种方式使用小型作战单位，得以将正规骑兵的组织和训练集中于冲击战术一途。一个骑兵连包含 115 人，一个骑兵团平均有 800～1000 人。[34]

炮兵

古斯塔夫登上历史舞台前，炮兵被视为一种专职，通常由民间雇佣兵组成。这是一群不守规矩的人，常常表现出对军纪的全然无视。古斯塔夫不能容忍这种情况，在 1623 年组建了第一支军事化的炮兵连。截至 1629 年，他拥有了包含 6 个连的一个炮兵团。他将该团交给 26 岁的伦纳特·托尔斯滕松指挥，此人无疑是当时最佳的炮手。炮兵由此成为军队的明确分支，几乎全由瑞典士兵组成。

6 个炮兵连中，有 4 个是真正的火炮连，还有一个是由工兵组成的，第六个通常在攻城期间召集，受训处理特殊的爆炸装置。正是他们使用的武器和技术，将瑞典炮兵与其他军队的炮兵区别开来。

古斯塔夫的目标不仅是简化火炮，还要让炮兵充分而平等地成为步兵和骑兵在战场上的伙伴。为了做好伙伴，火炮必须在需要的时候处于正确的位置——换句话说，火炮必须能机动。这意味着要减轻其重量。

古斯塔夫抛弃了笨重的 48 磅炮[①]；他保留了 24 磅炮和 12 磅炮，用于攻城行动和远距离轰炸；将 8 磅炮换成了机动性很好、开火也较快的 3 磅炮。[35]

古斯塔夫在波兰之战初期便首先解决了重量问题。火药质量的提升使炮

---

① 译注：这里的"× 磅炮"，是以炮弹重量指代火炮的规格，不是整门火炮的重量。

管均匀受压，并减少了管壁的厚度。最后，瑞典制造了仅重90磅的野战炮。其炮管为铜质（这是瑞典储量充足的一种金属），以铁箍加固，缠绕一圈绳索，最后与一层皮革黏合——由此得名"皮革炮"。炮管是可拆装的，因为它开了几轮炮后就会过热，不得不加以冷却。由于这种创新品过于脆弱，在战场上使用过于危险，所以兵工厂很快就将其抛弃。

古斯塔夫继续追求轻便的战地设备。冶金学的进步使开发一种短小的铸铁炮成为可能，而且这种炮不像"皮革炮"那样牺牲安全性。1624年，古斯塔夫将一些旧炮重铸为新的3磅炮[36]，口径2.6英寸，长48英寸，重400磅，含炮架重625磅。作战时，四个人或一匹马就可移动新炮。因为它们分配给各团使用，所以被称作"团级炮"。这是军事史上最早的团级战地设备。[37]

瑞典人也开发了最初的封装式炮弹，搭配团级炮使用。这是一个薄木箱，有一个预装的药包与弹丸相连。预装的药包提升了精度，简化了装填，带来了高频率的开火。在火枪兵齐射6次的时间里，瑞军的团级炮可以开炮8次。[38]

一开始，每个团配有1门炮，后增至2门。[39]团级炮改变了炮兵的传统角色，使瑞军在战场上获得了一个巨大优势，因为瑞军在数年里是唯一拥有能够与步兵结伴参战的炮兵装备的军队。对这种火力的进一步需求影响了后来的所有战术和组织思想。

约翰·基根似乎看不上古斯塔夫对武器和战术的革新，与其他人的作品产生了鲜明对比。例如，他是为我所知的唯一一位认为步兵炮无效的军事史家，因为他写道："它们在实践中对敌人鲜有伤害。"[40]他似乎忽略了自布赖滕费尔德以降的诸多战役中，这些武器对密集排布的敌军队列造成的毁灭影响。汉斯·德尔布吕克写道："整个欧洲的社会政治局面随着新式军事组织而改变。"[41]

古斯塔夫也将火炮转变为进攻性工具。他希望在战役中将最大限度的火力集中于关键一点。新式团级炮以及它们的机动性，使古斯塔夫得以实现这一目标。火炮原来总是在战役开始前就摆好位置，作战期间原地不动，而轻型团级炮可以随意移动。

瑞典火炮的惊人之处不只是质量，也在于数量。帕克指出，1597年的蒂伦豪特战役中，荷兰军队只部署了4门野战炮，在1600年的尼乌波尔特战役中只有8门。[①][42] 这与古斯塔夫于1630年带到德意志的80门火炮形成了鲜明对比。

古斯塔夫国王登场时，仍在使用的火炮弹药是坚硬的铸铁抛射物——但1580年左右曾有过一次改进。在那之前，空心球体中的火药与推进药是分开点火的。炮弹先由缓燃引信点火，之后再触发主药包。这意味着，如果主药包点火失败就会出现严重的问题。如果最重要的铁弹丸没有及时移除，整个火炮可能爆炸。这一问题因一种新式引信而得以克服，它由推进药包点燃。[43]

爆弹，发明于16世纪晚期，其弹腔的一半由炸药填充。定时与触发引信的实验也在不断发展，但这些理念远超当时的化学水平，所以无法奏效。早期的手榴弹已经出现，但操作起来笨拙且危险。它由一根缓燃引信点火。蒙特罗斯写道："士兵点燃引信，为了加速燃烧而把这个2磅重的投射物在头顶上甩几圈，然后扔出去。事故频发。"[44]

后勤

在支离破碎的德意志诸邦作战，后勤补给比较困难。食品和弹药问题变得与士兵的报酬一样重要。指挥官通过洗劫城乡获得补给与财宝，以补足士兵的军饷。饥饿的妇孺成为随营人员，人数常常超过军队。三十年战争"将抢劫作为战争中的合法活动立为惯例"。[45]

马丁·范·克勒韦尔德将后勤定义为"调兵遣将并使之得到补给的实践艺术"。[46] 如果意识到"调遣"和"补给"都是包含了无数不同要素和行动的宽泛术语，那么这个定义是不错的。

唐宁写道，瑞典人发展的那套制度代表了对当时惯例的一种改变，并需要依靠大量的官员，但看上去"与掠夺相去无几"。[47] 瑞典人只是非常有组织地执行之。他们的军需官分布在德意志各地，清点所需资源，依军队的需要征用之。

至少从一开始，比起其他军队，尤其是雇佣兵的生存方式，瑞典军队没

---

① 译注：两场战役均发生在荷兰独立战争期间，荷兰一方由莫里斯指挥，战术上击败了西班牙。

有抢劫和屠杀。有效的补给制度也倾向于缩短战争时间，因为敌方指挥官无法继续通过以逸待劳令他的对手耗尽补给。[48]罗伯茨写道，由于征用品通常就在征发地消费，所以对经济的影响不像乍看的那样危害当地民众。对来自某一特定地区的未来补给的长期关注，使瑞典的制度与其敌人的惯例有所区别。[49]无论人们怎么看待，它都是"以战养战"理念的一部分。

另一种选择是让士兵自行抢劫，这常常会造成犯罪行为和逃兵问题。例如，16世纪下半叶瑞典在波罗的海作战时，不得不处理缺饷少食的雇佣兵发起的暴动。17世纪，具备后勤指挥部的国民军队的建立，造就了纪律更佳的部队，因为他们拥有可以依赖的组织以满足关键的需求。[50]

后勤考虑往往胜过战略和战术。在后续章节中，我们将讲述一些战略拗不过后勤的例子。策划一场没有充分后勤保障的作战是危机四伏的，所以根本没法实施。我们还将在下文见证，没有完备补给线的卡尔十二在深入俄国后遭遇了什么。拿破仑也将饱尝艰辛地学会这个老道理。

欧洲仅有两个国家为补给军队而建立了国家后勤设施，即法国与西班牙。法国在打了多年擦边球后参战，此时已经建立了由仓库和本地私人承包商构成的补给系统。这种政府与私企的结合运行得不错。神圣罗马帝国为补给军队建立了道路系统，维也纳—莱茵河下游和意大利北部—莱茵河口是两条主要道路。[51]

参谋

军事参谋以各种形式存在于有记载的历史中。有些时候，他们可能是草台班子，主要由非正式的专家小组或值得信赖的顾问组成，指挥官依赖他们提出的意见。与战争的其他方面相似，他们随着时代而演变，越来越精细化。如前文所述，战争只有以坚实的后勤准备作基础才可能成功。我们发现，这样的准备工作存在于罗马帝国，但罗马帝国崩溃后就基本消失了。在古斯塔夫将其复兴前，它都没有得到完善的重建。[52]

我们再一次发现，古斯塔夫吸收了已有的理念并加以改进。瑞典团级参谋部包括一位上校、一位中校、一位少校、一位军需长、两位专职牧师、两位军法官，还有外科医生、宪兵长和一些职员。[53]

军队总部的参谋部与团级参谋部的构成相同，就是规模大了很多，专家也增加了，如一名总工程师和多名承包商。两层级均设有若干名信使。

古斯塔夫是一位一丝不苟的策划者。他会与参谋坐在一起，列出各种计划，分析敌人对这些计划可能的反应，以及瑞军对这些反应可以采取哪些合乎逻辑的反击。这些计划行动路线随后会分派给不同的下属加以深化。承担总参谋部职能的军官委员会再开会讨论各种可能性，而最终决定权在担任总司令的国王。

当某条行动路线被敲定后，它就会被压缩成内容有限的文件，类似后世的五段式战地指令。各级单位指挥官不仅要熟悉自己的任务，还要熟悉毗邻单位的任务。在这些策划会上，总军需官通常都会在场。这体现了古斯塔夫对后勤补给的重视。[54]

部队从沿路设置的军需仓库获取补给，来自瑞典的补给船以及从乡村强征的贡赋可以让他们酒足饭饱。军需部将这些补给分派到某个居中地点，供团级军需官挑选、分配。本地摊贩得到许可和鼓励，在军营附近设立货摊，售卖小型奢侈品。部队驻扎在设防军营内的营房或帐篷中，但按惯例他们通常住在城里。一位士兵可以向房东要求床、盐、醋和做饭之处。其他所有要求均被视为抢劫。

征兵

1611 年古斯塔夫继承父亲的王位后，将重建、整顿军队视为第一要务。是像先辈们大力为之的那样将新军队建立在雇佣兵的基础上，还是组建一支国民军队，他不得不首先对此做出取舍。他决定将军队改组建立在全民征兵制的基础上，这在欧洲尚属首次。负责征兵、养兵的征兵区建立了。古斯塔夫及其谋臣意识到，鉴于国家的人力不足，雇佣军不可或缺，其最终结果就是，瑞军以国民为核心，以雇佣军为补充。[55] 挪威也在 17 世纪中叶采用了普遍征兵制。[56] 因此，这两个斯堪的纳维亚国家成为最早采取这种征兵办法的国家。

瑞典和芬兰采用的征兵制称作"派役制"（indelingsverket），事实上开始于卡尔九世执政后期。经历了最初的坎坷后，这套制度在 17 世纪 20 年代通过一种比例供给机制得到修正，《导读》对此已有讨论。每个堂区（parish）必须在此前应征的每 10 名本区男性中装备并供养一名士兵。15 ～ 60 岁的所有男性都负有军事义务，那十分之一的倒霉蛋通过抽签产生。[57] 对贵族、教士、矿业从业者、寡妇唯一幸存的儿子，这套规则有诸多例外。直到此时，农民（bonde）是入伍记录中出现频次最高的职业。

帕克提供了政府每年征兵的一些数据。数字低得令人惊讶，从 1627 年的 13500 人到 1629 年的 8000 人不等。他也描述了这套制度对一个典型社群——比格德奥造成的灾难影响。他的一些文字值得直接引用：

> 例如，1621—1639 年，瑞典北部的比格德奥堂区提供了 230 名年轻男性在波兰和德意志服役，其中 215 人丧命，另外 5 人回乡时已经残疾。虽然剩下的区区 10 人 1639 年时仍在服役，但他们不太可能在 9 年后活着看到战争结束。入伍实际上成了死刑判决：1638 年比格德奥有 27 名入伍士兵，于 7 月 6 日集合，后被派往德意志，除一人外均在一年之内死亡。[58]

雇佣兵和合同兵虽然可能没有一些人认为的那么重要[59]，但长期以来都是重要的人力来源。他们来自欧洲各地，兹举数例：瑞士、德意志、爱尔兰、阿尔巴尼亚、意大利、苏格兰。苏格兰团自 16 世纪 60 年代起就在斯堪的纳维亚服役，支援新教事业，要么是在瑞典，要么是在丹麦。帕克认为他们的人数高达 2.5 万。[60] 在占领区的征兵提供了另外的部队。[61]

来自苏格兰和爱尔兰的人面临如何到达瑞典的问题。一些人在丹瑞相安无事之时来到瑞典西海岸。另外的路线是北德港口或横穿挪威。他们会发现后一条路并不安全。1612 年，乔治·辛克莱和亚历山大·拉姆赛两位上校率领的一支约 300 人的军队，在奥塔附近的克林根被 500 名挪威农民兵伏击并歼灭，显然是报复之前他们对挪威入伍军人的屠杀。

训练与纪律

没有严苛的训练与纪律，前文所述的瑞典新式军事组织和武器也无法发挥作用。新兵入伍后，有两周的基本训练时间，学习如何踩着鼓点行军，如何装填滑膛枪，如何使用长矛。部队一刻都不闲着。各级单位频繁举行演习。[62]

纪律严厉而公正，加上定期支付的军饷[63]，造就了一支表现优于当时大多数国家的军队。本章前文提到，团级参谋部有一位军法官担任固定成员。这一安排的理由可追溯至 1621 年围攻里加期间，当时古斯塔夫颁布了他的战地规章。由于它们对瑞军的行为颇有影响力，有必要引用研究军事参谋部的专家希特尔将军对这一安排的评论：

规章规定，一个团的指挥官是法庭庭长，并且就像我们现在的制度一样，其他审案成员从军队组织内部挑选，组成法庭。宪兵长和法庭的权力间有着明确的分界，虽然宪兵可以逮捕个人，但他们不得判处他人死刑，除非是在非常特殊的情况下。

……除团级军事法庭外，还有一个常设的总军事法庭，瑞典王家司仪担任庭长，高级军官为其成员。团级法庭对偷窃、违令和所有轻罪拥有审判权，高级法庭则承担对叛变和其他重罪的审判。[64]

每位团级指挥官每月应向部队宣读一次《战争条例》（1621 年的规章后来就是这么称呼的）。被控有严重违法行为的人，有权将法院的裁决上诉至国王。违反这些条例将受严惩。古斯塔夫的士兵有举止良好之美名，这在那个年代的军队中是不可多得的。[65]

除了前文罗列的以外，我还注意到蒙特罗斯提及的其他一些规矩[66]：

（1）偷窃、抢劫、怯战、对妇女施暴，处以绞刑。

（2）将本地的窃贼和妓女撵出军营。

（3）犯轻罪者，可套上枷锁，或者"骑木马"，即每只脚绑上一杆滑膛枪。

（4）禁止乌合之众随营。（据说，一支拥有 3 万战员的帝国军，就被 14 万非战斗人员拖累——他们是因先前的破坏而一无所有的妇女、儿童、残疾人。瑞军允许男人的妻子和家庭随团而行。儿童进入营级学校。这使瑞典人大量减少辎重队伍，提升军队的机动性。）

所有这些改革和操作，造就了近代第一支真正意义上的国民军队，也是一支战场上的常胜之师。

注释:

[1] Brian M. Downing, *The Military Revolution and Political Change: Origins of Democracy and Autocracy in Early Modern Europe* (Princeton, New Jersey: Princeton University Press), p. 65.

[2] John Childs, "The Military Revolution I: The Transition to Modern Warfare" in *The Oxford Illustrated History of Modern War*, edited by Charles Townsend. (New York: Oxford University Press, 1997), p. 19.

[3] Roberts, *Gustavus Adolphus*, volume 2, pp. 41-43.

[4] Hans Delbrück, *History of the Art of War: The Dawn of Modern Warfare*. Translated from the German by Walter J. Renfroe, Jr. (Lincoln, Nebraska: University of Nebraska Press, 1990) Volume 4, pp. 117-153.

[5] Downing, *op. cit.*, pp. 68-69.

[6] *Ibid*, p. 74.

[7] Wilson, *The Thirty Years War*, pp. 139-145.

[8] Trevor N. Dupuy, *The Evolution of Weapons and Warfare* (New York: The Bobbs-Merrill Company, Inc., 1980), pp. 131-132.

[9] Childs, *op. cit.*, p. 24. Dupuy, *The Evolution of Weapons and Warfare*, p. 132 则称最终减少到5排。

[10] Childs, *op. cit.*, p. 24.

[11] Dupuy, *The Evolution of Weapons and Warfare*, p. 133.

[12] *Ibid*, p. 132.

[13] Downing, *op. cit.*, p. 67.

[14] Geoffrey Parker, *The Military Revolution: Military Innovation and the Rise of the West 1500-1800*. 2nd edition. (New York: Cambridge University Press, 1999), p. 2.

[15] Dupuy, *The Evolution of Weapons and Warfare*, p. 138.

[16] Lynn Montross, *War Through the Ages*. Third Edition. (New York: Harper & Row Publishers, 1960), p. 271.

[17] Dupuy, *Gustavus Adolphus*, p. xv.

[18] Liddell Hart, *Great Captains*, p. 151.

[19] *Loc. cit.*

[20] Dupuy, *The Evolution of Weapons and Warfare*, p. 133.

[21] Montross, *op. cit.*, p. 269.

[22] Dupuy, *The Evolution of Weapons and Warfare*, p. 134. Montross, *op. cit.*, pp. 270-271则称比例是4个火枪兵对应3个长矛兵。

[23] Montross, *op. cit.*, p. 271有一幅阵形图解，一旅有2016人。

[24] Parker, *The Military Revolution*, p. 23以及Roberts, *Gustavus Adolphus*, volume II, p. 258. 参阅Robert Monro, *Monro, His Expedition with the Worthy Scots Regiment Called Mac-Keys* (Whiteface, Montana: Kessinger, 1999—this is a reprint of the original)。

[25] Dupuy, *The Evolution of Weapons and Warfare*, p. 137.

[26] Frost, *op. cit.*, pp. 104-105.

[27] *Ibid*, note 6, pp. 128-129.

[28] Montross, *op. cit.*, pp. 269-270.

[29] Dupuy, *The Evolution of Weapons and Warfare*, pp. 130-131.

[30] 它被称为插入式刺刀，因为它是插入滑膛枪枪管的。其最大的缺陷在于，刺刀插入枪管后，滑膛枪就无法开火了。

[31] Montross, *op. cit.*, p. 270; Dupuy, *The Evolution of Weapons and Warfare*, p. 135; and Parker, *The Military Revolution*, p. 22.

[32] Dupuy, *The Evolution of Weapons and Warfare*, p. 134.

[33] 半回旋是一种骑兵战术，要求骑兵小跑接近敌军，直至进入手枪射程内，开火，然后转向左右，让后排骑兵重复这一流程。

[34] Montross, *op. cit.*, p. 269.

[35] Dupuy, *The Evolution of Weapons and Warfare*, pp. 135-136.

[36] Montross, *op. cit.*, and John Keegan and Richard Holmes, *Soldiers: A History of Men in Battle* (New York: Viking Penguin, Inc., 1986) p. 107则将它们称为4磅炮。

[37] Parker, *The Military Revolution*, pp. 16-20.

[38] Montross, *op. cit.*, p. 273.

[39] Parker, *The Military Revolution*, p. 23则称每个团配发了4门炮。

[40] John Keegan and Richard Holmes, *op. cit.*, p. 107.

[41] Delbrück, *op. cit.*, volume 4, p. 223.

[42] Parker, *The Military Revolution*, p. 23.

[43] Montross, *op. cit.*, p. 272.

[44] *Loc. cit.*

[45] H. G. Wells, *The Outline of History*. Two volumes. (New York: Doubleday & Co., Inc., 1961), volume Ⅱ, p. 652.

[46] Martin van Creveld, *Supplying War: Logistics from Wallenstein to Patton*. 2nd edition. (New York: Cambridge University Press, 2004), p. 1.

[47] Downing, *op. cit.*, p. 70.

[48] Martin van Creveld, *Supplying War*, pp. 7-8.

[49] Michael Roberts, *The Swedish Imperial Experience, 1560-1718* (Cambridge: Cambridge University Press, 1992), pp. 52-53.

[50] Delbrück, *op. cit.*, volume 4, pp. 64, 160.

[51] Van Creveld, *Supplying War*, pp. 17-22.

[52] James D. Hittle, *The Military Staff: Its History and Development*. Third edition. (Harrisburg, Pennsylvania: The Stackpole Company, 1961), p. 40. See also Wilson, *Thirty Years War*, pp. 94-96.

[53] Wilson, *Thirty Years War*, p. 94也提到，每个连配有一名外科医生，兼任理发师。也有可能每个连都有一名指派的宪兵长。

[54] Peter Paret, *Makers of Modern Strategy: From Machiavelli to the Nuclear Age*. (Princeton, New Jersey: Princeton University Press, 1986) pp. 64-90.

[55] Dupuy, *The Evolution of Weapons and Warfare*, p. 134.

[56] Ersland and Holm, *op. cit.*, volume 1, pp. 164-165.

[57] Montross, *op. cit.*, pp. 265-266.

[58] Parker, *The Military Revolution*, p. 53. 更多关于派役制的信息，见Roberts, *Gustavus Adolphus*, volume Ⅱ, pp. 207-211.

[59] Parker, *The Military Revolution*, p. 49.

[60] *Loc. cit.*

[61] Michael Howard, *War in European History*. Third edition. (New York: Oxford University Press,

2009). pp. 20-74.

[62] Dupuy, *The Evolution of Weapons and Warfare*, p. 136.

[63] Montross, *op. cit.*, p. 236. 瑞典作为一个贫穷的农业国，岁入仅 1200 万王国塔勒（货币单位，1 王国塔勒＝ 3.5 英国先令），其中 5/7 留作军用。这笔钱支撑了总编制约 4 万人的军队。来自盟友的补助和瑞占区的付款承担了较大部分的花销，所以瑞典在两年之内将军事预算从国家收入的 5/7 降至 1/6。

[64] Hittle, *op. cit.*, pp. 41-42.

[65] Martin van Creveld, *Command in War* (Cambridge, Massachusetts: Harvard University Press, 1985), pp. 1-6.

[66] Montross, *op. cit.*, pp. 266-267.

瑞典参加三十年战争

> 瑞典面临着哈布斯堡势力的威胁，如此而已，但这一理由已经足够。必须迅速而强力地面对这股势力。
>
> ——古斯塔夫·阿道夫致瑞典议会

上一章中，我们了解了军事装备、战略、战术的惊人飞跃。这些飞跃为瑞典在战场上的胜利打下了基础，相关内容见本章和后续三章。我们也将了解瑞典人怎样克服征兵和财政的困难。

在瑞典参加三十年战争前的时期里，神圣罗马帝国内外都发生了错综复杂、令人困惑的政治、军事活动。[1] 马丁·路德在维滕贝格教堂大门上张贴《九十五条论纲》的著名行动开启了宗教战争的时代，欧洲大陆将在一个多世纪的时间里备受蹂躏。由于篇幅所限，几乎立即尾随该事件发生的宗教战争无法全部涉及。威尔斯注意到，"斗争结束时，德意志全境被毁、一片荒凉"，"中欧在一个世纪内无法从这些劫掠和毁灭中完全恢复"。[2]

关于早期的宗教战争有一些佳作，我推荐阅读彼得·威尔逊的作品。[3] 也有涉及该时期的其他英语佳作，通过我们的图书馆系统就能获取。[4]

马丁·路德之后的时代，一系列终将撕裂天主教世界并使之无法复原的战争开始了。宗教冲突也在法国与荷兰作祟。1550—1650 年席卷欧洲大部的这些冲突，通常被统称为"宗教战争"。

统一基督教的主张给德意志带来的灾难后果，在整个欧洲无出其右。主权亲王国、公国和主教区拼凑在一起，组成了德意志大部，这些邦国与维也纳的帝国朝廷鲜有共同的政策。大多数北德邦国的幅员还不及美国的很多县城。它们所属的那个帝国，主要关注其南部领地和奥斯曼土耳其人的威胁。德意志诸侯国情系西方与波罗的海，亲近新教教义；至于奥斯曼对它们所属的那个天主教帝国的重重威胁，它们漠不关心。唯一站在天主教一方的有影响力的世俗邦君，是巴伐利亚的马克西米利安一世（1573—1641 年）。[5]

传统上认为三十年战争的时间是 1618—1648 年。截至此时，政治动机已经取代了宗教因素。最初的冲突发生在 1618 年的波希米亚①。这个国家包容了很多宗教观点。皇帝马蒂亚斯膝下无子，希望在有生之年实现有序过渡，选择施蒂里亚的斐迪南为继承人。此人有耶稣会背景，1617 年当上了波希米亚和匈牙利国王。斐迪南开始在他的王国内厉行天主教。波希米亚人揭竿而起，将王位献给了帕拉丁的腓特烈五世（1596—1632 年）。这导致了新教同盟与天主教联盟的冲突。战争是短暂的，持续不到两年。1620 年 11 月 8 日，在布拉格附近，斐迪南和陆军元帅、蒂利伯爵约翰·采克拉斯（1559—1632 年）麾下的天主教军队在臻于高潮的白山战役中获胜。

然而，杀戮并未终结。在未来十年中，没有接受天主教的人遭到了迫害。波希米亚暴乱虽然本质上是局部性的，却成了延续至 1648 年的一系列战争的开端。像多数冲突一样，这场战争也是政治与意识形态的结合，宗教争论被用来影响和宣教群众。

古斯塔夫写道："欧洲所有的战争现已合为一体。"[6] 当它结束时，欧陆广大地区已是满目疮痍，中欧损失了三分之一的人口。[7]

新教徒在白山的失败导致了新教同盟的解体。腓特烈五世的领地被没收，他也被逐出帝国。他在莱茵帕拉丁的领土被天主教贵族所得，帕拉丁的选侯头衔也转让给了巴伐利亚公爵马克西米利安。然而，荷兰与西班牙正在进行八十年战争，为了从侧面包抄荷兰，西班牙人占领了帕拉丁。

帕拉丁的斗争没有停止。新教的领导权由恩斯特·冯·曼斯费尔德伯爵

---

① 译注：即捷克，当时是神圣罗马帝国的邦国之一，由哈布斯堡王朝统治。

◎ 德意志北部战区示意图

（1580—1626 年）和不伦瑞克的克里斯蒂安公爵（1599—1626 年）接管。与西班牙的战斗大多较小，无关紧要。最终，这两位领导人撤军了，转而为荷兰服役。然而，克里斯蒂安身陷下萨克森，当他撤至荷兰边境时，蒂利伯爵追上了他，在施塔特洛恩战役中重创之。克里斯蒂安的 1.5 万大军损失了 80%。曼斯费尔德和克里斯蒂安将在丹麦参战后再度出场。

丹麦参战

丹麦的克里斯蒂安四世关注着王国以南的局势，忧心与日俱增。他是一个路德宗国家的国王，兼任神圣罗马帝国下属的荷尔斯泰因公国的公爵，因此他发现自己处于一种异乎寻常的地位。克里斯蒂安的目标，第一是让丹麦的影响力越过易北河和威悉河两大贸易河流，第二是为他年幼的儿子们争取领地。[8]这些目标其实与宗教没什么关系。

在第一章讨论的卡尔马战争（1611—1613 年）中，克里斯蒂安已经证明自己是一位出色的战略家。这使他得到了名不副实的军事荣誉，因为他不是一位善于鼓舞人心的领导人，而且缺乏决心。由于进出波罗的海的过境费都进了王室的内库而不是上交给国家，他掌握了巨量的个人资源。从瑞典敲诈的巨额赎金也是如此。因此，他或许是欧洲最富有的君主，颇能以一己之力资助一场战争，至少他这么想过。可他的战争计划既没有得到议会的支持，也没有得到丹麦贵族的支持。

丹麦可能发动入侵，也让皇帝斐迪南二世①感到困扰。克里斯蒂安四世是北欧最强国家的领导人，拥有被视为欧洲一流的强大陆军和海军。解决新教叛乱者的同时再对付克里斯蒂安，是非常令人头疼的。[9]

1625 年 6 月，丹麦参战了。这场战争在丹麦被称为"皇帝之战"（Kejserkrig）。英国与荷兰承诺提供资金支持和志愿兵，因为两国均对帝国的北扩感到担忧。它们希望丹麦可以在曼斯费尔德和克里斯蒂安公爵失败之处取得胜利。[10]克里斯蒂安国王相信此时是正确的出兵时机，因为他的大敌古斯塔夫正深陷与波兰的战争。

英国承诺的资金是每月提供 3 万磅，此外荷兰提供 5000 磅。但这些钱从来没有如数兑现。至于支援的部队，仍在荷兰的曼斯费尔德有 4000 名幸存士兵。另有 2000 名不列颠人和 4000 名德意志、法国、荷兰新兵加入了他。克里斯蒂安公爵招募了 3 个骑兵团，10 月一并穿过威斯特伐利亚北部加入丹军。蒂利的军队因瘟疫和饥饿减员 8000 人，过于虚弱，无力阻止对丹麦的增援。[11]此外，克里斯蒂安国王迫使下萨克森议会动员 1.2 万人，虽然实际到位的仅有 7000 人。[12]

威廉·格思里相信，1625 年克里斯蒂安四世的意图首先是在德意志召集盟友，例如黑森–卡塞尔的农民。[13]威尔逊持不同意见，并指出克里斯蒂安的活动集中在下萨克森。[14]

斐迪南二世不希望爆发一场新战争，其实随后的事件证明这个对手没有他原本认为的那么强。西班牙的其他哈布斯堡成员力促斐迪南与克里斯蒂

---

① 译注：即前文施蒂里亚的斐迪南。1619 年马蒂亚斯去世，斐迪南继帝位。

安四世达成谅解，以免帝国爆发新战争。斐迪南计划与丹麦人达成协议，但在他愿意进行谈判前，克里斯蒂安必须先撤军。他要求陆军元帅阿尔布莱希特·冯·瓦伦斯坦（1583—1634年）招募一支新军，接管帝国的战争工作。瓦伦斯坦是欧洲最受敬畏的军事领袖之一，而他还会得到另一位非常出色的陆军元帅约翰·蒂利襄助。[15]

1625年的战争没有什么进展，而这是帝国军最虚弱的一年。克里斯蒂安必须为战争的懈怠负全责。他的军队在汉堡以西渡过易北河，并向威悉河推进，却无的放矢。蒂利夺取了威悉河的渡口，从而封锁了他进一步活动的道路。克里斯蒂安似乎只是为了与蒂利和斐迪南谈判，才尝试提升自己的地位。威尔逊指出，克里斯蒂安一发起军事行动，就通过信使与两个对手开始接触了！[16]

等到1626年，克里斯蒂安的无能使他丧失了胜利的机会。现在，他面对的是欧洲最优秀的两位将军，他们拥有新的人力与丹麦作战。克里斯蒂安试图调兵遣将，阻止瓦伦斯坦与蒂利两军会师。1626年初，他将2万主力军集中在沃尔芬比特尔。瓦伦斯坦位于东南方向的哈尔伯施塔特，兵力与克里斯蒂安大致相当，而蒂利位于威悉河，兵力也几乎相同。哈茨山脉位于两人之间。

克里斯蒂安发现战争比他预计的要更加昂贵。尽管他很有钱，但到1626年初时，资金已经捉襟见肘了。英国和荷兰也没有如约将钱送到。当资金开始短缺时，他发现自己越来越难对加入他的人施展权威了。他在1626年初批准的海牙同盟①只让他与帝国媾和更加困难。显而易见，只有在战场上才能做个了结。

瓦伦斯坦对曼斯费尔德的活动感到担忧。后者在易北河上的劳恩堡有1.2万人，并准备入侵勃兰登堡，从而转向瓦伦斯坦的侧翼。曼斯费尔德威胁了

---

① 译注：英国国王詹姆斯一世本计划在1625年4月召开海牙会议，讨论结盟问题。不巧的是，詹姆斯和拿骚的莫里斯去世，使会议拖延至11月。秋，英、法、荷代表在海牙讨论对哈布斯堡的作战计划。一开始，英国代表还希望把财政负担转嫁到其他盟友头上。但丹麦代表表示，瓦伦斯坦的出场已经完全改变了战争局面，丹麦或许会寻求与皇帝单独媾和。最后，三方达成了妥协，在12月9日签订了《海牙协定》。克里斯蒂安拖到3月才批准条约，使丹麦参战无法挽回。参阅杰弗里·帕克《三十年战争史》（1997年，52-54页）。

马格德堡与德累斯顿①间唯一的永久性桥梁，如果它被夺取，瓦伦斯坦的补给线将被切断。瓦伦斯坦向南而去，他的到来使防御者增加到1.4万人。曼斯费尔德只有7000人，兵力严重不足。然而，他决定孤注一掷地赌一把，结果被击退，随后又遭到了瓦伦斯坦所部的侧面打击。曼斯费尔德的骑兵逃跑了，步兵投降了。②

克里斯蒂安四世面对帝国两大军事统帅，战局迅速恶化。战争开打时，克里斯蒂安对瓦伦斯坦军队的加入还一无所知。潜在的盟友自身也有一大堆麻烦：英国内部分裂；法国陷入了雨格诺派暴乱引发的内战；勃兰登堡和萨克森不希望打破德意志东部的相对平静。1627年，法国与西班牙缔结了反英条约。③

克里斯蒂安四世被迫撤退。蒂利在曼斯费尔德战败后，得到了瓦伦斯坦派来的8000人增援。1626年8月27日，蒂利在设防的卢特城镇迎战丹军。丹麦的步兵严重不足，而骑兵拥有微弱优势。战役是血腥的，丹军的伤亡尤其惨重。丹麦步兵很快就被横扫，而骑兵的防守较为稳固。国王身处混战之中，身下的坐骑被击毙。骑兵在卢特城堡附近进行了最后的战壕防御，但当主力军追随国王逃跑后，骑兵也在傍晚投降了。据报告，丹军有2500人被俘，约6000人战死。[17]克里斯蒂安损失了近半军队。

1628年2月，瓦伦斯坦围攻斯特拉尔松德，但于同年7月将行动取消。他将注意力转向丹麦，蹂躏了日德兰半岛大部。丹麦在沃尔加斯特战役中最终战败后，双方都打算谈判了。瓦伦斯坦担心丹麦和瑞典可能结盟，而他没有一支前往海岛的舰队，就无法将丹麦彻底打垮。1629年的《吕贝克条约》结束了战争。克里斯蒂安被迫同意放弃对帝国境内新教徒的支持。[18]

天主教联盟势头正旺，力促皇帝斐迪南光复天主教在北德失去的土地，尤其是教会的财产。归还教产的法律意味着路德信徒将丧失他们的土地和宗教自由。[19]

---

① 译注：萨克森首府。

② 译注：作者对该时期的作战高度压缩，叙述多有跳跃。本段所言是1625年4月25日的德绍桥战役。德累斯顿、德绍、马格德堡、劳恩堡，由南向北，均在易北河上。

③ 译注：虽然法国在三十年战争期间对外支持新教国家，但并非一直如此。1627—1629年，因英国支持法国国内的雨格诺派（一译胡格诺派）新教徒，英法进入了战争状态。

古斯塔夫看到瓦伦斯坦和蒂利对克里斯蒂安四世的打击，心情复杂。自卡尔马战争以来，克里斯蒂安四世就是他的大敌；而丹麦的实力被消耗也值得他高兴，因为这有助于瑞典掌控波罗的海。然而，他也看到，丹麦的战败很可能严重削弱新教国家的势力和决心，使帝国更容易在波罗的海沿岸立足。

1629 年，古斯塔夫安排了一场与克里斯蒂安的会晤。古斯塔夫之目的明显是与战败的丹麦人结盟。韦奇伍德对本次会晤的描述基于奥克森谢尔纳的信件和瑞典外交史料中的描述。[20] 会晤以斯堪的纳维亚两国君主的大声争吵宣告失败。然而，丹瑞结盟的可能性让瓦伦斯坦感到不安。帝国在吕贝克向丹麦开出的条件被迅速修改，使之对丹麦更加有利。

瑞典参战的原因

历史学家们对一个人口不足 150 万的国家参加三十年战争的动机争论不休。二战期间和战后初年，笔者还是一名欧洲的学童，老师告诉我们这是拯救路德宗的正义、辉煌之战。这种浪漫的观点甚至延续至今。京特·巴鲁迪奥将古斯塔夫描述为宪政原则和依法治国的理想化拥护者。[21] 也许他是这样的人，但迈克尔·罗伯茨指出他也有专制的野心，尽管在大多数时候他都可敬地遵守瑞典的宪政原则。[22] 但同时，他对德意志诸侯国的宪政原则没有表现出太多的尊重。

古斯塔夫的动机比宗教和宪政更接地气。甚至他自己向议会提出的理由也说得很清楚：

> 瑞典面临着哈布斯堡势力的威胁，如此而已，但这一理由已经足够。必须迅速而强力地面对这股势力。时运不济，危在旦夕，现在不是询问代价是否会远超我们承受力的时候。我们将为……家园、祖国和信仰而战。[23]

古斯塔夫也将参战的决定交由枢密院讨论。他告诉大臣们："我叫你们来，不是因为我怀疑自己的想法，而是为了让你们能够享受反对我的自由，如果你们希望反对我的话。"[24]

从上文引用的第一段话中即可看出，宗教因素也并非完全没有。但宗教与政治高度混合，难以割裂。古斯塔夫一定不会忘记，他的家族主要以宗教为由，从合法继承人手中夺走了瑞典王位。但简单来说，宗教在德意志作战之初不占重要位置。

瑞典的国王及其他决策者在丹麦参战时得出结论：长远来看，瑞典无法在德意志冲突中独善其身。[25]瓦萨诸王的外交和经济政策有一个基本原则，那就是为控制波罗的海沿岸、使之成为瑞典的内湖而奋斗。在他们对未来的整体构想中，帝国在海岸的存在是不可容忍的。虽然西班牙在波罗的海建立舰队的计划没有成真，但帝国在汉萨同盟的帮助下极有可能做到这一点。

帝国对这些基本利益造成了明显威胁。如迈克尔·罗伯茨指出的那样，选择前进战略也有着财政和人力因素。[26]瑞典的经济和人力资源有限，只有从盟友和被征服领土上搜刮巨额贡赋，才可能保持庞大的军队编制。

1628年，瓦伦斯坦在将丹麦人驱出北德期间，曾围困斯特拉尔松德海港。该年初夏的多数时候，古斯塔夫留在维斯杜拉三角形根据地的原因，很可能是他希望离舰队更近一些，这样就能迅速移师救援斯特拉尔松德，以免其落入瓦伦斯坦之手。[27]瑞典也派出了一支小部队，支援斯特拉尔松德的丹麦和波美拉尼亚①守军。这发生在上文提及的古斯塔夫与克里斯蒂安四世暴风骤雨般的会谈期间。古斯塔夫威胁道，如果不解除围困，瑞典就参战。这一威胁，以及丹瑞结盟的可能性，促使瓦伦斯坦在1628年7月结束围攻。

财政与人力

瑞典的城市化程度仍然非常有限。国家基本上由农场主和农民组成，但也正在取得进步。瑞典的军火产业在17世纪30年代前就在欧洲取得了领先地位。武器在欧洲市场上的销售形成了一笔稳定的收入，对铁和铜的出口进行了补充。为促进矿业和枪炮制造业的近代化，还引进了外国技术。[28]

然而，如之前的章节所述，瑞典早期的战争中一直存在一个"麻烦鬼"，这就是资金的缺乏。对丹麦的高额战争欠款最终在1619年偿清，但让瑞典人

---

① 译注：斯特拉尔松德属于波美拉尼亚公国。

备尝苦涩。瑞典海陆军正在进行昂贵的近代化，需要大量的资金。那么，反击帝国是一项宏大得多的军事活动，瑞典人怎能指望负担得起？瑞典将把17.5万多人派上战场，对抗帝国、西班牙、天主教联盟的联军，这在当时是个极大的规模。战争事业也需要建立庞大的海军，保护陆军在瑞典与德意志之间的联络线。古斯塔夫及其谋臣意识到了这些问题的严重性。如果没有稳定而安全的资金、补给和军队运转，失去活力的战争将迅速溃败。

某些变化的发生，使局势与之前的战争有所不同。现已建立的宪政制度使国王事实上成为议会的伙伴，如我们所见，他尤其注意保持与议员的良好关系，让他们了解他的计划。国内征税制度和征兵工作得到了改进，这都是议会的职责。

罗伯茨注意到，1630年前增加国内税收的努力都失败了。大规模近代军队所需的资源还不够充分。[29] 他也注意到，来自铜矿和银矿的收入在战前和战时其实降低了。[30]

然而，出于各种实用的目的，瑞典控制了波罗的海贸易。这个国家从爱沙尼亚、英格利亚、利沃尼亚，以及《阿尔特马克停战协定》带来的勃兰登堡、波美拉尼亚、但泽、东普鲁士港口的过境费中，获得了大量收入。1630—1635年，瑞典的波罗的海过境费收入年均达58万王国塔勒，在这几年内还逐年增加，1634年达到81.2万王国塔勒。[31]

正常的国家税收或许能维持2万～3万人的常备军事编制。计入过境费后，该数字或可提升至5万人左右。然而，这达不到维持17.5万人以上的军事编制所需的资金。古斯塔夫的第一条战争原则——按照迈克尔·罗伯茨的说法——就是在这里显露身手的。该原则即"以战养战"，见于1628年古斯塔夫致首相的一封信。[32] 通过这一原则，我们发现了瑞典跻身军事强国之列的关键之一。它的基础是利用外国尤其是德意志的资源，来为战争提供资金。

该原则也意味着从其他国家获取补助，主要是法国和荷兰。法国在整个战争中都对瑞军提供财政支持。这项支持始于1632年的16万王国塔勒，后增加到年均支付40多万。讽刺的是，一个主要的天主教国家，却成了一支与天主教核心势力作战的军队的主要投资者。然而，黎塞留在这场战争中发现了削弱、贬抑法兰西最大的两个敌人——西班牙和奥地利的机会，他也不允许宗教胜过政治。荷兰在1631年和1632年提供了不足10万王国塔勒，但这几年是关键之年，瑞典正在积极募集雇佣兵以维持军队。[33]

战争初期，足以承担开支的联盟尚未组建。瑞典在参战前建立反哈布斯堡联盟的努力付诸东流。多数统治者对丹麦的前车之鉴记忆犹新，担心会遭到瓦伦斯坦和蒂利麾下帝国军的进攻，不敢公开表态。

瑞典金钱和补给的主要来源是德意志。被占领地区、敌人的领地、出钱保平安的邦国和城市，都被强加了大量的征兵任务。军队的需求通过这种方式得到了全面照应。古斯塔夫将手段老辣的军需官派到各个地区，去判定它们可以提供什么物资。他们在各诸侯国建立办公点，以高度组织化的方式执行任务。迈克尔·罗伯茨写道："这些流程对瑞典国库的直接影响是惊人的：1630 年，瑞典纳税人不得不为德意志战争凑够 280 万银塔勒；到了 1633 年，必须提供的金额降至 12.8 万塔勒。"[34] 他接着发表了一段更易受质疑的评述：

> 这套"贡赋"制度精心设计、平等实施，根据支付能力而分级。由于"贡赋"是以现金支付，而钱通常花在它被征收的地区，所以这套制度对德意志经济生活的破坏没有想象的那么大；确实，它的成功依赖于保持当地合理程度的繁荣。[35]

"贡赋"对瑞典"以战养战"的能力确实有显著影响。斯文·伦德奎斯特估计，布赖滕费尔德战役之后，德意志给瑞军的年度贡赋是瑞典常规预算的 10 ～ 12 倍。[36] 这不是说瑞典人一毛不拔。战争末年，瑞典 35% 的预算仍然投入军事建设中，因为本土需要防守，海军需要供养，波罗的海诸省驻军需要军饷。

同样显而易见的是，依靠自身的人力动员，瑞典无法赢得战争。瑞典以类似于解决财政问题的方式，解决人力问题——这也不足为怪。古斯塔夫在 1632 年部署了 17.5 万名士兵，然而只有 18% 是瑞典人，即便这个比例在战争结束前也降低了。友好的诸侯国——你也可以称之为盟国——提供的部队和雇佣兵占据了压倒性多数。[37] 败军中的雇佣兵往往背叛雇主，加入胜利方。

这一切不是说瑞典没有承受严重的损失。瑞典人的部队构成了军队的核心，暴露于激战之中。瑞典的团通常由省级征兵组建，这意味着，如果这些团战败或遭受重创，就会对他们原本所在的社群造成令人惊愕的损失，留下持续几代人的伤痕。

备战与登陆

1629 年，瑞典议会全票赞成提供资金，以满足 3 年之内对抗帝国之所需。法国提供的额外资金也值得期待，就像黎塞留承诺的那样。

1629—1630 年冬，古斯塔夫紧锣密鼓地进行战备，需要大量的武器、弹药、装备。为了提供装备，各个企业被逼到极限，包括官办兵工厂和私人公司。例如，据估计，一个有 576 杆滑膛枪的步兵团在战时每月需要 3000 磅火药、2400 磅铅和 3400 磅火绳。[38] 海军也需要通过增添一些战船和运输船而得到强化。瑞典还不得不防范本土遭到入侵，就像防御波罗的海诸省那样。

古斯塔夫及其谋臣的豪赌令人难以看透。他们将率领一个 130 万～150 万人口的国家挑战神圣罗马帝国、天主教联盟、西班牙的力量，同时无望得到盟友。他们不得不考虑，位于瑞军左翼的另一个天主教国家波兰也可能不顾《阿尔特马克停战协议》，加入战争。他们也无法保证位于右翼的丹麦不会见机行事。这场赌博表明古斯塔夫及其谋臣对他们塑造的新式军队拥有高度自信。几乎无人能够预料，瑞典在波美拉尼亚近海的乌瑟多姆岛登陆将永远改变世界历史。

1621 年以来，瑞典征召的 8 万人已经对国家的人口和经济造成了严重的消耗。有件事可以说明资金的缺乏：东普鲁士的 4000 名骑兵拒绝行动，直到拿到了亏欠他们的 16 个月军饷为止。接着，1630 年军中的 4.3 万瑞典人和芬兰人以及 3 万雇佣兵的军饷也要支付。[39]

古斯塔夫及其谋臣估计，他们需要 3.7 万人的军队保卫本土和波罗的海领地。他们也计算出需要 7.5 万人建立一座"桥头堡"，并突破"桥头堡"拿下北德海岸线。按照计划，将以 4.6 万人发起攻击，但由于缺少运输工具，这个数字不得不削减到 1.36 万人。这 1.36 万人将与斯特拉尔松德的 5000 名瑞军合并。瑞典人决定第二批运送 7000 人，于夏季到达。然而，到 11 月，登陆军的规模也只有 2.9 万，其中三分之一还有病在身。[40]

1630 年 6 月下旬，古斯塔夫率领 76 艘船的舰队渡过波罗的海，其中战舰[41]与运输船各半。受风暴阻碍，直到 7 月 4 日，他才在奥得河口的一座小岛上登陆。他的 1.39 万人①由 92 个步兵连和 116 个骑兵中队组成。[42] 与帝国军相比，瑞军微不足道，但它是一支精英部队，很大程度上由参加过对波战争的老兵组成。

瑞军登陆之时，德意志发生的一些事对他们有利。7月上旬，皇帝斐迪南二世召集德意志选侯至雷根斯堡议事。其目的是争取他们支持对荷兰开战，从而助他的盟友西班牙一臂之力。接下来的事情，让他错愕不已。第一，新教的勃兰登堡选侯和萨克森选侯拒绝参会；第二，天主教参会者由巴伐利亚的马克西米利安领导，强烈反对并拒绝开战，也拒绝西班牙军队利用德意志的土地向荷兰开战。他们也要求皇帝将陆军元帅瓦伦斯坦解职，因为就连天主教徒也认为他残暴不仁且目中无人。他们还坚决主张大规模裁军，因为为了供养军队，诸邦已经花费了大量钱财。斐迪南勉为其难地同意了这些要求，将瓦伦斯坦解职，解散了一些军队单位。因此可以说，帝国最优秀的将军在古斯塔夫登陆之时并未服役。裁撤后的帝国军由巴伐利亚选侯马克西米利安——现在他是帝国的第二号强人——和陆军元帅蒂利指挥。

对于新教徒的要求，皇帝就没有这么顺从了。萨克森选侯约翰·乔治（1586—1656 年）向雷根斯堡会议列出了一份诉求清单。他认为，这些诉求对德意志的和平是必要的。其主要条件是撤销 1629 年的《归还教产敕令》，而该敕令主要是要求新教徒将其接管的所有教会财产返还天主教会。瓦伦斯坦及其军队残酷地执行该敕令，甚至一些天主教诸侯对此也表示反对。斐迪南声称他无意取消敕令，并将对该话题的一切讨论推迟至下一次会议。雷根斯堡会议不仅没有起到团结的作用，反而暴露了帝国内部相当严重的不安与不和。[43]

古斯塔夫合情合理地设想，帝国的政治斗争能给他带来可观的利益，但他很快就得失望透顶。用迪普伊的话说，"虽然德意志新教徒为了对付皇帝，曾坚持请求他的帮助。而当他来到他们的海岸时，他们中的大多数人却战战兢兢，急忙向斐迪南承诺提供支持或保持中立"[44]。

古斯塔夫在德意志登陆后，发现自己是孤家寡人。英国因内部问题而焦

---

① 译注：原文如此，似与前文 1.36 万不符。

头烂额，置身于德意志战争之外。荷兰仍在与西班牙作战，不希望与另一个敌人较量。丹麦已经承诺保持中立，对瑞典在北欧的势力增长也感到惊恐。法国感到自己被英国抛弃了，又在三个方向上面对哈布斯堡，且没有做好战争的打算，故而除了补助之外，无法提供其他支持。直到 1631 年，法瑞之间才达成互助防御条约。

奥得河谷、勃兰登堡与波美拉尼亚之战

就像在波罗的海作战的最后几年那样，古斯塔夫的第一要务是扩大"桥头堡"并建立安全的行动基地，以便补给从瑞典送达。眼前的敌人分散在波美拉尼亚和梅克伦堡的很多要塞中，他们本不应当对瑞典的登陆大惊小怪。因为战备已经在瑞典进行了一年，不可能瞒过间谍和探子。然而，帝国军没有抵御登陆行动，似乎也没有在面对登陆的可能性时做任何准备。

该地区的帝国军指挥官是托尔夸托·孔蒂将军，他和大多数军队往奥得河上游撤退了 70 公里，进入设防的加尔茨和格赖芬哈根城镇。孔蒂的副官萨韦利公爵弗雷德里科（1595—1649 年）率余部撤往波美拉尼亚的安克拉姆。[45]

古斯塔夫仍在建立一个安全的行动与后勤基地，他夺取了波美拉尼亚首府什切青。7 月 19 日，他率领约 9000 名士兵，溯流向什切青而去，又在该城下游某处登岸。城市长官坚持让瑞军撤退，但古斯塔夫要求与波美拉尼亚公爵博吉斯拉夫十四世（1580—1637 年）会谈。

公爵赶来后，古斯塔夫告诉他，波美拉尼亚的中立是不可容忍的。瑞军正在部署为作战阵形，古斯塔夫通知博吉斯拉夫，如果他不接受条件，瑞军将武力破城。随着越来越多的瑞军上岸，博吉斯拉夫向瑞典的要求屈服了。次日，城市被占领。博吉斯拉夫仍然是波美拉尼亚名义上的统治者，但瑞典人取得了全面的掌控权。双方的协议写成了一份白纸黑字的条约。达米茨伯爵麾下的一支 3000 人的波美拉尼亚军队为瑞典人服役，在后来的战役中他们表现出色。

在什切青停留期间，古斯塔夫发布了一份宣言，阐明了瑞典入侵德意志的原因。宣言大力控诉了皇帝对瑞典的所有不友好行动和对新教徒的迫害，同时他刻意忽略了对天主教联盟的指责，因为他兀自希望其中一些诸侯会加入他这一方。[46]

截至 8 月，驻德瑞军已经扩大到 2.5 万人，并毫无损失地夺取了奥得河下

游地区，控制了斯特拉尔松德。瑞典海军占领了吕根岛。在瑞典国王看来，"桥头堡"仍然太小了。因为在以"桥头堡"为圆心的半圆内，帝国军仍旧占领着大部分海岸，阻断了瑞军与斯特拉尔松德和东普鲁士[①]两地的陆路联系。

8月间，瑞军在什切青上游的奥得河两岸夺取并强化了一系列城镇，从而扩大了控制区。古斯塔夫对加尔茨和格赖芬哈根的帝国军据点又亲自进行了一次无畏的侦察，发现自己手头的军队不足以攻下这两处强固据点。侦察小组遭到了伏击，国王差一点儿就被俘了。

古斯塔夫决定入侵梅克伦堡，拿下罗斯托克与维斯马港口。他计划自海上夺取这两座城市，避开位于他和两港陆地一侧之间的大规模帝国军。他令古斯塔夫·霍恩将军留守什切青，自己则驶向斯特拉尔松德，等待后续军队跟进。他们因风暴耽误了三个星期，还没有携带重炮。

国王只能满足于夺取附近较小的达姆加滕与里布尼茨港口[②]。达姆加滕不战而降，而里布尼茨坚持到9月26日。他正打算沿海岸继续西进时，得到了敌军在代明活动的情报。此地在斯特拉尔松德以南不远。霍恩将军已经将之包围，但一支帝国军正赶来救援。古斯塔夫率3000人堵截帝国军并将其打散。

当古斯塔夫在代明附近驱散帝国军时，加尔茨的帝国部队两次进攻了什切青。他们还打算破坏瑞军对科尔贝格的围攻。霍恩将军不费吹灰之力地击退了敌人的两次行动。但萨韦利公爵所部确实在斯特拉尔松德附近夺取了瑞军控制的两座小城镇，并在破城后屠杀了守军。这个消息迅速传到了瑞军中，士兵们立誓复仇。

1630年12月，瑞军得到情报，加尔茨要塞的帝国军降至6000人以下。还有其他消息：该堡垒换了一个新的指挥官绍姆堡伯爵；帝国骑兵由于缺乏马粮而分散在附近的村庄中。加尔茨要塞从南方对什切青构成了持续威胁。纷至沓来的情报，以及敌军不习惯在冬季积极作战的事实，使古斯塔夫相信这是移除威胁的良机。

平安夜，古斯塔夫率领8000名步兵、6000名骑兵，携带攻城炮和野战炮，

---

① 译注：按地理位置及前文内容判断，应为西普鲁士。

② 译注：位于梅克伦堡和波美拉尼亚边界，现已发展为连体城市。

向南进军。一支载有浮桥设备的内河舰队伴军同行。设防的格赖芬哈根城镇位于奥得河右岸，是一个中间目标。

帝国军对这场冬季攻势全无防范。然而，格赖芬哈根指挥官卡普亚上校进行了顽强抵抗。当攻城炮轰破了城墙后，古斯塔夫亲自领兵对缺口发起冲击。瑞军两度被击退，第三次终于突入城中。卡普亚上校感到局势无望，以城而降。瑞军损失微乎其微。

古斯塔夫继续南下，打向奥得河右岸的一座堡垒，它保护着通往加尔茨的桥梁。守军一看到瑞军的先头部队，就向河流左岸撤退并烧毁了桥梁。他们不知道，瑞军也有一支部队沿河流左岸逼近加尔茨处。当左岸瑞军在内河舰队的陪伴下到场后，绍姆堡伯爵将重炮都扔入沼泽，纵火焚城，逃往勃兰登堡。瑞军以骑兵追击，一支分遣队前往屈斯特林，一支前往兰茨贝格，一支沿瓦尔特河而去，阻止帝国军经过这些城镇的桥梁撤退。然而，屈斯特林的勃兰登堡指挥官拒绝向瑞军开放奥得河通道。古斯塔夫姑且决定尊重内兄的中立。绍姆堡伯爵及余部最终逃到了奥得河上的法兰克福。

除了个别小型要塞正遭围困外，帝国军已经被清除出波美拉尼亚。帝国军原本习惯于安全的冬季宿营，因而这场冬季作战令他们高度不安。他们对冬季之战没有准备。而另一方面，瑞军穿上了衬毛皮的外衣、靴子、帽子和手套。瑞军相对于帝国军，还有个更大的优势，那就是指挥官的技巧和活力。他们在这些初期的交战中表现出了绝对的优势。

蒂利曾嘲笑古斯塔夫为"将在德意志的烈日下迅速融化的雪人之王"，而今帝国指挥官们开始尝到古斯塔夫的厉害。据说，当有人告诉斐迪南瑞典入侵的消息时，他说："如此说来，我们又有了一个小小的敌人。"但他很快就会改变想法。

截至1631年初，瑞军在奥得河下游和波美拉尼亚建立了既大又安全的行动基地。然而，古斯塔夫仍然感到无力深入德意志，因为他的道路被该地区最重要的两个新教邦国——勃兰登堡和萨克森堵住了。两个邦国均倾向于中立，不让瑞军过境。他们的不情愿多少是可以理解的。他们刚刚目睹克里斯蒂安四世在蒂利和瓦伦斯坦手中遭到了粉碎性的失败，认为同样的命运也会降临到瑞军头上。届时，他们要留下来承受帝国的怒火，瑞军却可以撤往波罗的海彼岸。

这导致古斯塔夫身处德意志6个月还没有找到盟友，如果我们不考虑他与博吉斯拉夫大公爵达成的"强制"联盟的话。萨克森选侯约翰·乔治于1631年2月召集所有新教邦国开会。会议在莱比锡举行，其公开之目的，是协调政策以应对即将到来的与皇帝的谈判，谈判的主题是对《归还教产敕令》表达不满。在1631年4月发布的一份宣言中，他们立场强硬地反对该敕令，并反对为供养帝国军而征税。宣言由萨克森、勃兰登堡两位选侯，以及其他一些诸侯和自由市签署，警告皇帝说，如果他们的诉求得不到解决，就会造成他们控制不了的后果，但没有指明可能造成哪些后果。为了避免触怒斐迪南，他们对瑞典的入侵一字未提，就像这事不存在一样。他们制订了"莱比锡同盟"计划，建立拥有4万兵力的新教防御联盟。这一联盟看上去既针对帝国，也针对瑞典人——是武装中立的一种形式。[47]

古斯塔夫向莱比锡会议派出了一名使节，指示他强调瑞典的决心——无论有没有得到他们的帮助，瑞典都要动武，直至德意志新教徒的权利得到充分保障。然而，显而易见的是，约翰·乔治和其他新教代表希望得到皇帝的让步，而不是步入战争。[48]

到目前为止，法国对瑞典作战的帮助还只是个承诺。黎塞留需要先解决国内问题，但承诺的补助最终在1631年1月23日的《巴瓦尔德条约》中被确定下来（事实上意味着法瑞结盟）。法国承诺在未来5年——也是条约的有效期——每年提供两次20万塔勒的补助。① 瑞典有义务在德意志保持3万人的步兵和6000人的骑兵。古斯塔夫承诺在接下来5年里不单独媾和，也不侵犯巴伐利亚的马克西米利安的领地。因为后者与法国达成了秘密联盟。[49]② 瑞典国王坚决主张将《巴瓦尔德条约》公之于众。黎塞留不愿这么做，因为这

---

① 译注：其实条约中另有条款称，鉴于瑞典已经花费甚巨，那么签约当日即可获得4万塔勒。见彼得·威尔逊主编《三十年战争史料集》（2010年，141页）。

② 译注：1631年5月30日法国与巴伐利亚签订《枫丹白露条约》。主要内容有：双方都有义务在对方遭到入侵时保卫对方；双方均不得进攻对方或支持对方的敌人；法国承认马克西米利安的选侯资格，保护其"世袭的与获取的领地"；条约为期8年；巴伐利亚选侯对神圣罗马帝国的忠诚不受损害。其实，《巴瓦尔德条约》和《枫丹白露条约》在某种意义上存在矛盾之处。但黎塞留支持马克西米利安，一来可以挑拨帝国内部的关系，二来可以在德法之间创造一个缓冲区，三来可以安抚一下国内的天主教顽固派。巴伐利亚公爵靠近法国，一是担心皇帝的权力过大会削弱诸侯的

会将他与一个新教国家的勾勾搭搭暴露于人。但最后，他还是同意了瑞典国王的要求。古斯塔夫之所以希望公布条约，是出于两项考虑：第一，表明法国和瑞典是平等的，并非一方唯另一方马首是瞻；第二，条约中有一项规定允许其他任何国家或诸侯国加入，因此这对新教诸侯是一种邀请，希望他们能起兵反抗帝国。[50]

与此同时，战争也在积极进行。古斯塔夫的基地安定后，他就继续沿奥得河谷南进。首先，他肃清了波美拉尼亚剩余的帝国军要塞。萨韦利公爵控制的代明城固若金汤，并首当其冲。1700 名守军抵御围攻长达两日，最终投降。萨韦利及其部队得到了瑞军的礼遇。科尔贝格的命运与此相同，经过 5 个月的围攻，于 3 月 2 日投降。[51]

陆军元帅蒂利终于进入了波美拉尼亚①，进攻新勃兰登堡城②。虽说瑞典守军表现良好，但敌军仍然强行攻克该城，守军悉遭屠戮，全城惨遭洗劫。瑞军本以为蒂利的下一个目标要么是什切青，要么就是被困的格赖夫斯瓦尔德。事实恰恰相反，他向南撤至新鲁平。他显然计划加入正在围困马格德堡的陆军元帅戈特弗里德·冯·帕彭海姆。

古斯塔夫没有追逐蒂利，而是决定挥师奥得河畔的法兰克福，希望这能将蒂利从马格德堡引开。对法兰克福的进攻由一支非常强的部队执行，从施韦特起，穿过勃兰登堡领土，这也是古斯塔夫第一次无视内兄的中立宣言。瑞军有 1.4 万人、200 门火炮，1631 年 3 月 27 日开始从奥得河两岸同步行军，主力军在左岸。像以往那样，古斯塔夫利用河流运输补给、架桥设备和火炮。勃兰登堡的屈斯特林守军目睹瑞军的庞大规模，选择放弃抵抗，允许瑞军通行。

（接 80 页脚注②）势力；二是他获得选侯资格后，变得患得患失了，需要争取国际支持；三是瑞典打入德意志后，巴伐利亚希望法国能够管住瑞典。参阅彼得·威尔逊主编《三十年战争史料集》（2010 年，142 页）和帕克《三十年战争史》（1997 年，84—85 页）。

① 译注：据分析，该阶段蒂利的迟缓大约有以下几个原因：(1) 雷根斯堡会议期间，天主教联盟还没有决定应该在多大的程度上帮助皇帝；(2) 马格德堡和下萨克森的叛乱使他分了心；(3) 等待意大利北部的帝国军队返回，以及等待原属瓦伦斯坦的军队安置完毕。参阅 C. R. L. 弗莱彻《古斯塔夫·阿道夫与新教的生存之战》（1892 年，156 页），J. F. 霍林斯《古斯塔夫的一生》（1838 年，222 页）等。

② 译注：此城不在勃兰登堡，而在梅克伦堡，不可望文生义。

4月2日，他们抵达奥得河畔的法兰克福。

古斯塔夫一边计划强攻，一边以围城活动欺骗守军。帝国军要塞有6000人，其中有若干名出色的指挥官。4月3日，火炮集中对城墙和选作目标的城门进行狂轰滥炸，随后，瑞典步兵发动了奇袭。

步兵迅速渡过护城河，使用爬梯和炸药一鼓作气翻上或打入城墙。守军无法进行有组织的防御，在瑞军"新勃兰登堡之恕"（指此前这座城市的瑞典守军被杀之事）的呼喊声中，他们成建制地被杀。尸体很快就四处堆积，堵住了法兰克福的大街。绍姆堡伯爵也在死者之列。为了进一步报新勃兰登堡屠杀之仇，这座城市被交给士兵抢劫3个小时，但有不得伤害平民性命的指令。帝国军损失2700人（1700人阵亡，1000人被俘），剩余守军逃之夭夭。

夺取奥得河畔的法兰克福后，兰茨贝格也落入瑞军之手。4000名守军在短暂的战斗后投降了。征服法兰克福与兰茨贝格，使瑞军结束了为控制波美拉尼亚而进行的安保行动。

马格德堡惨剧

与此同时，帝国军中的意见也不统一。瓦伦斯坦不再为帝国效力，拒绝为蒂利的军队提供任何补给和庇护。他甚至威胁说要加入瑞典人。[52] 在前番对什切青稍作试探后，72岁的蒂利似乎拿不准接下来该怎么办。在骑兵指挥官帕彭海姆的催促下，蒂利决定加入这位性格冲动的骑兵同僚，一同围困马格德堡。马格德堡位于易北河上，是一座繁荣的大城市，居民以新教徒为主，在两度拒绝帝国军入城后，向瑞典寻求保护。事实上，马格德堡早在1630年8月就拒斥帝国的权威，转而与瑞典结盟了。①

蒂利或许已经意识到，瑞军救援马格德堡是件难事，因为这么做需要经过大片的敌对或中立国领土——尤其是勃兰登堡和萨克森。他可能已经推算出，

---

① 译注：严格说来，是马格德堡教区总管克里斯蒂安·威廉支持瑞典。此人在丹麦战败后流亡在外，后投靠古斯塔夫。1630年7月27日（新历8月6日），他秘密返回马格德堡夺权，策动反帝国活动。但马格德堡市政当局内部的立场并不统一，亲瑞派和帝国派的分歧直到城破之日都一直存在。参阅彼得·威尔逊主编《三十年战争史料集》（2010年，145-147页）。

成功围困马格德堡将带来以下后果之一：古斯塔夫若试图未经允许就穿越萨克森领土，必定会使这个大邦国坚定地站到帝国阵营；另一方面，如果古斯塔夫不打算侵犯勃兰登堡和萨克森领土，那么，马格德堡面对至少 2.5 万大军的包围，大有可能沦陷。瑞军救援马格德堡失败，将证明他们没有保护盟友的能力。

如果蒂利真这样想，那么，要不是由于围困者的凶残行径，这些想法很可能已经实现了。古斯塔夫进退维谷。他知道马格德堡的危机迫在眉睫，却束手无策。事实上，古斯塔夫唯一能做的事，就是派出迪特里希·冯·法尔肯贝格（1580—1631 年）上校协助这座城市组织防御。

前往马格德堡，瑞军须穿过勃兰登堡和萨克森，而这两个邦国的选侯严守中立，拒绝自由通行。这意味着，瑞军必须攻取途中所有河流的桥梁，而这将耽搁他们的救援行动。进而言之，古斯塔夫有将勃兰登堡和萨克森逼到帝国阵营的风险，至少会导致两国无法成为有价值的盟友。他向内兄勃兰登堡选侯乔治·威廉（1595—1640 年）发出了最后通牒。古斯塔夫放言，如果勃兰登堡不自愿放弃斯潘道和屈斯特林，他就会以武力取之。这一招果然有效。乔治·威廉同意在马格德堡危机期间将这两座设防城市交给瑞军。

萨克森的情况有所不同。选侯约翰·乔治拥有 4 万大军，古斯塔夫无法用对付乔治·威廉的那种办法对付他。约翰·乔治拒绝让古斯塔夫使用德绍和维滕贝格的桥梁。瑞典救援军被迫在哈弗尔河止步。

当古斯塔夫在勃兰登堡无能为力地观望时，马格德堡局势已经恶化到九死一生的境地。法尔肯贝格上校手头仅有 2000 人，却要对付 2.5 万久经沙场的帝国军。蒂利和帕彭海姆无情地施加压力，截至 1631 年 4 月底，防线外围工事已经失守。[53]

古斯塔夫和蒂利都很心急——古斯塔夫急于与约翰·乔治达成某种协议，从而获允救援马格德堡；蒂利担心萨克森与瑞典结盟会破坏他的行动。他的军队补给已经捉襟见肘，这可以解释为什么围困进行得那么残酷。帝国军持续对城墙和城内狂轰滥炸，居民的士气也在下降。城中的天主教徒将内情以及防御工事的弱点告诉了蒂利。一些守城者知道城市被强行攻破通常会有什么样的下场，也开始主张投降。市政厅在 5 月中旬似乎也有了这种想法。蒂利向城市下达了最后通牒：不投降，就毁灭。[54]

5 月 20 日早晨，市政厅正在讨论这个要求，而蒂利的信使正在等待答复。这时，帝国军突然发起了最终攻击。目前尚不清楚为什么进攻发生在和谈进行期间。一些人指责蒂利两面三刀；另一些人归咎于帕彭海姆，这种说法或许更合乎逻辑。进攻是令人猝不及防的，法尔肯贝格在第一轮冲击中就一命呜呼。守军被杀死或打散，帝国军队闯入城中。三十年战争中最糟糕的一次屠杀——这场战争期间屠杀比比皆是——开始了。

马格德堡沦陷后遭到了洗劫。帝国士兵在之前 6 个多月的围城中忍受了饥饿和寒冬，现在对马格德堡的无助市民展开了无情报复。霍尔韦写道："帝国军官徒劳地尝试控制他们的部下。"[55] 但这不太可能。通常情况下，被征服的城镇在一段特定的时间里都要交给军队抢掠，其间指挥官极少或从不干涉部队的所作所为。此外，如霍尔韦所说，一些被俘的妇女被抓入了帝国军营。如果没有帕彭海姆和（或）蒂利的知晓和许可，这也不太可能发生。至于抓入军营是为了救她们远离火灾这种说法，听起来虚情假意。

笛福在《骑士回忆录》①的前几章栩栩如生地描绘了马格德堡的屠杀和焚毁，这是英国读者最初读到的相关记述。威尔斯写道，这些章节比起正儿八经的历史书，能让读者更好地了解这一时期的战争。[56]

劫掠之时，大火几乎同时在城市各处燃烧。这些火焰被狭窄的街道和木质建筑激发为烈焰风暴。无论是平民还是士兵，都逃不过肆虐的大火。三天之后大火才燃尽，留下烧焦的废墟，仅有一座石质大教堂依然矗立。3 万人口中，从烈火中和失控的丘八的屠刀下幸存的，不足 5000 人。受害者的尸体被扔进易北河，以免暴发瘟疫。

至于为何起火、怎样起火，从无定论。蒂利不太可能下令摧毁城市，他需要储存在此的大量补给，需要侵吞这里的财富。然而，他将这座城市交给醉醺醺的丘八抢掠一番，可能要负间接责任。

马格德堡市民的命运，令欧洲尤其是德意志毛骨悚然。该事件对新教徒造成的冲击再怎么高估也不为过。这座城市曾是新教徒成功抵制帝国的象征。在

---

① 译注：即《鲁滨孙漂流记》的作者笛福。他的历史小说《骑士回忆录》创作于 1720 年，涉及三十年战争和英国内战期间的历史。

马格德堡陷落前,尽管有《归还教产敕令》,皇帝斐迪南二世依然指望新教徒,尤其是路德信徒,能够多多少少效忠于他。现在,随着成千上万的宣传册在德意志传播,这微弱的忠诚也不复存在了。这些小册子指控皇帝在耶稣会士的教唆下,希望将帝国转变为西班牙那样的绝对君主制国家。[57] 不仅仅是德意志有了反应——5 月 31 日,荷兰与古斯塔夫缔约,承诺为瑞军提供补助。虽然德意志多数新教邦国在马格德堡事件后动员了军队,但它们仍然持中立政策。

古斯塔夫希望蒂利将矛头转向他,并准备在哈弗尔河附近迎战蒂利。古斯塔夫因未能援救马格德堡而遭到了批评,他怒而发布声明,直截了当地归咎于萨克森选侯拒绝瑞军过境。

古斯塔夫仍旧担心没有一条安全的联络线经勃兰登堡连通波美拉尼亚基地,遂决定立即纠正这一局面。他率领一小股部队出现在柏林,将火炮对准了选侯的宫殿。随后,他直言不讳地向内兄乔治·威廉下达了最后通牒。乔治·威廉与古斯塔夫签署了协议,将斯潘道和屈斯特林在整个战争期间交给瑞军,也承诺每个月提供 3 万塔勒补助。协议在一场家庭宴会上签章生效。[58]

蒂利没有像古斯塔夫预计的那样打击瑞军,而是留在马格德堡附近。这使古斯塔夫有机会在勃兰登堡和波美拉尼亚进一步稳固地位。易北河下游和哈弗尔河的一些城镇被强化了。同时,古斯塔夫派奥克·托特将军挥师格赖夫斯瓦尔德,这是帝国军在波美拉尼亚仅剩的据点。在非常短暂的围攻后,托特于 6 月 25 日夺取之。他被擢升为陆军元帅,肩负征服梅克伦堡之职。到盛夏时节,他完成了这项任务,仅罗斯托克、维斯马、多米茨未被夺取,但他已经封锁了这些城市。古斯塔夫帮此前被皇帝驱逐的梅克伦堡公爵恢复了地位。

注释:

[1] 我将称称呼神圣罗马帝国为"帝国"，帝国的军队为"帝国军"或"帝国分子"。

[2] Wells, *op. cit.*, volume Ⅱ, p. 652.

[3] Wilson, *Thirty Years War*, pp. 197-423.

[4] Richard S. Dunn, *The Age of Religious Wars, 1559-1715*. Second Edition. (New York: W. W. Norton & Company, 1979); Geoffrey Parker, *Europe in Crisis 1598-1648*. Second Edition. (Malden, Massachusetts: Blackwell Publishers, 2001).

[5] Samuel Rawson Gardiner, *The Thirty Years War 1618-1648* (New York: Scribner, Armstrong & Co., 1874). Kindle edition, p. 15.

[6] As quoted in Anthony Pagden, *Worlds at War: the 2,500-year Struggle Between East and West* (New York: Random House, 2008), p. 305.

[7] *Loc. cit.*

[8] Wilson, *Thirty Years War*, p. 387.

[9] Fletcher Pratt, *The Battles That Changed History*. Originally published by Doubleday in 1956. (Minneola, New York: Dover Publications, Inc., 2000), p. 176.

[10] Wilson, *Thirty Years War*. p. 385.

[11] *Ibid*, p. 391.

[12] Paul Douglas Lockhart, *Denmark in the Thirty Years War, 1618-1648* (Selinsgrove: Susquehanna University Press, 1996), pp. 108-141.

[13] William P. Guthrie, *Battles of the Thirty Years War: From the Battle of Wittstock to the Treaty of Westphalia*. e-Book Edition. (Westport, Connecticut: Greenwood Press, 2003), p. 119.

[14] Wilson, *Thirty Years War*, p. 387.

[15] Dupuy, *Gustav Adolphus*, p. 47.

[16] Wilson, *Thirty Years War*, p. 390.

[17] C. V. Wedgwood, *The Thirty Years War* (New York: The New York Review of Books, 2005)—Originally published in 1938, p. 205.

[18] Paul Douglas Lockhart, *Denmark 1513-1660: The Rise and Decline of a Renaissance Monarchy* (London: Oxford University Press, 2007) p. 170.

[19] 对归还教产之法律的综合性讨论，参阅Wilson, *Thirty Years War*, pp. 446-454.

[20] Wedgwood, *op. cit.*, p. 243.

[21] G. Barudio, *Gustav Adolf der Grosse* (Frankfurt am Main: S. Fischer, 1982).

[22] Roberts, *Gustav Adolphus*, pp. 26-28.

[23] As quoted by Montross, *op. cit.*, p. 265.

[24] As quoted in *Ibid* pp. 267-268.

[25] Sven Lundkvist, "Die schwedischen Kriegs- und Friedensziele 1632-1648" in Repgen, editor. *Krieg und Politik: Europäische Probleme und Perspktiven* (Munich: 1988), p. 223.

[26] Michael Roberts, *The Swedish Imperial Experience* (Cambridge, 1979), pp. 28-36.

[27] Dupuy, *Gustavus Adolphus*, p. 47.

[28] Ronald G. Asch, *The Thirty Years War: The Holy Roman Empire and Europe, 1618-48*. (New York: St. Martin's Press, 1997), p. 101.

[29] Roberts, *Gustavus Adolphus*, Volume 2, pp. 43-44.

[30] *Ibid*, volume 2, pp. 80-104.

[31] *Ibid*, volume 2, p. 84.

[32] Roberts, *The Swedish Imperial Experience*, 1992 Edition, p. 52.

[33] See Geoffrey Parker, editor, *The Thirty Years War*, (New York: Routledge, 1997) pp. 124-125 and Günter Barudio, *Der Teutsche Krieg*, (Frankfurt am Main: S. Fischer, 1985).

[34] Roberts, *The Swedish Imperial Experience*, 1992 edition, p. 53.

[35] *Ibid*, pp. 52-53.

[36] As reported by Roberts, in *ibid*, p. 53.

[37] *Ibid*, p. 44.

[38] Montross, *op. cit.*, pp. 268-269.

[39] Wilson, *Thirty Years War*, p. 459.

[40] *Loc. cit.*

[41] 瑞典王家海军有54艘舰，装备32门炮的"墨丘利"号是旗舰。

[42] Montross, *op. cit.*, p. 169.

[43] Dupuy, *Gustavus Adolphus*, pp. 71-72 and Wilson, *Thirty Years War*, pp. 454-458.

[44] Dupuy, *Gustavus Adolphus*, p. 73.

[45] *Ibid*, p. 75.

[46] Parker, *The Thirty Years' War*, p. 109.

[47] Asch, *op. cit.*, p. 105 and Parker, *The Thirty Years' War*, pp. 116-118.

[48] Parker, *The Thirty Years' War*, pp. 106-107.

[49] Dupuy, *Gustavus Adolphus*, pp. 73-74; Asch, *op. cit.*, p. 105; and Parker, *The Thirty Years' War*, pp. 111-112.

[50] Wedgwood, *op. cit.*, pp. 268-269.

[51] Dupuy, *Gustavus Adolphus*, pp. 84-85.

[52] Don Hollway, "Triumph of Flexible Firepower" in *Military History*, February 1996, p. 40.

[53] Dupuy, *Gustavus Adolphus*, pp. 88-89.

[54] Hollway, *op. cit.*, p. 41.

[55] *Ibid*, p. 39.

[56] Daniel Defoe, *Memoirs of a Cavalier: A military Journal of the Wars in Germany, and the Wars in England. From the Year 1632 to the Year 1648*. Edited with Introduction and Notes by Elizabeth O' Neill, 1922. Kindle Edition. Also Wells, *op. cit.* volume II , p. 652.

[57] Asch, *op. cit.*, p. 106.

[58] Dupuy, *Gustavus Adolphus*, p. 91.

布赖滕费尔德
与莱茵河之战

第四章

务必想方设法限制这个傲慢的西哥特人，因为他的成功对法国是致命的，就像对帝国一样。

——黎塞留

作战的开始

截至 1631 年初夏，瑞典控制了德意志东北部——波美拉尼亚、梅克伦堡和勃兰登堡。保障了基地和联络线后，古斯塔夫沿哈弗尔河顺流而下，进入易北河，麾下有约 7000 名步兵、3000 名骑兵。由于这个夏季旱得出奇，河流水浅，瑞军在韦尔本和布尔格两个帝国军据点间成功涉渡。7 月 2 日，毫无防备的帝国守军略做抵抗后，以唐格明德投降。

随着唐格明德易手，战略形势为之一变。瑞军大批渡过易北河，帝国军撤出了他们在东岸的前哨。古斯塔夫军队得到了朝思暮想的富庶农业区。现在，瑞军的活动范围已经超出了他们从瑞典带来的地图，这表明他们深入帝国的速度比想象的要快。[1]

古斯塔夫正在集中兵力。由于他发现唐格明德不适合兵力集结，遂决定向北前往韦尔本。该地位于易北河西岸，在这条河与哈弗尔河交汇处，防守森严，一座浮桥（船桥）将军营与东岸连接。两河在此交汇使古斯塔夫处于优越的战略位置，因为他可以多面出击。唯一的缺陷就是，万一撤退，仅有这一座桥可用。古斯塔夫还在河右岸建了两座小堡垒，充作桥头堡之用，防范难以预料的意外。

在讲述他深入德意志的第一场作战前，是时候更新一下对这位不世出的军事领袖的描述了。显而易见，古斯塔夫得到了部下的爱戴，这在接下来的作战中将有体现。他在作战中与部下同甘共苦，身先士卒，时常奋不顾身。当他开始在德意志作战时，他已经与瓦伦斯坦和蒂利齐名，被视为当时的三大军事指挥官。如前所述，他是除成吉思汗以外，唯一创建了一套军事体系并亲自用于战争的伟大统帅。他和他的体系即将接受考验。

古斯塔夫不穿盔甲，因为这对他在迪尔肖留下的伤口有害。火枪兵以他为榜样，只戴上锅状头盔。很多步兵开始怀疑盔甲的有效性，因为随着火器效力的提高，造成的伤口也越来越严重，超出了当时医务人员的处理能力。重量的减轻也让步兵更加灵活机动。然而，大多数长矛兵和重骑兵继续穿戴护身甲。

这位瑞典国王总是出现在士兵的眼前和战斗最激烈的时刻。蒙特罗斯写道："军事史上还没有出现过比他更具《荷马史诗》气质的人物。这个金发碧眼、身材壮实的国王对他们（他的部下）而言，不只是事业和信仰的象征，也是一场振奋人心的民族冒险的象征。"[2]

韦尔本战役

古斯塔夫在哈弗尔河与易北河交汇处立足时，蒂利已经进入了黑森–卡塞尔。古斯塔夫前往韦尔本的目的之一，就是让蒂利远离那个邦国。蒂利留在黑森–卡塞尔，供养军队，并试图劝说领地伯爵①加入帝国的事业。然而，领地伯爵与古斯塔夫结盟了。

帕彭海姆担心瑞军可能向马格德堡前进，乃致书蒂利求援。2.7万联合帝国军驻扎在马格德堡以北的沃尔米施泰特，静观时变。1631年7月27日，蒂利派出了3个骑兵团，向韦尔本侦察。

古斯塔夫在韦尔本虽然只有1.6万人，但他迅速行动，反击蒂利的骑兵刺探。[3]8月1日，古斯塔夫亲自率领4000名骑兵，奇袭布尔格斯塔尔和安格伦

---

① 译注：领地伯爵是神圣罗马帝国伯爵的一种，此外还有宫廷伯爵、边区伯爵等。种类繁多，地位有别。

的帝国骑兵分遣队。帝国骑兵被打散，损失惨重。古斯塔夫一如既往地以身犯险，险些战死或被俘。

从俘虏口中，瑞军获取了关于帝国军后续行动的重要信息。瑞军曾担心蒂利可能绕过韦尔本进入勃兰登堡，但得到的情报确认了他有意进攻韦尔本。

据说，蒂利对骑兵受挫于瑞军感到震怒。[4] 他立刻率领1.5万名步兵和7000名骑兵奔向韦尔本。蒂利急于作战，但看到瑞军的防线后，他冷静了下来。他本打算在瑞军阵地尚未完工时予以一击，却发现敌方阵地足够强大。瑞军有一个习惯——无论何时止步便立即建设防御阵地。这可谓功夫不负有心人。

蒂利到达瑞军的设防营地后，以16门重炮轰击之，瑞军火炮立即还以颜色。第一日的战斗局限于突围战和瑞典防线外围的激烈散兵战。

火炮对决和散兵战持续到第二天。随后，蒂利得到情报，大意是当日敌军防线某处的一支德意志部队将掀起哗变，钉穿[5]该处的所有瑞军火炮。虽然蒂利怀疑探子不可靠，但他也没法加以确认，最后决定宁可信其有，不可信其无。

在情报提到的时刻，蒂利向瑞军堑壕发起了全面袭击，却遇上了瑞军火炮和火枪兵集中且准确的火力。帝国军的进攻被击退，损失惨重。帝国步兵撤退时，其侧翼又被沃尔夫冈·亨里克·冯·鲍迪辛（1597—1646年）上校麾下的瑞典骑兵袭击。帝国步兵被打散，逃离了战场。据估计，蒂利军队死伤6000人，很多部队在此次战败后逃跑了。[6]

让蒂利留在韦尔本符合古斯塔夫的利益，因为后者有望在数日之内得到大量的增援，但蒂利暂时退往了唐格明德。虽然本次战役及其结果几乎在所有资料中都得到了确认，德国军事史家汉斯·德尔布吕克却没有提及此事。[7]

韦尔本战役及后续事件也有重大的政治影响。瑞典国王及其谋臣，已经被德意志新教诸侯的行为弄得幻想破灭、愤世嫉俗。谋臣之一拉尔斯·格鲁贝建议瑞军沿易北河建立一条前沿防线，随后撤回瑞典。[8] 古斯塔夫内心的保留意见，也在7月15日对枢密院的谈话中表露：德意志新教徒"除了可能在我们的支持下与皇帝作对外，不会进一步亲近我们了。为了恢复他们的自由，他们大概会屈居我们的武力保护下；在这之后，他们一个个都准备背信弃义，以暴力驱逐我们"[9]。

瑞典仅有的热情支持者是菲利普·赖因霍尔德·冯·佐尔姆斯（1593—1635年），以及魏玛的伯恩哈德（1604—1639年）。伯恩哈德其实已经在韦尔本上场了，并且在战斗中表现出色，获得了瑞军指挥权。他对国王忠心耿耿，直到国王战死为止。

蒂利被迫放弃进攻黑森和再度挥师韦尔本的计划。他留在黑森观察动向的小股部队很快被黑森–卡塞尔领地伯爵威廉五世（1602—1637年）驱散。威廉五世现已义无反顾，1631年8月，瑞典和黑森–卡塞尔在韦尔本结盟。[10]

帝国军夺取莱比锡

与此同时，蒂利得到皇帝斐迪南的命令，移师萨克森，迫使选侯约翰·乔治宣誓效忠皇帝并解散军队。到目前为止，萨克森都躲过了兵燹之祸。蒂利知道，他能够在这一地区为军队搞到补给。

约翰·乔治直到最后一刻仍然踌躇不定，甚至收到蒂利在萨克森边境发出的最后通牒后，仍是如此。或许是希望从古斯塔夫那里得到更好的条件，约翰·乔治没有立刻答复。最终，得到选侯的消极回应后，蒂利不再迟疑。他已经得到增援，兵力增至3.6万人。他要为更加庞大的军队征收补给。他不再顾忌什么礼节，进入了萨克森。

蒂利的行动终于激起了约翰·乔治的斗志。他联系了古斯塔夫，向其求助。双方在帝国军开始洗劫之时即展开了磋商。帝国军已经夺取了哈雷和梅泽堡。9月8日，蒂利兵临莱比锡。他要求莱比锡提供补给，遭拒，遂开始攻城行动，同时对周边乡村展开破坏。

9月11日，古斯塔夫与选侯签订了联盟条约。瑞军保证向萨克森提供保护。作为回报，选侯同意将他的军队置于古斯塔夫麾下，向瑞军支付一个月的军饷，提供庇护所和食品，不单独与帝国媾和。

德尔布吕克写道，蒂利急于作战；他又暗示道，古斯塔夫即便与约翰·乔治结盟后，面对与蒂利决定性的摊牌时，也表现出了谨慎和勉强。因此，在德尔布吕克看来，他几乎没有战略远见。[11]其实，古斯塔夫虽然在战场上不顾个人安危，却是一位认真而审慎的策划者。他的新盟友虽然衣着光鲜，但其坚定性尚不可完全信任。[12]

这或许影响了他在莱比锡以北 40 公里的迪本与萨克森军会师时的最初计划。他大概也想试探一下约翰·乔治。9 月 15 日两人会面时,古斯塔夫提议在莱比锡周边地区行动,在全面交战前消耗帝国军。[13] 这或许也是将失败的责任推给勃兰登堡和萨克森选侯的一种方式。

约翰·乔治急于解救莱比锡,使萨克森免遭浩劫,坚持向蒂利搦战。勃兰登堡选侯支持这一意见。古斯塔夫似乎对两位选侯表现的进攻精神和决心感到满意,同意了该意见。

第二天,9 月 16 日,瑞典人和新盟友向莱比锡进军,迫使蒂利交战。然而,莱比锡守军显然不知援军已在路上,他们在古斯塔夫及其军队前进的同一日向帝国军投降了。帝国军已经在莱比锡强抢了大量战利品,现在,鉴于瑞军及其盟友正在逼近,他们不得不停止抢劫。[14]

同样没有明确迹象表明蒂利反对与瑞典人摊牌。参战双方之兵力几乎相等,蒂利对萨克森军队意志力的看法可能也与古斯塔夫相同。瑞军无增援可用,而南德有大量军队正赶来加入蒂利。约翰·阿尔德林根将军(1632 年升为陆军元帅)麾下一个军团已经抵达耶拿附近,数日之内就可与蒂利碰头。该军团据称有 6000 人。蒂利本可以在埃尔斯特①之后占据阵地,等待阿尔德林根——两军联合将给他带来可观的兵力优势。[15]

德尔布吕克参考了沃尔特·奥皮茨的论点:假使瑞军拒绝作战,蒂利希望从莱比锡前往易北河,占据一处渡口,并让陆军元帅蒂芬巴赫自西里西亚加入他。两军会师后,帕彭海姆将打入梅克伦堡,即瑞军之后方。[16]

蒂利的下属,尤其是帕彭海姆,叫嚣着与瑞军决一死战。据说,帕彭海姆认为 72 岁的蒂利老态龙钟,在战场上面对瑞军时过于谨慎。他已经过分到认为蒂利是个老不死的。[17] 此外,帝国士兵和次级军官可能也热情满满,他们对胜利习以为常,满心希望蒂利再取胜一次。[18]

一些作者重复着这一说法:帕彭海姆在 9 月 16 日实施了武装侦察,致使一场全面交战爆发。据说,他发回一份报告,声称他与瑞军陷入恶战,请求支

---

① 译注:指代不明,萨克森有山脉、河流、村庄以此为名。西奥多·道奇《古斯塔夫战史》(1895 年,257 页)也出现了这一地名,与萨勒河并列,或可推断这是指埃尔斯特河。

援。蒂利决定救援帕彭海姆。这次交战可能从未发生过，因为在非常详尽的瑞方记录中也没有提及此事，有可能帕彭海姆伪造了整个作战报告。在大多数描述中，蒂利在没有帕彭海姆演这出戏的情况下就决定作战了。[19] 离营时，他留下约 1000 名守军控制莱比锡。

布赖滕费尔德战役

双方在莱比锡以北一片相对宽阔、有所起伏的平原上集结，延伸数英里。这里没有河流或丛林这样的障碍物，对于当时的大规模军队而言，是理想的战场。这种地形也排除了奇袭的可能性。

实际作战地点是蒂利选择的。它位于莱比锡以北 7 公里，跨越了从迪本至莱比锡的道路。他将军队布置在一道和缓的山脊处，总体上面向北方，在布赖滕费尔德和塞豪森两座村庄间。在这里，帝国军的远程火炮可以控制附近的平原，尤其是山脊顶部下约两公里的沼泽般的洛贝尔溪流。蒂利无疑希望，敌军在炮火轰击下穿过沼泽和溪流时，阵形会有所散乱。他们渡过溪流后，也将不可避免地背水而战。

史料中对这场残酷战役的描述存在一些差异。这种情况在多数案例中都是常见的。然而，令人惊讶是，对这场世界史上决定性的战役之一的描述，也存在差异。其中一些差异会在我们叙述战役的过程中提及。

交战双方兵力

对瑞军规模的描述从 1.3 万[20]～2.68 万[21]人不等，萨克森军在 1.2 万[22]～1.8 万人不等。帝国军和天主教联盟军，据估计，在 3.6 万～4 万人。对于联军（瑞典和萨克森）总兵力，给出最高数字的作者是富勒，他认为总数在 4.7 万[23]。各种资料基本上同意蒂利的骑兵有 2000～3000 人的优势。多数资料没有给出交战方的炮数，但李德·哈特认为瑞军火炮相对于帝国军具有约 100∶36 的优势。帕克注意到，帝国军有 27 门野战炮支援，而瑞军和萨克森盟友有 51 门重炮，每个团还有各自的野战炮。[24] 德尔布吕克写道，联军有 75 门火炮，帝国军有 26 门。如果计入团级炮，李德·哈特、帕克、德尔布吕克可能接近真实数字。

战斗序列

古斯塔夫及其军队顺着迪本道路，由北向南逼近帝国军阵地。他们观察到，帝国军列为战阵，翼展近4公里。

两军呈现的景象虽然杂乱，但必定非常壮观。帝国军和萨克森军穿着制服列队，令人震撼，而瑞典人只穿着朴素的布衣。此外，由于瑞典人在作战前夜露天入睡，所以衣服沾上了泥土，用门罗上校的话说，看起来"像厨房里的仆役，穿着脏兮兮的破布"[25]。

蒂利初始的军队布置，是这次战役最具争议的方面之一。蒂利将军队布置为一线还是两线，史学家产生了分歧。按照惯例是部署为两线，李德·哈特认为蒂利在布赖滕费尔德也遵守了常例。[26] 步兵组成了常见的"西班牙方阵"，但方阵的准确数目也有争议：13～18个不等，包括后方的一个后备方阵。[27]各方阵的规模从1500～2000人不等，考虑到参战的兵力，大部分方阵很可能接近1500人。线列的两翼是开放式的，也就是说，没有倚靠一些天然的障碍物，如小溪或树林。长矛兵方阵像以往那样，由位于四角的火枪兵分遣队保护。（瑞军反其道而行之，以长矛兵保护火枪兵。）步兵方阵的纵深，以及它们自带的侧翼保护，事实上使固定式侧翼无甚必要。1500人的方阵，据信是纵深30排、宽度50人。[28]

帝国军火炮布置在步兵方阵前：重炮置于右翼前方的山脊上；[29] 轻炮可能有20门左右，位于中军前方。[30] 大约5000名帝国胸甲骑兵，即著名的"黑骑兵"，位于帝国军左翼，由帕彭海姆指挥。菲尔斯滕堡①和伊索拉尼两位将军指挥右翼骑兵，包括3100名天主教联盟士兵和900名克罗地亚士兵。重骑兵也排列成方阵，每个方阵1000人，纵深10排。为数不多的轻骑兵单位分布在各步兵方阵之间。菲尔斯滕堡所部7000名帝国军刚刚到达，风尘仆仆，但士气高昂，因为"士兵们具有无敌的勇气，相信他们将会是胜利者"[31]。这些阵形和部署使哈布斯堡王朝得以征服已知世界的一半。

9月16日夜，瑞军和萨军在布赖滕费尔德以北8公里处宿营。[32] 部队露

---

① 译注：亦有资料作"菲尔斯滕贝格"（Fürstenberg），此处遵原文。

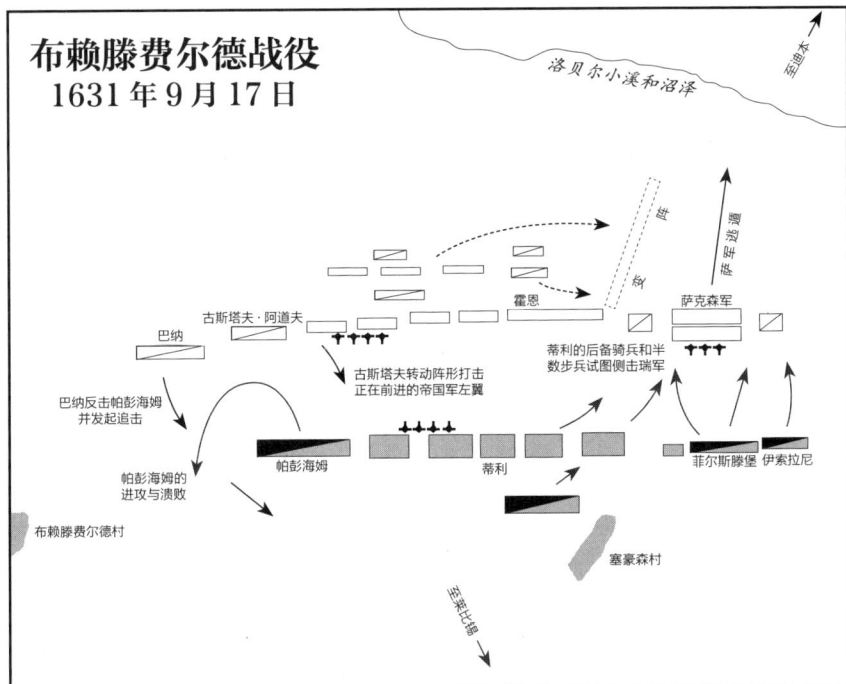

布赖滕费尔德战役
1631 年 9 月 17 日

洛贝尔小溪和沼泽

至迪本

萨军逃遁

萨克森军

霍恩

古斯塔夫·阿道夫

巴纳

蒂利的后备骑兵和半数步兵试图侧击瑞军

古斯塔夫转动阵形打击正在前进的帝国军左翼

菲尔滕堡　伊索拉尼

巴纳反击帕彭海姆并发起追击

帕彭海姆的进攻与溃败

帕彭海姆

蒂利

布赖滕费尔德村

塞豪森村

至莱比锡

◎ 布赖滕费尔德战役示意图

天入眠时，古斯塔夫几乎整夜都在与指挥官和盟友召开军务会议。清晨第一缕阳光投下时，古斯塔夫就下令击鼓集合。瑞军略过了早餐。短暂祈祷后，联军开始顺着迪本道路，向莱比锡和蒂利的篝火方向南行。他们走成了一条约 5 公里的长线。行军时，太阳和风都正对着他们的眼睛。这一天热得非比寻常，强劲的风从南方或西南方吹来。

作战的总体部署已经在军务会议上达成一致。古斯塔夫决定将萨军布置在他的极左处，与瑞军分开。他对盟友的战斗力持有顾虑，毕竟他们只不过从 4 月才开始训练，组织方式不似久经沙场的瑞典老兵。这些担忧无疑影响了他的作战部署。

战友情谊对促进作战意愿有积极作用——对这个重要的因素，目睹过战斗的人非常熟悉，汗牛充栋的研究亦可证明。"培养出一种相互间的忠诚感"的部队，"很可能执子之手，死生契阔"。[33]

95

基于这一因素，将互相了解的部队相邻而置，可以使之在面对压力时迸发更大的力量。为了营救自己的战友，一支部队情愿承担战斗的压力。否则，他们将遭到战友的鄙视，并会因此深感耻辱和懊悔。多年的作战使古斯塔夫坚信这一因素的可贵。在他为萨军选择位置时，这一因素无疑起到了核心作用。

由于战场的障碍物太少，军队以完整的作战队形前进，此时距离蒂利的阵地尚远。两军进入对方的视线时，联军似乎向右移动了，从而让敌军少占一些日光和风向的优势。[34] 我没有发现存在计划之外的右移的证据。联军不得不向右调整，离开迪本—莱比锡道路，以便接近位于这条路右边的帝国军阵地。

之所以得出联军向右偏移的结论，可能的证据是：部署完成后，瑞军的右翼超出了帝国军的左翼。另一个事实是，蒂利军队的大多数并未布置在中军，而是布置在右侧，这也有助于得出瑞军转向右的结论。更加开阔的瑞军阵形、古斯塔夫在瑞军左翼和萨克森右翼之间故意留下的 1/4 英里缺口、联军稍多的兵力，都意味着他们的战线要长得多，因而超过了帝国军左翼。

在这里，我重复彼得·威尔逊译自战役同时代人菲利普·博吉斯拉夫·冯·开姆尼茨的几段话，因为这对读者可能有所裨益。[35]

瑞典国王将士兵部署为两线，每一线主要由步兵组成，步兵侧翼由两个骑兵分遣队保护……在骑兵团之间，尤其是第一线，国王布置了较多的分遣火枪兵，部分取自约翰·巴纳将军全部由火枪兵组成的团，还有部分取自最强的那些团。弱小的步兵团合并于中军，造就更强的旅。第一线由 4 个步兵旅组成……第二线有 3 个旅……大型加农炮移到中军前面，每个旅为了自身防御还配有团级炮，每门炮由一匹马拖拽，或者在必要之时由两三个人移动，可以非常快地转向和开火。

为了渡过洛贝尔小溪，联军解散为纵队。沼泽般的溪流在 17 世纪的阻碍作用比今天要大，联军花了几个小时才渡过这条溪流，进入了帝国军的加农炮射程内。蒂利本可以在联军穿越溪流时发动进攻，但他没有这么做。

联军在帝国军阵地前重新部署为线列，处于敌军远程火炮打击下。迪本—莱比锡道路成为萨军和瑞军间的天然界线。

瑞典中军由古斯塔夫指挥。第一线包含4个相互支援的步兵旅，一个骑兵团和一个苏格兰步兵团在后方充当局部后备军。局部后备军后面是第二线，有3个互相支援的步兵旅。第二线后面是两个骑兵团，充当整体后备军。

瑞军右翼由约翰·巴纳将军（1634年擢为陆军元帅）指挥，他也是古斯塔夫的副指挥官。巴纳在第一线有5个骑兵团，骑兵团之间夹以4个火枪兵连队。第二线为4个骑兵团。两条线后，还有一个骑兵团充当局部后备军。骑兵和火枪兵都组成纵深6排的方阵。

瑞军左翼由陆军元帅古斯塔夫·霍恩指挥，这一翼比右翼弱得多。霍恩的第一线包括3个骑兵团，间有两个火枪兵连队。第二线为两个骑兵团。古斯塔夫大概已经预感到，左翼接近萨军的位置可能会出岔子。

萨军位于霍恩左方1/4英里处，由来自勃兰登堡的陆军元帅汉斯·乔治·冯·阿尼姆指挥。此人也是1629年对波战争期间古斯塔夫的敌手。萨军的战斗组织不为人知，但可以稳妥地猜想，它采取的是传统的形式——步兵在中间，骑兵在两翼。

瑞军团级炮部署在各自的单位前。后备火炮由伦纳特·托尔斯滕松将军指挥，移动到了瑞典中军前方，准备在战役开打时投入行动。

战役

在帝国军火炮制造的浓烟和大风扫过布赖滕费尔德平原扬起的沙尘中，瑞军和萨军现身了。在稍高的土地上，背朝大风与太阳，帝国军的火炮稳定而持续地射出重型加农炮弹，穿透烟尘倾泻而下。[36] 几近正午，瑞军布置在步兵前方的火炮才开始还以颜色，瑞军火炮的开火速度能够达到帝国军的3倍。这场火炮对决持续了约两个半小时。帝国军步兵在交火中损失惨重，因为他们高度密集的队形几乎躲不开打击，炮弹对其挤作一团的队列造成的影响是灾难性的。更加开阔的瑞军阵形较难被命中，而拥挤的萨克森队列则惨遭打击。霍尔韦写道，古斯塔夫将整个线列移向右方，是为了避开烟尘。[37] 对于这个所谓的"移动"，我没有找到可靠的证据。

在超过两个小时的时间里，帝国军承受着快速开火的瑞军火炮的重击，左翼的帕彭海姆已经受够了。他不待蒂利下令，就对瑞典战线发起进攻。为了避开瑞军的滑膛枪火力,他向西面扫去。帕彭海姆率领 5000 名黑骑兵,向瑞军右翼的侧面发起暴雷般的冲锋。蒂利看到他的属下做出这么鲁莽的行动,大感不快,但他已经无能为力。

依照广为接受的骑兵战术,德意志重骑兵骑着高头大马,小跑攻向瑞军战线。当他们进入以逸待劳的瑞军射程内(30 米左右),第一排的骑兵就以手枪开火,然后转向两侧,让下一排开火。这一过程称作"半回旋",每一排重复实施。古斯塔夫的火枪兵和骑兵战斗部队对于这种紧急情况早有训练。他们也转换方向,使第二线与第一线呈直角。当瑞军团级炮向帕彭海姆的中队洒下死亡弹雨时,火枪兵也向前跨出,跪地开火,再在第二排上前开火之时重新装填弹药。

滑膛枪火力给德意志骑兵造成了重大损失。瑞军骑兵原地待命,等到火枪兵完成任务后,他们便在轻型炮和滑膛枪的掩护下加入战斗,随后退回。德意志骑兵七次向瑞军侧翼发起冲锋。瑞军的联合兵种作战以闪电般的速度和效果执行任务。蒙特罗斯写道:"当帕彭海姆的部下冲向这座灵活的人体多面堡,撞得七零八落时,这位身经百战、伤痕累累的老兵忍受了一生中至暗的半个小时。"[38]

瑞军右翼的战况逼近高潮。帕彭海姆第七次尝试粉碎岿然不动的瑞军阵形时,巴纳将军命令后备团和瑞典轻骑兵向帝国骑兵侧翼发起冲锋。帕彭海姆令人生畏的黑骑兵陷入了全面混乱,损失触目惊心。大多数幸存者逃之夭夭,并遭到瑞军轻骑兵追击。随后,巴纳亲自率领瑞军右翼骑兵团进行决定性的冲锋,全面摧毁了帝国军左翼。瑞军横扫剩余的帝国骑兵,践踏着蒂利派来支援帕彭海姆的一个步兵团。

与此同时,瑞军左翼也迎来了危急时刻。菲尔斯滕堡眼见战场另一边的帕彭海姆发起冲锋,或许以为全面进攻的信号已经发出,于是发动骑兵进攻萨军,同时派伊索拉尼的克罗地亚士兵扫过其侧翼。短短半小时内,萨克森全军狼狈逃散,使瑞军左翼暴露无遗。[39]约翰·乔治率军逃跑,据说逃至离战场24 公里远处才停下脚步。[40]他的溃军倒是逃得足够远,以至于可以洗劫瑞军的补给队。萨军损失约千人,主要发生在最初的火炮对决和被帝国军追逐的过程中。只有两个有经验的萨克森骑兵团留在战场,加入了霍恩。[41]

由于硝烟和成千上万人马激起的尘土，能见度变得非常低。菲尔斯滕堡开始失去对骑兵的控制，后者正在追逐逃窜的萨克森人，同时抢掠他们丢弃的辎重。15 时 30 分左右，菲尔斯滕堡跑到之前零零碎碎派出的步兵前面，到达了萨军遗弃的阵地。帝国军后续行动的缺乏，使霍恩把握时机组织起一道与剩余军队呈直角的阵线，这道阵线还得到了来自中军第二线的步兵和古斯塔夫所派援军的强化。凭借这种阵形，霍恩可以轻松驱散菲尔斯滕堡聚起的部队。[42]

由于萨军的突然离去，帝国军占有了决定性的数量优势，可能超过 3 : 2。瑞军面临着黯淡的局势，仿佛战争的运气不再垂青他们。在一段有误导性的叙述中，德尔布吕克将萨军逃离后的局势描述为"瑞军在两翼同时遭到包围"[43]。自从坎尼会战① 以来，实现双重包围一直是指挥官们的梦想和噩梦。德尔布吕克应该这样描述才更准确：帝国军尝试包围瑞军两翼，但这一尝试相当不幸地失败了。

直到此时，用李德·哈特的话说，这还是一场"士兵的战役"，两位最高指挥官均没有控制住局势。[44] 这种情形即将改变。对古斯塔夫而言，他的部下对作战把控得还不错。而蒂利一见萨军逃散，就发现了重新掌控行动并对瑞军施加决定一击的机会，哪怕他的左翼已经遭遇灾难。他命令靠右一半"西班牙方阵"以斜线移至瑞军暴露的左翼对面。② 后者在萨军逃散后已被包围。缴获的萨军火炮被帝国军转向瑞军战线开火。李德·哈特认为蒂利的操作可能是腓特烈大帝著名的"斜线阵"的起源。[45]

按照常理，帝国军是能够转过他们的巨大方阵，完成这一操作的。但这一过程是缓慢的。他们的行动和进攻变得紊乱，预计的雷霆一击从未实现。蒂利剩余的步兵方阵留在山脊的阵地上，事实上成了帝国军的左翼。

---

① 译注：公元前 216 年，第二次布匿战争期间，迦太基名将汉尼拔以"新月阵"歼灭罗马军的著名战役。

② 译注：本书似乎认为蒂利以一半方阵斜线进攻，另一半方阵留在山脊，可备一说。亦有其他相关战史或传记，未提及方阵分为两部分（如富勒《西洋世界军事史》中卷）；或明言蒂利是以全部方阵斜线进攻（如弗莱彻《古斯塔夫与新教的生存之战》，1892 年，193 页）。李德·哈特还认为，蒂利方阵最初是排成两线，萨军崩溃后，他再命令第二线插入第一线的间隙，进而实施斜线战术（1927 年，129 页）。

萨军的逃跑可能让古斯塔夫感到失望，但他肯定不惊讶。他在部署军队时已经将这种可能性考虑在内。对于他的下属和训练良好的军队的临乱表现，他也毫不失望。为了帮助霍恩，古斯塔夫将总后备军的两个团交给他。霍恩迅速将他的部队向左转。这一行动由火枪兵分遣队掩护，他们被派去占据与迪本—莱比锡道路平行的水沟。

随着巨大而笨重的帝国军方阵在骑兵支援下向瑞军左翼缓缓前进，他们发现自己面对的是强大且组织良好的防御阵地。这一阵地主要由一线火枪兵组成，并由令人生畏的、快速开火的团级炮加以支援。

确信左翼无虞后，古斯塔夫迅速骑马奔向右翼。巴纳得到命令，带上他能够匀出的右翼所有骑兵，向进攻霍恩的大方阵群之左翼发起冲锋。

当蒂利命令右边的"西班牙方阵"斜线进攻瑞军左翼时，帝国中军里就出现了一道缺口。霍恩控制了迪本—莱比锡道路，巴纳的骑兵冲锋导致面向霍恩的大方阵群陷入慌乱——古斯塔夫向帝国军实施不可逆的决定一击的时机到了。

古斯塔夫亲率 4 个精英骑兵团——东哥特、西哥特、斯莫兰、芬兰——向帝国炮兵侧翼和留在那里的那一半大方阵发起毁灭性的全速冲锋。[46] 帝国军火炮无法移动，因为拉动每门炮需要的 30 匹马在开战之初就被送到了后方。瑞典骑兵扫过了火炮阵地，杀光了没有逃掉的炮兵，缴获的火炮随后转向了仍部署于山脊的帝国步兵方阵。被缴获的帝国军火炮和托尔斯滕松的后备火炮产生了致命的交叉火力。炮弹在帝国军战线上撕出了一条条血路，而瑞典火枪兵和骑兵开始收拢，以完成歼敌任务。帝国军左翼迅速陷入一片混乱，连滚带爬逃生者甚众。

不久之前，蒂利正在实施一次完美的双重包围；此时——远远不到两个小时——他发现自己的形势已经令人绝望。他的左翼部队正在渐渐破碎，他的右翼面对霍恩的阵地没有丝毫进展。蒂利迅速对战场失去控制。

古斯塔夫看到帝国军战线陷入混乱，下令对敌军发起第二次也是最后一次重击。他将中军和右翼整个向左旋转 90 度，这是个令人惊奇的操作。瑞典中军扫过山脊，向他们面前正在瓦解的帝国军右翼推进。这一行动也有助于切断帝国军退往莱比锡的道路。[47]

蒂利大军的左翼全面粉碎，原本的"西班牙方阵"已经化为混乱的人群，瑞军骑兵对他们发起接二连三的冲击，而瑞军火炮和被缴获的帝国军火炮在成群的步兵中打出了一个个窟窿。步兵方阵迅速崩溃，蒂利大军变成了大量的逃亡者。"夕阳西下，瑞军冲入乱哄哄的逃亡者中，施加'马格德堡之恕'。"[48]

不太确定蒂利是怎样逃出战场的。作战期间，他至少受伤三次，还有一次差点儿被俘，可见伤口并不致命。德尔布吕克推测道，蒂利与曾打算由后方进攻霍恩却在中途被击败的菲尔斯滕堡骑兵残部一起逃跑。他还认为蒂利撤往了哈雷。而其他作者认为，蒂利在意识到莱比锡守不住前，在此逗留了一夜。[49]另一方面，海桑斯怀特写道，蒂利与来自4个团的幸存者一起逃走，在原先阵地后方的一片树林里做了最后抵抗。[50] 这个解释或许比德尔布吕克的更具逻辑性，但我们无从考究。

蒂利貌似在莱比锡度过了短暂的一晚，而后逃往哈雷，又从哈雷退往哈尔伯施塔特。他在这里与帕彭海姆会合，着手聚集那些曾经辉煌的残兵败将。他们从哈尔伯施塔特继续撤往威悉河。

并不是所有的人都将这番结局视为彻底的溃败。威尔逊写道："受挫的步兵以良好的秩序撤退，在他们原先阵地后方的一片树林里做了最后抵抗。"[51]树林中老练的比利时步兵团的 600 名幸存者，貌似确实以相对良好的秩序逃走了。帕彭海姆也成功地聚起一些逃散的幸存者，并试图加入蒂利。帝国军右翼的一个"西班牙方阵"没有参加萨军逃散后的战斗，损失不严重，也向莱比锡的方向而去。但除了这些孤例外，帝国军的撤退可称不上整齐。伤亡数字足以证明，蒂利的军队实质上被摧毁了。李德·哈特写道：1631 年 9 月 17 日的夜晚，"长期战无不胜、令全德意志在毁灭或恐怖中匍匐于其铁蹄下的帝国军，最终随风飘散了，它不只是被打败了，而是实质上被摧毁到无力反抗"[52]。

人力损失

布赖滕费尔德战役是三十年战争的重大转折点，也是近代第一场大战役，还是一座分水岭。这是将军队集结部署为笨重的方阵、以纯粹的体量粉碎一切抵抗的旧式西班牙战法，与灵活、机动、有力的古斯塔夫式组织与战术之间的真正对决。这是部队机动性、高度强化之火力、各兵种间绝佳合作的胜利。

威尔逊注意到，后世的评论家将布赖滕费尔德发生的一切视为所谓的"优越军事制度"的必然成果。[53] 说到"后世的评论家"，他显然指的是杰弗里·帕克，此人似乎将所有的成果都归功于军事制度。[54] 虽然帕克的论述是正确的，但它没有完整地反映事实。武器或制度，只有在使用它的人同样优秀时才能有良好的发挥。如果不是古斯塔夫和他的直属部下以近乎完美的方式使用他们创造的制度，如果没有他们在巨大压力下实施的迅速而果断的行动，如果没有瑞典军队铁一般的纪律，战役恐怕是另一番结果。

双方的损失很好地说明了瑞军胜利的全面性。如李德·哈特所说，这场胜利具有戏剧般的决定性。7000 多名帝国军士兵战死沙场，约 6000 人当场被俘（其中一些人受伤了），还有另外 3000 人在 9 月 19 日被俘。帝国军的受伤人数不为人知，而那些离开战场的掉队者遭到了萨克森农民的袭击，农民为报复他们之前的抢掠行径，将他们成百地杀死。[55] 帝国军损失了所有火炮、全部辎重队和战地金库。绝大部分被俘者加入了瑞军。通过这种方式，承受了2100 人伤亡的瑞军在战役结束后反而壮大了。120 面敌军旗帜被缴获，送往斯德哥尔摩装点斯达霍尔姆教堂。[56]

瑞典人没有坚决而持续地追击溃军，这或许与疲劳有关。然而，随后发生的事只能证明，未能一鼓作气追击蒂利是个失误。瑞典人或许认为，帝国军的毁灭已经非常彻底，所以积极追击无甚必要。事实似乎证明了这一结论，因为蒂利在战役后只招揽了 600 名幸存者，帕彭海姆招揽了 1400 人。然而，全歼穷寇是必要的。蒂利和帕彭海姆到达哈尔伯施塔特时，已经能够招揽 1.3 万人，这为未来的扩军提供了重要的核心。

布赖滕费尔德战役结束后第二天，约翰·乔治窘迫地出现在瑞军总部，为自己军队的行为道歉。他向古斯塔夫保证，军队正在重组，很快就会加入瑞军。古斯塔夫对萨克森选侯以礼相待，态度友好，允许萨克森人光荣收复莱比锡。[57]

古斯塔夫率领 1500 名骑兵奔向梅泽堡，于 9 月 19 日夺取了该城镇，又由此前往哈雷，于 9 月 21 日克之。随后，他返回莱比锡附近的大军中，计划下一步行动。

战役的后果

从军事和历史两个角度看，布赖滕费尔德都是史上最具决定性的战役之一。这是新教徒在一场充满失败的漫长战争中的第一场大捷，并立即改变了军事和政治形势。[58]

布赖滕费尔德战役的军事意义在于，这是新旧军事体系的第一场重大对决，而新体系的基础是古斯塔夫的军事理念——开阔灵活阵形和火力。他的领导力和战术技巧相当高。战争新时代的黎明到来了。从此以后，古斯塔夫成了每一位有思想的军事领袖的导师。仅凭它让古斯塔夫成为史上最伟大的统帅之一，布赖滕费尔德战役也有足够的重要性。[59]

在政治意义上，布赖滕费尔德战役永久遏止了帝国此前将德意志全境转变为天主教领域的不可抵挡之势。它向那些仍然踌躇不定的诸侯展示了那颗闪耀天空的新星——古斯塔夫·阿道夫，让他们确信有必要向这颗新星靠拢。对大众而言，古斯塔夫成了新教大业的拯救者和保护者。一些作者证明了这个史实：布赖滕费尔德的消息传来后，维也纳方面"惊得目瞪口呆"。[60] 这场败仗与一支试图登陆荷兰的西班牙舰队惨遭全歼① 几乎同时发生。这是荷兰解放战争的转折点。

布赖滕费尔德之后的战略

布赖滕费尔德战役后不久，古斯塔夫看起来无所事事，我对此总是感到疑惑。战役发生在 9 月 17 日，没有立即追歼帝国军的借口是部队过于劳累。但是，一支因胜利而喜悦并有望见证仇敌彻底失败的军队，能够完成超凡的行动。古斯塔夫反而在莱比锡附近逗留了近两个星期。

攻克哈雷归来后，古斯塔夫召开军务会，主要讨论下一步的行动：一个选项是趁敌军尚未从布赖滕费尔德之败中恢复元气，追击并摧毁之；另一个选项是移师莱茵河，控制一片资源丰富的地区；最后的选项是直捣维也纳。无论他如何选择，都需要得到德意志盟友们全心全意的支持。为了争取支持，瑞典

---

① 译注：1631 年 9 月 12 日—13 日的斯拉克（Slaak）海战。

国王在哈雷召开了高级军务会。

在这三个选项中，古斯塔夫选择了最无决定性的一个。在我看来，古斯塔夫任由自己忽视了本该关注的重要之事——摧毁敌军。军事史家林恩·蒙特罗斯评论道："就像坎尼会战后的汉尼拔一样，古斯塔夫将自己置于这样一种形势：对付摇摇欲坠的敌人，是选择当头一棒，还是剪其手足。像那位迦太基人一样，他选择了戏剧性较弱的选项……"[61] 他的选择使强劲的敌手蒂利得以逃出生天并重建军队，也让瓦伦斯坦得到起用并征募新军。

古斯塔夫的萨克森与勃兰登堡盟友，以及多数军官，都希望直捣维也纳。首相奥克森谢尔纳虽然没参加军务会，却是这一选项的最强烈支持者之一。古斯塔夫在战场上横冲直撞，在战略规划上却小心谨慎，他感到直捣维也纳为时尚早，决定移师莱茵河。借此，他能够在新教的帕拉丁立足，从周边的富饶领地中轻松为军队找到补给。

古斯塔夫因这一决定而受人批评，尤其是奥克森谢尔纳，他在国王死后还继续认为，选择进攻维也纳本来可以使"三十年战争"迅速成为"十五年战争"。很多历史学家曾批评古斯塔夫没有向维也纳挺进，趁帝国领导层仍因布赖滕费尔德之败而士气低落、手足无措时结束战争。一位军事史家评论道："帝国的势力像布赖滕费尔德战役之后那般风雨飘摇、地位不保，不会有第二次了。"[62]

然而，我们必须记住，帝国是一个不定型的实体，没有真正的重心。皇帝可以逃到帝国的其他地方继续战争，维也纳将因此失去它的军事和政治意义。富勒解释了这个问题[63]：

> ……通往维也纳的道路状况恶劣，它经过了厄尔士山脉的森林和波希米亚残破的土地，而冬季已经临近。第二，维也纳并不是一个统一国家的首都，而只是一个影子皇帝的驻地……第三，古斯塔夫已经离他的基地数百英里，后方一旦变乱将不堪设想；勃兰登堡和萨克森选侯的忠诚令人怀疑，而巴伐利亚则威胁着他的侧翼……

这些毫无疑问是古斯塔夫担忧的问题，尤其是萨克森盟友的忠诚度和军事可靠度。事实上，瓦伦斯坦曾两次威胁他的联络线和盟友，从而松动他在南德的地位。瑞典人也需要莱茵河一线的肥沃土地以供养军队，即天主教地区的维尔茨堡、科隆、美因茨、沃尔姆斯、班贝格、施派尔。同时该地区的资源也将与帝国隔绝。由此，瑞军将切断帝国与意大利和尼德兰驻军之间的联系。

古斯塔夫的决定与伊苏斯战役[①]后的亚历山大大帝非常相似。亚历山大在保障他的基地和联络线之前，都抵住了向波斯帝国的心脏实施打击的诱惑。

行动路线已定，瑞军向西边的莱茵河进发了。同时，重整的萨克森军入侵了西里西亚和波希米亚。截至冬季，瑞典及其盟友控制了曼海姆至布拉格一线以北的帝国大部。

10月16日，瑞军占领维尔茨堡，由此推进至美因河畔的法兰克福和美因茨。在象征性的两日围攻后，美因茨于12月22日投降。古斯塔夫占据了莱茵河两岸，震惊了他的法国盟友，导致黎塞留发出了本章开头的那番评论。[64]古斯塔夫组建新教同盟，这在威胁帝国的同时也威胁了法国，令黎塞留感到惊慌。黎塞留希望抑制帝国的力量，而不是摧毁帝国。

进入这片地区或许也是"以战养战"计划的一部分。波美拉尼亚、梅克伦堡、勃兰登堡、萨克森、马格德堡，已经为供养驻德瑞军支付了大笔款项。1631年10月，维尔茨堡被命令支付15万塔勒；仅仅9个月后，又被要求支付20万塔勒。1631年12月，美因茨被要求在12日内交出8万。科隆和特里尔被命令每月向瑞典国库支付4万，以免瑞军入侵。远至内卡河的莱茵河沿岸地带每月要征收4.5万塔勒。"贡赋"制度为腐败大开便门。鲍迪辛上校被怀疑从1631年底图林根上缴的款项中私吞了5万塔勒。一位瑞典专员接受了6000塔勒的贿赂，帮助维尔茨堡削减了大笔原定贡额。[65]

与此同时，布赖滕费尔德惨败后，蒂利通过召集西北德的守军，在不到两个月的时间内重建军队，兵力近乎3.8万人。这位陆军元帅似乎有意救援维尔茨堡，但为时已晚，无力回天。随后他转往纽伦堡，围攻之。当古斯塔夫率领2.6万人转向此处时，蒂利取消了围攻，撤到多瑙沃特附近的多瑙河建立阵

---

① 译注：公元前333年，亚历山大大帝在伊苏斯战役中以少胜多，大败波斯军，但没有深入追击波斯王大流士三世，转而南下控制腓尼基沿岸城市。

地，保卫巴伐利亚。瑞军返回莱茵河。

帝国军的迅速重建，使我更加相信古斯塔夫在布赖滕费尔德战役后应当立即追击蒂利、帕彭海姆和马克西米利安。他有充分的理由打破对法国做出的不骚扰巴伐利亚的承诺，因为他的承诺基于巴伐利亚不对其采取敌对行动这一前提。马克西米利安庇护蒂利和帕彭海姆，已显其敌意。

古斯塔夫没有立即进攻身处巴伐利亚的蒂利，而是在美因茨过冬，主要处理政治和管理事务。他在美因河畔的法兰克福成立了一个"全权政府"，由奥克森谢尔纳主持，对付没有加入瑞典人的不友好的占领区。它的职责是为12万军队接下来的行动筹集资金并搜集补给。

为保障瑞典的长期安全，古斯塔夫设想了一个由他指导的政治军事联盟。与新教盟友们缔结的条约规定，即便战争结束后也要保留一个瑞典保护国。波美拉尼亚有望成为瑞典领土。

在布赖滕费尔德战役和1632年作战之间的日子里，瑞军也没有无所事事。为使兵力达到计划中的15万人，高度积极的征募行动得到执行。巴纳将军（1634年升为陆军元帅）被派往马格德堡以南的易北河中游。陆军元帅托特奉命巩固易北河下游地区。为了强化波美拉尼亚守军，东普鲁士的军队也被调来。

布赖滕费尔德大捷的3个月内，瑞典平定了整个莱茵地区，组建了联盟，迫使莱茵河沿岸所有天主教诸侯国宣布中立，打败并驱逐了回师荷兰的西班牙军队。

注释:

[1] Roberts, *Gustavus Adolphus*, volume 2, p. 518.

[2] Montross, *op. cit.*, p. 268.

[3] 这个数字见于Dupuy, *Gustavus Adolphus*, p. 92, 可能是相当准确的。Roberts, *Gustavus Adolphus*, volume 2, p. 519 给出的数字是1.5万名士兵，含6000名骑兵和150门炮。可以使兵力增至2.4万的援军尚在途中。

[4] Dupuy, *Gustavus Adolphus*, p. 92.

[5] 长钉打入加农炮的火门，可以使其失效。

[6] Charles Francis Atkinson, *Thirty Years War* (London: Encyclopaedia Britannica, 1911). Kindle Edition, p. 24.

[7] See for example, Roberts, *Gustavus Adolphus*, volume 2, pp. 520-521; Thomas Harbottle, *Dictionary of Battles*. Revised and Updated by George Bruce (New York: Stein and Day, 1971), p. 302; Richard Ernest Dupuy and Trevor N. Dupuy, *The Encyclopedia of Military History from 3500 B.C. to the Present* (New York: Franklin Watts, Inc., 1969), p. 537; and Delbruck, *op. cit.*, volume Ⅳ, chapters Ⅴ and Ⅵ.

[8] Roberts, *Gustavus Adolphus*, volume 2, p. 521.

[9] *Ibid*, p. 522, 引用了瑞典档案。

[10] *Ibid*, p. 526.

[11] Delbruck, *op. cit.*, volume Ⅳ, pp. 202-203.

[12] Roberts, *Gustavus Adolphus*, volume Ⅱ, p. 534, note 1.

[13] Dupuy, *Gustavus Adolphus*, p. 95 and Delbruck, *op. cit.*, volume Ⅳ, p. 203.

[14] Paul K. Davis, *100 Decisive Battles from Ancient times to the Present: The World's Major Battles and How They Shaped History*. (New York: Oxford University Press, 2001), p. 210.

[15] Delbruck, *op. cit.*, volume Ⅳ, p. 203.

[16] Walter Opitz, *Die Schlacht Bei Breitenfeld Am 17 September 1631*.原出版于1892年，这是原件的影印本。 (Whitefish, Montana: Kessinger Publishing, LLC, 2010), p. 76.

[17] Joseph Cummins, *History's Greatest Wars: The Epic Conflicts that Shaped the Modern World* (Beverly, Massachusetts: Fair Winds Press, 2009), p. 121.

[18] See Haythornthweite, *op. cit.*, p. 37 and Liddell Hart, *Great Captains*, p. 128.

[19] 例如，Guthrie, *op. cit.*, p. 23 and Haythornthwaite, *op. cit.*, p. 37老调重弹，说蒂利心不甘情不愿，但帕彭海姆迫使他参战，后者确信萨军是一帮乌合之众，而瑞军是虚弱之师。Wilson, *The Thirty Years War*, p. 473 and note 32, p. 892认为蒂利急于作战，并参考了他与巴伐利亚的马克西米利安的信件。

[20] Davis, *op. cit.*, p, 210. 我猜这个数字是把2.3万印错了。

[21] Dupuy, *Gustavus Adolphus*, p. 96. 他的数字基本上与Roberts, *Gustavus Adolphus*, volume 2, p. 535和Montross, *op. cit.*, p. 275提供的一致。

[22] Pratt, *op. cit.*, p. 183.

[23] J. F. C. Fuller, *Military History of the Western World*, volume Ⅱ (New York: Da Capo Press, 1999 [originally published in 1955]), p. 58.

[24] Parker, *The Military Revolution*, p. 23.

[25] Monro, *Expedition*, p. 189.

[26] Liddell Hart, *Great Captains*, p. 127.

[27] Dupuy, *Gustavus Adolphus*, p. 96写道帝国军没有后备军。我认为他错了，后文将有体现。

[28] Parker, *The Military Revolution*, p. 24.

[29] Cummins, *op. cit.*, p. 122认为帝国军火炮位于中军和两翼后。我认为这不太可能。炮兵必须看清目标，而位于密集的步兵后则做不到这一点。他也写道，火炮对决持续了5个小时。而其他资料认为持续了2～2.5小时。

[30] Dupuy, *Gustavus Adolphus*, p. 97.

[31] Wilson, *The Thirty Years War*, p. 473, quoting Jurgen Ackermann, *Jurgen Ackermann, Kapitan Beim Regiment Alt-Pappenheim, 1631* (German 1895 Edition p. 18). 这本古旧书籍的影印本见 Kessinger Publishing, LTC, Whiteface, Montana, 2009。

[32] Fuller, *op. cit.*, p. 59 宣称瑞军只在距离帝国军阵地1英里处露营，但根据其他资料，显然并非如此。

[33] Frank Tallett, *War and Society in Early-Modern Europe 1495-1715*. (New York: Routledge, 2001), p. 49.

[34] Delbruck, *op. cit.*, volume Ⅳ, p. 204.

[35] Peter H. Wilson, *The Thirty Years War: A Sourcebook* (New York: Palgrave Macmillan, 2010) pp. 231-233, quoting from Philipp Bogislaw von Chemnitz, *Königlich Schwedischer in Teutschland geführter Krieg*, (Stettin 1648 in 4 volumes; Stockholm, 1653; New Swedish edition published in 1855-1859 in six volumes), 1 part 3, p. 32.

[36] Hollway, *op. cit.*, p. 42.

[37] *Loc. cit.*

[38] Montross, *op. cit.*, p. 277.

[39] Liddell Hart, *Great Captains*, p. 132.

[40] Cummins, *History's Greatest Wars*, p. 122.

[41] Wilson, *The Thirty Years War*, p. 475.

[42] *Loc. cit.*

[43] Delbruck, *op. cit.*, volume Ⅳ, p. 205.

[44] Liddell Hart, *Great Captains*, p. 132.

[45] *Loc. cit.*

[46] Pratt, *op. cit.*, p., 184.

[47] Dupuy, *Gustavus Adolphus*, p. 103.

[48] Montross, *op. cit.*, p. 277.

[49] Delbruck, *op. cit.*, volume Ⅳ, p. 207.

[50] Haythornthweite, *op. cit.*, p. 40.

[51] Wilson, *The Thirty Years War*, p. 475.

[52] Liddell Hart, *Great Captains*, p. 134.

[53] Wilson, *The Thirty Years War*, p. 476.

[54] Parker, *The Military Revolution*, (1999 reprint of the 1996 edition), p. 23.

[55] Cummins, *History's Greatest Wars*, p. 123.

[56] Generalstaben, *Sveriges Krig 1611-1632*, volume Ⅳ (Stockholm, 1937), pp. 472-486.

[57] Dupuy, *Gustav Adolphus*, p. 104.

[58] Montross, *op. cit.*, p. 278 and Parker, *Europe in Crisis*, p. 162.

[59] Haythornthweite, *op. cit.*, p. 40.

[60] See, for example, Liddell Hart, *Great Captains*, p. 135 and Montross, *op. cit.*, p. 279. 李德·哈特写道："为封锁道路，波希米亚的森林被砍倒；距离战场数百英里的城墙也派人驻守。"

[61] Montross, *op. cit.*, p. 279.

[62] 讽刺的是，这是李德·哈特爵士的评论，而他是"间接路线"的倡导者。

[63] Fuller, *op. cit.*, volume Ⅱ, p. 65.

[64] *Loc. cit.*

[65] Wilson, *The Thirty Years War*, pp. 482-483.

通往吕岑的坎坷之路

第五章

瑞典人就像飞来的一样。

——瓦伦斯坦

1632 年作战的开始

截至 1631 年底，古斯塔夫在美因茨下寨过冬时，他已经成为德意志大部的主人和欧洲最强大的男人。自 1630 年 7 月以来，他的成就简直不可思议。在 18 个月内，小小的瑞典远征军就膨胀到 10.8 万人，还计划在 1632 年把这个数字近乎翻一番。这对瑞典国库的消耗还非常小。1631 年底，这些遍布占领区的军队中，瑞典人不到 25%。

对瑞典在德意志的地位而言，兵力的部署是一个重大的战略失误。他们的军队虽然令人敬畏，但分布得过于松散。虽然各种资料给出的数字和地点略有差异，但古斯塔夫在美因茨或许有 2 万直属部队，陆军元帅霍恩在美因河有规模相当的军队，巴纳将军在马格德堡有 1.3 万人，陆军元帅托特在下萨克森有 2 万人，梅克伦堡还有 1.7 万人，剩余军队分散在占领区各地的众多要塞中。[1]这本质上是一种防御性部署，没有一支分遣军在进攻性活动中拥有足够的打击力。古斯塔夫试图通过信使来控制、指挥这些部队，但这既没有效果，也不得要领。

这些部署虽有合乎逻辑的缘由，但也有明显的弱点。第一，单独一个地方无法承受极大规模军队的压力，后勤之需导致军队分散，便于人畜获得给养。

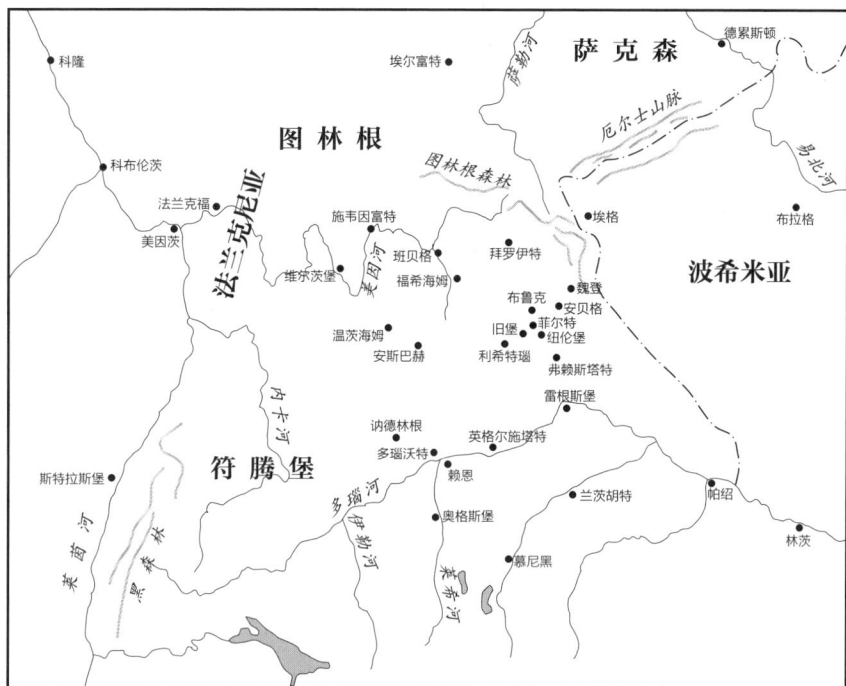

◎ 德意志南部战区示意图

第二,一些部署取决于政治上的必要性,一些盟友不值得信任,将军队留驻这些地区多少可以保证他们的忠诚。第三,很多与瑞典同一阵营的诸侯国需要加以保护,若不提供这些保护,它们将成为帝国军的囊中之物。

然而,这些部署等于是邀请敌人以极低的风险打击任何一股较小的瑞军。这强化了我之前的论点,即古斯塔夫应当在布赖滕费尔德战役后立即追击蒂利、帕彭海姆和马克西米利安。

1632 年,随着各方在战场上都有了 10 万左右的军队,三十年战争进入了最具毁灭性的阶段,也标志着瑞典在德意志的成果和实力进入佳境。由于瑞军设法巩固其征服成果,这一年的作战也非常紧张。冲突范围扩大了,从主要作战地点的分散上就可以感受到这点。这一年的标志事件是五大战役(班贝格、莱希河、施泰瑙、旧堡和吕岑),另外还有大量小型作战。这套模式一直延续到战争结束。

布赖滕费尔德战役后，蒂利军队失序、士气低落。很多士兵对主帅失去了信心，不愿意再为他效力。随着冬季到来，蒂利手头的军队更少了。来自意大利的部队将瘟疫带到北方，导致很多人病死。直至冬末才征募到新的部队，但大多数人没有受过训练。

帕彭海姆一如既往地非常活跃，瑞军也对他的机动性和旺盛精力印象深刻。在 1632 年 1 月的一次闪电般的袭击中，他救出了在马格德堡顽抗的 3500 名帝国军。炸掉防御工事后，他在雾中逃往沃尔芬比特尔。3 月，他在赫克斯特奇袭瑞军和黑森军，疏散了斯塔德守军。用彼得·威尔逊的话说，"他在夏季完爆那些无法集中起来对付他的敌人"[2]。

帝国军在冬春两季的重建速度，比 1631 年之败后人们预料的要快得多。整个德意志都有大量无业人员，其中很多人涌入军队。天主教联盟军现在主要包括防御本土的巴伐利亚军队，以及在威斯特伐利亚和德意志东部的一些松散的军队。[3]

在武器，尤其是在战术上，发生了巨大变化——由此可见军事技术传播得有多快。帝国军事统帅从前一年的战斗中吸取了宝贵的教训。他们已经在很大程度上抛弃了厚重的"西班牙方阵"，代之以较小的战术单位。新单位的规模从 500 ~ 1000 人不等。纵深从我们在布赖滕费尔德所见的 30 排显著减少为 10 排或 7 排。虽然部队使用同样的武器，但火力因更浅的阵形而得到提升——同时也降低了他们面对火炮时的脆弱性，这是从布赖滕费尔德吸取的另一个教训。部队接受了齐射训练。新阵形提升了可操作性，简化了指挥控制流程。

由于瑞典出口的加农炮在阿姆斯特丹的军火市场上售卖，帝国军获得了大量的团级炮。这是瑞典政府和工业巨头支持的项目，与现在的军售状况非常相似。截至 1657 年，这些出口达到了每年 1000 件的水平。

骑兵团组成了规模不一的中队，新兵通常组成较大的单位，老兵组成较小的单位。他们排成 5 排，但仍然比瑞军骑兵多一两排。

班贝格

1632 年 2 月 10 日，瑞军进攻班贝格城。虽然多数资料承认是古斯塔夫下达的进攻命令，但对个中缘由却众说纷纭。据迪普伊所述，这是为了惩罚班贝格打破了中立承诺。另一方面，威尔逊注意到，陆军元帅霍恩进攻班贝格也打破了与巴伐利亚的停战协议。[4] 虽然这座城市被天主教联盟军抛弃了，但市民们发起了短暂而坚决的抵抗，直至弹药告罄方止。瑞军尝试夺取附近的两个设防城镇——克罗纳赫与福希海姆，但未能成功。

霍恩进攻班贝格时，蒂利仍然在讷德林根的冬营中，不可能忽视这一事件。他迅速召集了外围的要塞守军，率巴伐利亚民兵和帝国军混合部队 2.2 万人向北而去。他于 2 月最后一日夜间出现在班贝格，此举令瑞军感到惊讶。

蒂利的军队现身时，班贝格只有两个瑞典团。霍恩的 1.2 万大军中，剩下的是来自波希米亚的新兵①。巴伐利亚民兵迅速打散了城东南的骑兵前哨。逃散的骑兵让雷格尼茨河东岸郊区的未完工堑壕里的那些新兵也产生了恐慌。帝国军迅速闯入，击败守军。然而，在一座通向主城区的桥梁上发生了激烈的交战。霍恩投入他的两个团，桥梁数次易手。战斗持续到夜晚，直到掩护剩余军队撤退的瑞军后卫也退出战斗。霍恩失去了近三分之一的军队，其中多数是逃跑的新兵。此后，他撤往施韦因富特。

虽然是古斯塔夫的兵力部署招致了这样的失败，但他仍然对班贝格的形势逆转感到恼火。他已经与符腾堡展开结盟谈判。符腾堡因霍恩在班贝格战败而对签订盟约犹豫不决，瑞典联盟体系的不牢靠可见一斑。古斯塔夫必须得迅速反应，使瑞典保持接二连三的成功。他决定进攻巴伐利亚南部。3 月 2 日，他从美因茨出发，经过施瓦本，与霍恩会师，并命令巴纳将军和魏玛公爵威廉加入，这使入侵巴伐利亚的军队达到 4.5 万人。

瑞军途经纽伦堡，3 月 26 日到达多瑙沃特。虽然这座城镇因一场突袭而很快得手，但屠杀敌军降卒和曾经欢迎过征服者的新教市民，使这场胜利遭到玷污。[5] 在班贝格和多瑙沃特留下守军后，古斯塔夫以 3.7 万人和 72 门炮入侵巴伐利亚。

同时，蒂利离开了美因河上的施韦因富特和维尔茨堡，也向南去，紧盯瑞军侧翼，但保持敬而远之的距离。古斯塔夫抵达多瑙沃特时，蒂利到达了多

---

① 译注：威尔逊的《欧洲的悲剧：三十年战争史》此处作"波希米亚流亡者聚起的德意志新兵和古斯塔夫在当地的新合作者"。

瑙河边、更偏东的英戈尔施塔特。蒂利撤到多瑙河后静观时变。

瓦伦斯坦归来

布赖滕费尔德之战后，皇帝斐迪南发现自己陷入绝境，因为瑞典人的前进似乎永无止境。皇帝认为，邀请瓦伦斯坦第二次征募军队，即便面子上过不去，也是必要之举。

瓦伦斯坦去职后居住在布拉格，如同帝王般显赫。他是弗里德兰公国的统治者，他过去因战功获赐的土地组成了这个公国。蒙特罗斯写道：瓦伦斯坦"或许是领会了为战而生的现代极权国家理念的第一位欧洲人"[6]。他将整个公国的全部人口投入战争的准备工作中，包括制造武器、储存大量食品、修建道路。短短两年内，瓦伦斯坦聚起了足以令一个王国都眼馋的军事补给。

1631 年 12 月，皇帝提出请求时，据说瓦伦斯坦正在考虑为瑞典人效力。[7]他因自己在 1630 年遭到无礼的解职而怒不可遏，准备漫天要价，被满足后才愿意接管战事。他拒绝了最初的提议，但在 1631 年 12 月下旬接受了新的请求。

瓦伦斯坦与皇帝之协议的真实条款不为人知，因为档案从未被发现过。然而，从随后的事件中，我们可以隐约看到它的轮廓。他似乎获得了对军队的绝对掌控权，而且还不止于此。例如，他获得了在军事行动区内的充分民事权威、施加他认为必要的惩罚的权力、参与谈判并缔结条约的权力。他还得到了以波希米亚和勃兰登堡的土地以及选侯头衔回报其服务的承诺。李德·哈特将瓦伦斯坦的条件描述为"一个臣子敢向君主提出这样羞辱性的条件，可谓前无古人，后无来者"。[8]

精力充沛的瓦伦斯坦征募一支军队并没有花费太长时间。之前的老兵慕名而至，聚集在他的大旗下。大量雇佣兵也前来投奔。截至 1632 年 4 月，他自食其力，已经有了一支装备豪华的军队，兵力在 4 万～ 6.5 万人之间。[9]

莱希河战役

古斯塔夫意识到瓦伦斯坦已经重掌帝国军。他选择继续入侵巴伐利亚，心中无疑是有三个主要目标：第一，他希望逼迫马克西米利安决定是战是和，并由此让巴伐利亚退出战争；第二，他或许决定"围魏救赵"，将瓦伦斯坦引

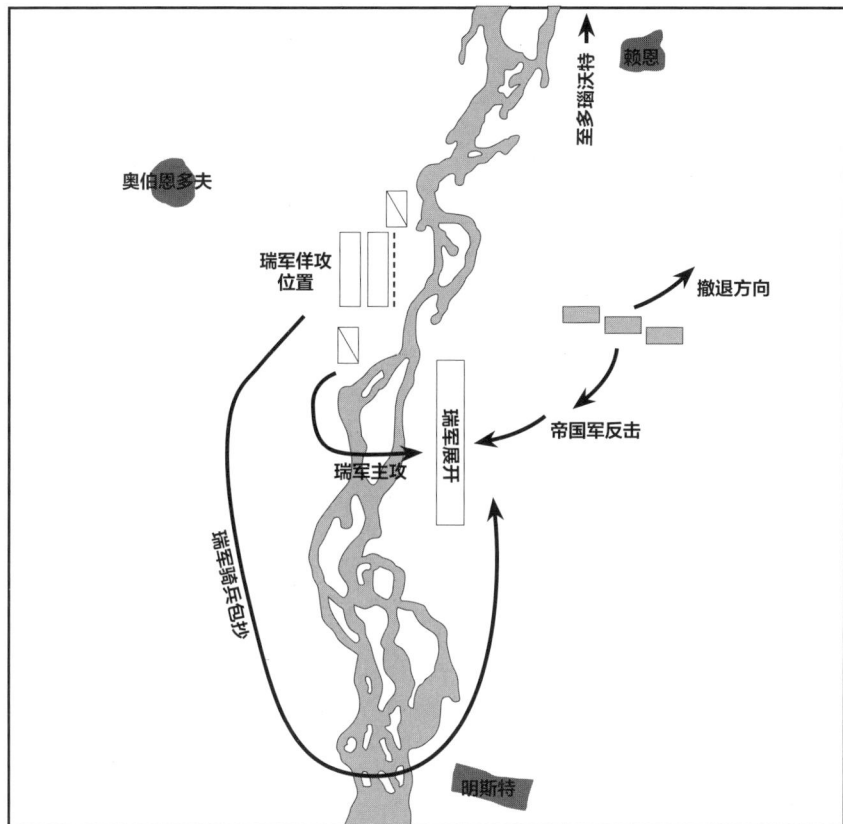

◎ 莱希河战役（1632 年 4 月 15 日）示意图

到南方，远离萨克森，并且希望皇帝和巴伐利亚选侯能够向瓦伦斯坦施压，使之援救巴伐利亚；第三，他希望从这片迄今未受踩躏的土地获取大量贡赋和补给。

现在，我们讲到了 17 世纪最伟大的两位军事领袖一较高下的阶段。两人都试图采取"围魏救赵"之术，以便在有利的情势下开展战役。被李德·哈特称作"第一位大战略家"的瓦伦斯坦，在使用这一套方法时比古斯塔夫更加成功。[10]

虽然多瑙河上有许多桥梁，但大多数由巴伐利亚重兵把守。古斯塔夫决定直接在多瑙沃特渡河，因为这是通往巴伐利亚首府慕尼黑的最快路线。他还需要在莱希河第二次渡河。莱希河源自南方的巴伐利亚群山，形成了施瓦本和巴伐利亚的边界，在英戈尔施塔特和多瑙沃特之间汇入多瑙河，但离后一地点更近。他本可以就地渡河并沿着莱希河西岸南进至奥格斯堡，但这座城市由5000名巴伐利亚士兵驻守，而其他部队保卫着赖恩的渡河口，莱希河在此汇入多瑙河。

蒂利和阿尔德林根这两位陆军元帅与古斯塔夫做出了同样的权衡，得出了同样的结论：奥格斯堡和赖恩两地，瑞典人都会避开。因此，他们在赖恩和奥格斯堡之间的莱希河西岸①掘壕，兵力2.1万人，火炮20门。

莱希河的巴伐利亚一侧有浸在水中的森林和沼泽，帝国军在其后驻守。莱希河在这片地区分成了一系列流速较快的平行溪流，宽度在60～100米不等。暴雨和融雪增加了河水的流速和深度，即便没有遇到干扰，渡河也是有难度的。再加上2.1万名帝国军在对岸驻扎，渡河更是一件艰巨的任务。

古斯塔夫在赖恩以南约5公里处选择了一处渡河点，莱希河在此分成两个河道，中间有一座较大的岛。瑞军和河岛间的水道可以涉渡，但从河岛到西岸的水较深。②瑞军指挥官认为蒂利的阵地无懈可击，但古斯塔夫在亲自侦察后，决定渡过莱希河。

在莱希河附近，古斯塔夫将军队布置为战斗队形，直面帝国军战壕。这番部署是在开阔地上进行的，敌军看得一清二楚。随后，在炮火的掩护下，瑞军开始建造桥梁。72门炮中的大部分由瑞典主力军使用。这一计策③奏效了。同时，其余瑞军进入河岛对面的森林，在水道上架桥。次日早晨，步兵和剩余的18门火炮布置在河岛上，以掩护下一步行动。

瑞军"焚烧湿稻草和火药"制造烟幕，和岛上的火枪兵共同起到掩护作用，"334名芬兰兵在5个月额外报酬的激励下，划船前往巴伐利亚一岸"[11]。这支军队由弗兰格尔上校指挥。当芬兰人在巴伐利亚一侧的河岸占据了一段紧密的防御带时，预制的桥梁被架在了水道上并确保了安全性，剩余瑞军得以渡

---

① 译注：结合示意图和后文，似为东岸。

② 译注：结合示意图判断，此处描述似有矛盾。另据彼得·威尔逊描述，岛与河西岸间是深水道，与河东岸间的水道可以涉渡。

③ 译注：结合示意图，乃"声北击南"之策，瑞典佯攻位置与主攻位置不同。

河，隐藏在河岛西岸树林中^①的火炮掩护着他们。4 月 15 日的渡河已经被敌人发现，但芬兰人一直坚守着防御圈，等剩余的军队也加入他们。古斯塔夫亲自率领两个步兵旅渡了河。

蒂利一获悉瑞军渡河，立即将部队派往渡河点，一场残酷的战役在其军营以南发生了。古斯塔夫做出了另一番精彩的战术操作，他派出 2000 名精锐瑞典骑兵，在渡河点以南 2 公里的明斯特村附近渡过莱希河。这股军队让蒂利的部队猝不及防，正好在 16 时左右战役高潮之际对帝国军左翼实施了突然一击。

陆军元帅约翰·冯·阿尔德林根由于头部受伤而短暂失明，但捡回了一条命。另一方面，蒂利因一枚加农炮弹粉碎了右大腿而命悬一线。他被带离了战场。迪普伊描述道，古斯塔夫派他的外科医生去为对手疗伤，但伤势已无力回天，蒂利在两周后去世。^[12]帝国军的指挥权落入巴伐利亚选侯马克西米利安之手。

这次战役事实上是在天黑前决出胜负的。之前瑞典骑兵对帝国军左翼的奇袭，已经将巴伐利亚骑兵逐出战场。帝国军从两个方向遭到进攻，逐渐支撑不住。他们可能短暂撤到了军营里，但在天黑后迅速逃走了，丢弃了他们的辎重和火炮。

威尔逊没有提到瑞军的追击，李德·哈特和迪普伊都为瑞军没有发起追击感到遗憾。然而，蒙特罗斯写道，瑞军实施了无情的追击，但一场强风暴吹倒树木，堵塞了道路，导致瑞军无法追上并摧毁敌人。^[13]

李德·哈特将渡过莱希河视为一场模范操作，或许是古斯塔夫的战术杰作。^[14]面对在河流之后严阵以待的强大敌军，同时强渡河流，这场战役后来成了军事学院研习的典型战例。

战役的损失难以确定。瑞军似乎约 2000 人伤亡，帝国军 3000 ～ 4000 人伤亡。

巴伐利亚选侯一路平安地撤至英戈尔施塔特。他向这个方向撤退，使通往巴伐利亚南部的大门向瑞军敞开。然而，古斯塔夫没有阻止马克西米利安在

---

① 译注：彼得·威尔逊作"河西岸与河岛上的树林中"，似更合理。

战役后逃脱，导致瑞军后来面临严重的问题。

莱希河之败重挫了奥格斯堡的巴伐利亚驻军的士气，10 天后，他们交出了城市，得到了体面的待遇。瑞军征服的步伐从波罗的海沿岸来到了阿尔卑斯山脚。萨克森选侯约翰·乔治之前已经开始了由波希米亚进军维也纳的征程，在瑞军蹂躏巴伐利亚的同时，他一枪未发就进入了布拉格。新教大业的幸运星还没有这么明亮过，可是，滚滚乌云正在聚集。

纵横巴伐利亚

蒂利之死让斐迪南面临的问题只增不减。他的军事财政事实上已经枯竭，也无望获得稳定的收入流。除了马克西米利安外，他没有盟友，而他也不信任马克西米利安为哈布斯堡帝国而战的坚定性。斐迪南向乌尔班八世请求资金援助，遭到断然拒绝，理由是他认为斐迪南正在发动一场政治性战争而非宗教性战争。西班牙和波兰也爱莫能助，因为它们已经在其他战争中耗尽了资源。[15]

莱希河战役后，古斯塔夫南进约 20 英里，到达奥格斯堡，并于 4 月 20 日入城。在支付了高额贡赋后，市政当局宣誓效忠瑞典国王。他没有像人们合理推测的那样继续向南进入慕尼黑，而是折回北方，奔向英戈尔施塔特。这是巴伐利亚最强的堡垒，也是巴伐利亚选侯在莱希河之败后庇身之处。英戈尔施塔特位于多瑙河北岸，一座石桥将其与南岸相连，一座设防的桥头堡位于南岸。不知为何，古斯塔夫在莱希河之战后把近两个星期的时间浪费在前往奥格斯堡上，而不是立即追击马克西米利安及其溃军。

4 月 29 日，瑞军试图突袭攻下南岸的桥头堡，但被击退，遂在防御工事附近扎营。4 月 30 日，古斯塔夫在侦察时，坐骑被一枚加农炮弹击毙。古斯塔夫只受了点瘀伤，立刻骑上另一匹马，继续侦察渡河点。很快，骑马陪在瑞典国王身旁的巴登-杜尔拉赫边区伯爵，被另一枚加农炮弹炸碎了头颅。[16]

马克西米利安向瓦伦斯坦呼救不成，便将强大的要塞丢在身后，于 5 月 2 日离开英戈尔施塔特，前往雷根斯堡。5 月 3 日，瑞军对南岸桥头堡发起了又一次进攻，这一次成功了。他们立刻渡过多瑙河，包围了城市。

瓦伦斯坦不顾马克西米利安的呼救，决定将注意力转移到萨克森，即瑞典联盟体系的薄弱环节。他的计划是将萨克森人逐出布拉格和波希米亚，随后挥师萨克森本土。瓦伦斯坦命令马克西米利安率军加入他，而不是他加入这位选侯。这使巴伐利亚实质上毫无防御——至少看起来是这样。瓦伦斯坦出色地运用了"围魏救赵"之术，料定古斯塔夫将被迫放弃巴伐利亚，救援萨克森选侯约翰·乔治。[17]

古斯塔夫完全知道波希米亚和萨克森发生了什么，也知道瓦伦斯坦正在进军布拉格，可能会打击波希米亚的萨克森军队。他也怀疑，瓦伦斯坦预料他为了避免陷入南德，与波罗的海沿岸的基地相隔离，会转向北方援助盟友。这种可能性自从古斯塔夫登陆以来就像幽灵一样纠缠着他。然而，古斯塔夫希望在不放弃巴伐利亚的艰辛战果的前提下，与瓦伦斯坦摊牌。他希望通过深入帝国的心脏地带，迫使瓦伦斯坦和马克西米利安在南德集中全部兵力与他作战。

得出这个结论后，古斯塔夫于 5 月 4 日取消了对英戈尔施塔特的围攻，向慕尼黑进军。瑞军在夺取英戈尔施塔特的徒劳尝试中损失的部队和在莱希河一样多。霍恩奉命清除蒂利在该地区的残部，并夺取慕尼黑以北的兰茨胡特及巴伐利亚其他城镇。

巴伐利亚首府未曾抵抗就向瑞军投降了，市民已经得到了生命、财产无忧的承诺。然而，这座城市不得不支付 25 万塔勒的巨额贡赋，大量的战争物资储备也被夺取。[18] 古斯塔夫在慕尼黑逗留了 10 日。其间，瑞典国王还参加了一场天主教弥撒，这似乎是一种公关活动，但这种姿态没有让人们相信他的宽容。[19]

瑞军虽然在巴伐利亚城镇没有遇到什么困难，但那些虔信宗教的居民对入侵者仍然抱有敌意，农民们开始了游击战。起义活动迅速蔓延至施瓦本，主要是对入侵者的抢掠行为进行报复。[20]

黎塞留只能无助地看着瑞典人征服他的秘密盟友巴伐利亚。法国人不能冒险与所向披靡的瑞军开战。法国人也知道，马克西米利安是自讨苦吃。[21]

在巴伐利亚作战期间，古斯塔夫麾下的德意志雇佣兵的目无法纪和犯罪行为给他带来了麻烦。这是个严重的问题，因为雇佣兵在他军中已逾 60%。古斯塔夫向军队发表了如下讲话："如果我早知道你们是一帮对自己的国家缺乏天然情感的人，我根本不会跨上战马，更不会让我的生命、我的王冠和我勇敢的瑞典与芬兰士兵都陷入危险。"①[22]

古斯塔夫占领慕尼黑的那个星期，瓦伦斯坦也在行动。他正在执行攻击萨克森从而间接打击瑞军的计划。他在布拉格与维也纳之间的兹诺伊莫集结兵力，行军240公里到达布拉格。这座城市由一支萨军卫戍部队驻守，但他们几乎没有抵抗。5月25日，瓦伦斯坦进城，任由萨军逃跑。直到几乎离开了波希米亚全境，萨军才停止逃跑。瓦伦斯坦来到波希米亚和萨克森边境，并在此停下脚步。现在，他动用皇帝赐予的权力，向萨克森选侯提供了一份单独的和约，条件非常优厚。[23]

古斯塔夫密切注意着瓦伦斯坦的行动，并得出了正确的结论：瓦伦斯坦正在尝试说服约翰·乔治解除与瑞典的联盟。古斯塔夫也知道，选侯的谋臣、陆军元帅阿尼姆已经与瓦伦斯坦进行了秘密谈判。古斯塔夫认定，萨克森和他的联络线已经受到严重的威胁，他需要采取行动了。他的情报报告称，瓦伦斯坦与马克西米利安打算在波希米亚西部的埃格会师。

古斯塔夫在慕尼黑和其他巴伐利亚城镇留下守军后，向北而去，于6月12日抵达多瑙沃特。当得知马克西米利安及其军队已离开雷根斯堡，由安贝格前往埃格时，之前瓦伦斯坦与他计划在埃格会师的情报遂得证实。这使古斯塔夫改变计划，因为萨克森面临的威胁不再紧迫。古斯塔夫决定迅速奔向埃格与安贝格之间的魏登，希望在马克西米利安与瓦伦斯坦会师前决定性地击败前者。

瑞军在敌境深处行动，当地人将其行动路线和速度告知了瓦伦斯坦和马克西米利安。在这些情报的基础上，瓦伦斯坦决定改变会师地点，并让马克西米利安加速行军。当马克西米利安成功避开瑞军时，瓦伦斯坦向西而去。7月11日，两军在纽伦堡附近的施瓦巴赫会师。②

---

① 译注：也有资料将这段话放在之后的纽伦堡围城期间，参阅 C. R. L. 弗莱彻《古斯塔夫·阿道夫与新教的生存之战》（1892年，263页）。

② 译注：道奇《古斯塔夫战史》（1895年，333、338、342页）的描述有所不同：古斯塔夫于6月25日抵达安贝格与魏登之间的菲尔塞克。但他晚了一步，就在前一天，巴伐利亚与瓦伦斯坦两军先头部队已在魏登会师。古斯塔夫无力主动出击，遂退往纽伦堡。7月3日，瑞军抵达纽伦堡。10日，巴、瓦两军在诺伊马克特（纽伦堡东南方向）充分会师。11日，攻克施瓦巴赫等纽伦堡南部城镇。

本章先前提到过，瑞军的分散是其部署中的一项弱点。截至 1632 年初，瑞典国王指挥的军队已达 15 万，但由于他们分散在广大地区，国王手头的战斗部队非常少。现在，他发现自己率领着 1 万名步兵和 8000 名骑兵，对抗瓦伦斯坦与马克西米利安的 6 万左右的联合部队，显然是太少了。他广为分散的军队无法在一周乃至更久的时间内加入他。

古斯塔夫曾希望逐一挑战两支敌军。迎击他们的联合军队，他并无胜算，被迫在纽伦堡附近采取守势。从军事角度说，这个地点或许不是最佳的，因为他本可以选择一个离瑞军其他主要兵力集中点更近的地方。然而，从政治和道义角度出发，他不希望抛弃忠诚而显赫的新教城市纽伦堡。同样，他也不希望放弃对巴伐利亚的控制，因为这造成的心理冲击将导致他失去其他盟友，尤其是符腾堡和施瓦本。

选中集合地点后，瑞军开始修建高垒深沟，而古斯塔夫向奥克森谢尔纳和手握重兵的诸将送出了与他会师的命令。

封锁纽伦堡

瑞军在纽伦堡周围建了一圈设防营地，足够容纳军队以及期待中的援军。瑞军动用 6000 多名农民，在营周挖了 12 英尺宽、8 英尺深的壕沟，在关键地点还建造了多面堡，调用了城中军火库的 300 门加农炮。城墙拱卫的纽伦堡内城成了防御阵地的大本营。骑兵留在营外，保障联络线畅通并帮助赶来的援军。

与此同时，瓦伦斯坦也在逼近纽伦堡。但他似乎不慌不忙，大概是认为古斯塔夫已经被逼到了墙角。瑞典骑兵在菲尔特附近集结，他们在纽伦堡周围的宽阔平原上，以若干次速击速退的交战骚扰前进的帝国军。

一些作者宣称，瓦伦斯坦立即决定封锁瑞军并使之饥饿而降。[24] 这总体上是正确的，除了这一点：他到达后不久，就对瑞军堑壕西部实施了一次代价惨重又失败的进攻。之后，他在雷德尼茨河左岸，围绕古老的城堡阿尔特·韦斯特①建立了一座设防营地。旧堡位于一座山顶，高于河流 250 英尺，距瑞军约有 6 公里。他将麾下近 6 万人挤在营中。[25]

---

① 译注：即德语"旧堡"之意。

◎ 古斯塔夫二世·阿道夫（1594—1632 年），他的战术战略才能和个人勇气将瑞典推上欧陆强国地位

◎ 阿克塞尔·奥克森谢尔纳（1583—1654 年），瑞典首相，他的外交才能有助于巩固瑞典在三十年战争期间及战后的地位

◎ 陆军元帅约翰·采克拉斯·蒂利（1559—1632年），可能是神圣罗马帝国最伟大的将军，但在布赖滕费尔德惨败于古斯塔夫·阿道夫

◎ 陆军元帅阿尔布莱希特·冯·瓦伦斯坦（1583—1634年），在吕岑指挥帝国军，瑞典人赢得了战役，却失去了古斯塔夫·阿道夫

◎《古斯塔夫·阿道夫在布赖滕费尔德》。1631年的布赖滕费尔德战役被认为是瑞典在三十年战争中最大的胜利

◎ 吕岑战役。古斯塔夫·阿道夫率领一支骑兵冲锋，在战场的烟雾中与部众分散的阵亡。

◎ 卡尔十二（1682—1718 年），亦称查理十二。像古斯塔夫·阿道夫一样，他在青少年时登基，也证明自己像先辈一样是一位军事天才，在战场上英勇无比

© 1700 年的纳尔瓦战役，瑞军一次猛烈的冲锋粉碎了更庞大的俄军

◎ 1701年大北方战争期间,卡尔十二渡过德维纳河

◎ 卡尔十二最大的对
手就是俄国的彼得大帝
(1672—1725 年),他在
1709 年[1]的波尔塔瓦战役
中最终击败瑞军

① 译注:原书此处
作"1704 年",有误,已
径改。

◎ 瑞典国王卡尔十二的遗体回归桑梓

根据门罗上校的描述，可知这是一座精心建设的军营。他和威尔逊描述道，瓦伦斯坦的营地周长有 16 公里，建造中使用了 1.3 万棵树和 2.1 万辆现代卡车运量的泥土。一些被砍伐的树木用于制造障碍物，类似于现代的带刺铁丝网。树木放置在堑壕上方，经过修剪，树枝的尖端朝向敌人。[26]

瓦伦斯坦知道，他耗得起时间，因为他控制了瑞军的联络线。他决定迫使敌军饥饿而降。他的军队几乎控制了从纽伦堡到四面八方的道路。更重要的是，瓦伦斯坦占领了利希特瑙，使古斯塔夫与其重要的大本营地区相隔离。瑞军的粮草搜集活动非常困难，还发生了很多次激烈的骑兵作战。瓦伦斯坦的克罗地亚轻骑兵，在赫克托·伊索拉尼（1586—1640 年）将军的指挥下，蹂躏了周边地区。他们比速度较慢的瑞典骑兵更适于抄掠。瓦伦斯坦也有从不远的波希米亚和从奥地利获得补给的优势。瑞典人看来已经陷入困境。

瑞典人不仅仅要供养 1.8 万人的军队，还得养活纽伦堡的市民，这使食品短缺更加严重。这座 4 万人口的城市因周边地区的逾 10 万难民而急剧膨胀。

然而，这个 8 月热得不同寻常，瓦伦斯坦的饥饿战略很快变得事与愿违。威尔逊描述帝国军营的状况说："5.5 万军队和约 5 万随营人员集中一处，每天至少产生 4 吨人体排泄物，外加 4.5 万匹战马和辎重马匹的粪便。营中爬满了老鼠和苍蝇，传播着疾病。"[27]

瑞军咄咄逼人的行动给瓦伦斯坦带来了更多麻烦。7 月 30 日，杜巴特尔上校率领瑞军骑兵袭击纽伦堡以南 40 公里的弗赖施塔特，这里有一座非常大的帝国军补给基地。瑞军毁掉了 1000 辆车的补给和骑兵粮草，又将数百辆车的补给带回自己营中。帝国骑兵实施追击，但古斯塔夫带上了 2000 名骑兵将追兵彻底击败。瓦伦斯坦的姻亲斯帕雷上校在交战中被俘。[28]

瑞典的援军正在赶来。这些援军在前往纽伦堡前，先在维尔茨堡停留。奥克森谢尔纳与 7000 名士兵于 7 月 23 日抵达，威悉河、莱茵河、易北河地区的瑞军在接下来的几星期里加入奥克森谢尔纳。8 月 13 日，奥克森谢尔纳将这些军队——2.8 万人、3000 辆补给车——带往设防城镇布鲁克。在这里，他们与古斯塔夫及其骑兵相会，并安全前往纽伦堡军营。瓦伦斯坦没有干扰瑞军的救援活动。截至 8 月中旬，他的军队由于疾病和饥饿，不再有那么强的行动力。瓦伦斯坦自食饥饿战略的恶果，兵力减少到 4.5 万人左右。

增援部队使瑞军兵力达到 2.8 万名步兵、1.7 万名骑兵、175 门野战火炮——总计约 5 万人，这是古斯塔夫指挥过的最庞大的军队。这也意味着需要提供另外近 3 万人的伙食，对骑兵的需求也增加了。帝国军的封锁开始对古斯塔夫的部队和挤在纽伦堡的市民造成伤害。古斯塔夫决定进攻帝国军阵地，李德·哈特称之为绝望之举。[29]

施泰瑙战役

在讲述纽伦堡周边的事件前，我们来看看波希米亚发生的事情，因为它影响了帝国军和瑞军的行动，但在对该时期的描述中却很大程度上被忽视。这些行动也能帮助我们洞察瑞典联盟体系中弥漫的紧张情绪。

约翰·乔治派陆军元帅阿尼姆入侵西里西亚，希望能够提升自己的谈判优势。阿尼姆得到了一支 2.2 万人的军队，包括 1.2 万名萨克森军、3000 名勃兰登堡军、7000 名瑞军。瑞军由雅各布·杜瓦尔将军指挥，他来自苏格兰，在那里的名字是"麦克杜格尔"。他是个杀气腾腾的狠人，自 1607 年起就在瑞军中服役。他曾征募了两个德意志团，包含在他带往西里西亚的军团中。杜瓦尔的首要任务似乎是确保阿尼姆忠于瑞典。[30]

帝国军急忙从波希米亚进入西里西亚，以增强老迈的陆军元帅巴尔塔萨·冯·马拉达斯（1560—1638 年）麾下的军队。马拉达斯在施泰瑙的奥得河渡口集兵 2 万。施泰瑙位于格洛高和布雷斯劳之间，这些军队驻扎在施泰瑙东南，骑兵布置在城西，监视敌军可能前来的道路。

8 月 29 日中午，杜瓦尔指挥的先头部队到达目的地。他毫不犹豫地向西里西亚骑兵发起进攻，将其打退至营中。杜瓦尔的弟弟率领 1000 名瑞典和勃兰登堡步兵猛攻施泰瑙城郊。帝国军纵火焚城，几乎将施泰瑙毁灭。杜瓦尔希望继续进攻，但遭阿尼姆驳回。

联军南进迪宝，在奥得河上建了一座桥。9 月 4 日，马拉达斯进攻迪宝，但被击退。撤退之际，他在施泰瑙桥留下一小股分遣队阻止追兵。联军损失较小，而帝国军损失 6000 人，多数是被俘或逃跑。

阿尼姆继续推进，拿下了布雷斯劳和施韦德尼茨，将帝国军驱赶到群山之中。1740 年，腓特烈大帝对西里西亚有过一次著名的入侵，阿尼姆在比之更加不利的条件下征服了同样的地区。[31]

为惩罚萨克森人入侵西里西亚，瓦伦斯坦派陆军元帅海因里希·冯·霍尔克（1599—1633年）率领1万人从福希海姆进入萨克森西南。霍尔克对当地实施了有组织的洗劫和破坏。约翰·乔治选侯向瑞典强烈呼救，增加了古斯塔夫放弃纽伦堡的压力。

旧堡战役

疾病的传播和霍尔克的分遣，使瓦伦斯坦的军队只剩下了3.1万名步兵和1.2万名骑兵。考虑到瑞军必须攻克敌方防守强固的阵地，胜算肯定在帝国军一方。评估了这一状况后，瑞典国王认定，进攻这座设防营地的唯一可行方法，就是从北面开打。此处由阿尔德林根（1588—1634年）所部驻守。前往旧堡最陡峭的路线也经过该处。一个好处是，拿下这一目标，瑞军火炮就可以俯瞰战场。

为接近北坡，瑞军决定渡过帝国军营下方的雷德尼茨河。9月1日，瑞军夜袭拿下帝国军驻守的菲尔特。渡河后，瑞军在紧邻帝国军北线的林区建立阵地。

古斯塔夫和魏玛的威廉将率领步兵主力攻上布尔格斯塔尔山，而魏玛的伯恩哈德将率领下马的骑兵进攻他①右方较弱的防线。本次进攻无法得到火炮的密切支援，因为崎岖的地形导致火炮基本不可能就位。然而，瑞军曾计划利用河流另一岸的炮火牵制瓦伦斯坦的军队。

9月3日10时，最初的进攻开始了。瑞军拼尽全力带上了一些团级炮。瓦伦斯坦向受威胁的地带派出了强大的增援。瑞军的远程火炮没能压服帝国军火炮。而帝国军的近百门火炮扫过进攻中的瑞军，火枪兵线列也增加了瑞军的伤亡。天上下着毛毛雨，以致山坡极度湿滑，不利瑞军。

损失是惨重的，双方均有很多高级军官阵亡，这表明了战斗之艰苦以及军官们冲锋在前的事实。指挥一支攻击纵队的托尔斯滕松将军被俘；伯恩哈德公爵的坐骑被击毙；国王也九死一生；巴纳将军身负重伤，在这一年的剩余时

---

① 译注：似指古斯塔夫。

132

间内都无法行动。

在接下来的 10 个小时里，瑞典人、芬兰人和苏格兰人两次尝试拿下布尔格斯塔尔山，但均遭到帝国军反击，损失惨重而退。下午晚些时候，毛毛雨变成了暴雨，以致几乎不可能在陡峭的山坡上立足。古斯塔夫叫停了战斗，命令部队留守阵地。

早晨，瑞军又做了一番尝试，结果在帝国生力军的反击下撤退。瑞典国王眼见他疲惫不堪的士兵们又一次被击退，下令中止了行动。他撤往菲尔特。根据大多数人的估计，瑞军在旧堡伤亡 4000 人，而帝国军的损失不及瑞军一半。

瑞军与帝国军撤退

随后两个多星期，两支饥饿的军队仍然守在营中，面面相觑。几乎没有军事行动发生，只有收殓队每天持续不断地处理大量尸体，整个夏天都是如此。

双方的饥馑愈发严重。古斯塔夫意识到，这种拖延不决的意志较量不会给他带来什么好结果，遂决定撤往美因河。多多·克尼普豪森①（1583—1636 年）麾下的 4400 名步兵和 300 名骑兵留守纽伦堡。9 月 18 日，瑞军在忍受了 10 个星期的封锁后，离开了营地。古斯塔夫向瓦伦斯坦提出了最后一次正式挑战，后者未予接受。[32]

在纽伦堡一带的漫长停留期间，人员伤亡和士气低落对瑞军造成了恶劣影响。1.1 万名雇佣兵逃跑，2.9 万多人死在瑞军营中。大量马匹死亡，以至于瑞典骑兵撤退时只有 4000 人有坐骑。帝国军的总伤亡不为人知，可能与瑞军差不多。当他们离开纽伦堡一带时，规模已经从原本的 6.5 万减少到 2.4 万。[33]

在欧洲人眼里，瑞典国王第一次受挫了。古斯塔夫本人一定会承认：滞留于纽伦堡一带是一项失误，而对旧堡的徒劳进攻是一场惨败。据说，瓦伦斯坦曾评论说"国王磨钝了他的号角"[34]，但他很快会发现瑞军没有他想象的那样迟钝。瑞军在温茨海姆停留了一周。认定瓦伦斯坦不再构成威胁后，古斯塔夫向施瓦本而去，打算在那里过冬。

---

① 译注：该人名在原书中出现了 Knyphausen、Knypnhausen、Knypenhausen 多种拼写，统一按第一种音译。

9 月 21 日，瓦伦斯坦放弃并焚毁了营地。由于马匹所剩无几，他将 1000 辆车的补给丢入了熊熊火海。他也抛弃了所有伤病员，一些人死于军营的大火。瓦伦斯坦绕过纽伦堡，向北前往福希海姆，将一路上的乡村化为废墟。纽伦堡守军进攻帝国军后卫，造成了大量伤亡，但瓦伦斯坦不为所动，继续前往班贝格附近的富庶农业区。

瑞典国王对下一步该怎么走感到些许茫然，其中一部分原因是他不知道对手的计划。他得到奥地利即将爆发农民起义的消息，萌生了引兵南下以便利用帝国内部动荡的念头。或许，他像之前那样希望通过威胁巴伐利亚和前往奥地利的道路，将瓦伦斯坦从萨克森和瑞典—波罗的海联络线引开。然而，如李德·哈特所言，在这种互相打击对手后方的博弈中，瓦伦斯坦的优势要大得多，因为他的基地在波希米亚，可以内线作战。[35]

瓦伦斯坦与马克西米利安在 10 月分道扬镳，但他们同意先对部队进行交换。马克西米利安同意由瓦伦斯坦指挥帕彭海姆，换来了陆军元帅阿尔德林根和 14 个帝国团。

重新威胁萨克森

瓦伦斯坦已将霍尔克和马蒂亚斯·加拉斯（1584—1647 年）两位陆军元帅留在波希米亚西北部和萨克森南部，对萨克森领地实施无情的摧残。10 月下旬，瑞典国王获悉瓦伦斯坦也在前往萨克森加入他的其他部队。对古斯塔夫而言，显而易见的是瓦伦斯坦仍然执着地追求让萨克森与瑞典断盟这一目标。李德·哈特对瓦伦斯坦盯住瑞典的"阿喀琉斯之踵"充满钦佩，认为两位指挥官都在用策略争取优势，而他们在这么做的同时，均背离了找到敌军主力并施以决定一击的理念。

古斯塔夫立即决定取消向南的冒险，返回北方为萨克森盟友提供安全保障。他将伯恩哈德公爵和 8000 名士兵留在施韦因富特，以保护法兰克尼亚；将帕特里克·鲁思文将军和 1 万名士兵留在多瑙河与莱希河，盯住马克西米利安及其残部。同时，霍恩夺取了科布伦茨和斯特拉斯堡，将西班牙和洛林军队逐出了德意志。

10 月 31 日，霍尔克攻克莱比锡；瓦伦斯坦的骑兵对周边地区展开袭击，夺取了若干城镇。11 月 6 日，帕彭海姆加入瓦伦斯坦，帝国军在莱比锡附近的兵力达到 3 万人左右。[36]

古斯塔夫火速北返。他的军队在 17 日内走过了 400 公里，消耗了 4000 匹马。[37] 途中，他命令所有分遣军指挥官加入。在前往埃尔福特时，瑞军几乎与马克西米利安狭路相逢，后者方向正好相反，两军相去仅 25 公里，但双方都没意识到情况。阿尼姆麾下的萨克森主力军仍然在西里西亚。约翰·乔治只有 4000 人，外加 2000 名吕讷堡人，他们撤到了托尔高。

11 月 2 日，瑞军抵达埃尔福特，其中老兵有 2 万人。他们在此歇息了几日。然而，我们又看到了一个没有迅速集中强大战斗部队的案例，因为 2 万士兵只占古斯塔夫可用军队的一小部分。

据称，瓦伦斯坦对瑞军从巴伐利亚赶往埃尔福特的速度感到惊讶，他惊呼道："瑞典人就像飞来的一样。"[38]

瓦伦斯坦错失良机

11 月 6 日，瑞典国王继续前往莱比锡。他致书约翰·乔治，敦促他带上全部可用军队赶往萨勒河。他将一支强大的分遣队派到前方，控制位于科森的萨勒河狭道。古斯塔夫在阿尔滕堡渡过萨勒河，继续向瑙姆堡挺进，于 11 月 10 日夺取该地。此地距莱比锡约 100 公里，古斯塔夫在此暂停行军，集中兵力，等待增援。他在城北掘壕建营，这是他的惯常操作。

同时，天气也转冷了。瓦伦斯坦了解瑞军在瑙姆堡的行动后，相信这表明古斯塔夫正准备下寨过冬。

得知瑞军离开埃尔福特前往瑙姆堡时，瓦伦斯坦正身处莱比锡东北约 16 公里的艾伦堡。他立刻派兵控制萨勒河上的狭口，堵住瑞军的前进之路，同时移兵瑙姆堡以东约 15 公里的魏森费尔斯。

到达魏森费尔斯后，他得知瑞军已经抢先到达萨勒河狭口，还占据了瑙姆堡。他惊讶于瑞军行动之迅速，召开军务会商讨如何处置。鉴于瑞军正在掘壕设营、等待增援，军务会一致认为，敌军不打算搦战，而会在营中过冬。瓦伦斯坦同意军务会的见解，11 月 14 日开始将军队北撤至梅泽堡，下寨越冬。他派帕彭海姆前去攻克并守住哈雷。[39]

瓦伦斯坦 1632 年 11 月的行动受到了批评。从战略上讲，他位于三支敌军之间，并对其中任何一支都具有兵力优势——这三支敌军是瑙姆堡的瑞军、托尔高的萨军，以及据信正从不伦瑞克-吕讷堡赶来的一支新教军队。吕讷堡军事实上已经抵达易北河彼岸，接近托尔高的萨军。瓦伦斯坦位居中间，本可以迅速打击其中一支，起码可以阻止他们会师。

第二点批评在于，他决定下寨过冬，从而于存在强大敌军时分散了兵力。瑞军就在他附近，他还分散了自己的军队，这一点无可辩白，尽管德尔布吕克尽最大的努力为他开脱。[40]

瓦伦斯坦派哈茨费尔特将军率领 2500 人监视托尔高。若是想阻止萨军和吕讷堡军向西加入古斯塔夫，这支军队太小了；若是只作为一支监视和前期预警部队，它又太大了。瓦伦斯坦也派兵搜寻食物。最终，帕彭海姆希望返回威斯特伐利亚，因为那里的瑞军一个接一个地拔除了他的要塞。瓦伦斯坦让步了。一些历史学家为瓦伦斯坦辩护，认为他身罹痛风，没有力气与这位好折腾的属下争辩。[41] 他允许帕彭海姆带走一支相当大的部队，据估计在 5800 ～ 8000 人之间。他确实安排陆军元帅加拉斯及其部队接替帕彭海姆的空缺，然而，加拉斯沿着波希米亚边境部署在南方，需要花费一些时日才能帮上忙。

所有这些失策都表明，瓦伦斯坦及其将领严重误判了古斯塔夫的意图。瑞典国王整整一年都渴望与飘忽不定的瓦伦斯坦打一仗。自从他在旧堡失利，认为自己的军事荣誉受损以来，这个愿望日渐强烈。他也希望一劳永逸地消除帝国军对萨克森的威胁。

古斯塔夫获悉瓦伦斯坦已经撤往梅泽堡时，便放弃了自己的营地并尾随之。随后，11 月 14 日，他得到消息称帕彭海姆已经离开。虽无兵力优势，但他认定发起攻击的时机已至，遂加快追逐。李德·哈特评论道："眼见敌军分散便立即抓住机会，在贯彻兵力集中原则的过程中展现决心与火力，这里就是一个令人钦佩的案例。"[42]

大约在 11 月 15 日中午，瓦伦斯坦获悉瑞军正向他杀来，自知难免一战。他的主力军位于吕岑，便决定在那里抵抗。他派鲁道夫·科洛雷多（1585—1657 年）将军率领 500 名龙骑兵和克罗地亚分遣队延缓瑞军进攻，并派出信使联系帕彭海姆，令其尽快返回。

科洛雷多及其军队在魏森费尔斯以东、沼泽般的里帕赫溪流堵住了瑞军。11 月 15 日①，他们在被赶跑前阻止了瑞军 4 个小时。这 4 个小时的耽搁对接下来的战役非同小可。古斯塔夫认定此番耽搁导致在当天作战已然太晚，遂宿营度夜。若是瑞军能够在 15 日发起进攻，帕彭海姆就不会在战役中发挥作用，帝国军就不会有额外的时间准备阵地。那样的话，瑞军的决定性胜利几乎是注定的。

吕岑周边的地形总体上是平坦的。在 17 世纪，从莱比锡到魏森费尔斯有一条道路途经吕岑村，这条路高出地面且两侧有着深沟。

战斗序列

瓦伦斯坦部署军队的方式，往往让后世的作者们为他寻找各种理由。甚至李德·哈特也对这不同寻常的部署感到困惑。瓦伦斯坦将军队布置得与莱比锡道路平行，面向东南，而不是穿过道路。这样，他的右翼就暴露在预计的瑞军前进方向上。然而，他将右翼依托于吕岑村。这座村庄横跨莱比锡道路，包括 300 座房屋和一座城墙包围的古老城堡。战役开始前，瓦伦斯坦下令将村庄付之一炬。帝国军右翼与吕岑之间的土地是一片沼泽，米尔格拉本溪流从中流过，导致瑞军的侧击行动几乎不可能。[43] 沟壑是现成的战壕，他将火枪兵排布在此。帝国军左翼本应当依托于弗洛斯格拉本溪流。11 月 15 日下午两三点，帝国军已经各就各位。

早期的描述（以及一些较新的描述）认为帝国军组成了 1631 年布赖滕费尔德战役那样的大型“西班牙方阵”。这并不正确。如本章之前提及的，这些阵形因布赖滕费尔德的结局而被迅速替代。瓦伦斯坦虽然还没有瑞典人走得那么远，但已经开始向线式阵形过渡。他已将布赖滕费尔德的 30 排纵深步兵阵形削减为 10 排。他也将轻型炮搞到了手，并开始将火枪兵与骑兵混合。[44]

当德意志人开始缩小战术和技术差距时，瑞典人仍然保持着质量优势。他们有轻型滑膛枪，他们的阵形更浅。最后，他们享有军队核心人员是瑞典人和芬兰人的优势。甚至军中训练有素的雇佣兵也有鲜明的优势，就是每一支老

---

① 译注：原文中，此处及下文多处为“9 月 15 日”，明显错误，已径改。

兵部队面对新建部队的那种优势。

帝国步兵以两线部署于中军，纵深 10 排，与莱比锡—魏森费尔斯道路平行，420 名火枪兵部署在他们前方的沟壑中。瓦伦斯坦将大多数火炮布置在吕岑正北的磨坊高地，在该处布置了 400 名火枪兵，以掩护炮兵和吕岑阵地。约半数骑兵位于右翼后方，剩余骑兵在步兵后或右方[①]。剩余火炮位于左翼前方。

帝国军到底有多少火炮可谓众说纷纭，但计入轻型炮后可能有 60 门左右。瓦伦斯坦没有足够的兵力填补左翼和弗洛斯格拉本溪流间的空隙。他预料瑞军将尝试在此施以侧击。他命令伊索拉尼将军以克罗地亚骑兵掩护洞开的侧翼，但数量也不够。因此，瓦伦斯坦将辎重队和随营人员聚在左翼后方，拉起床单伪装成旗帜，营造后方布置了强大部队的假象，直到帕彭海姆赶来为止。他有望于夜间返回战场。

瓦伦斯坦亲自指挥中军。一些资料说，他不得不躺在担架上巡视战场。毫无疑问，他身患痛风，但他骑在马上精力充沛地指挥部下。左翼由陆军元帅霍尔克和奥塔维奥·皮科洛米尼（1599—1656 年）将军共同指挥，后者将于1634 年升为陆军元帅。右翼由科洛雷多将军指挥。

瓦伦斯坦之所以采取了看起来不同寻常的部署，有一些明显的原因：第一，堤道可以作为现成的阵地，对进攻者构成严重的障碍；第二，这番部署使他的右翼格外安全，因为它依托村庄和难以通行的沼泽地；第三，这种位置使他能撤往德意志西北部而非波希米亚，这是由他的战略胆识决定的。他的部署弱点在于本应该最强的左翼，因为它没有依托任何天然障碍物。瑞典国王一下子就注意到了这个弱点，希望可以包抄这一翼，迫使帝国军无法撤往莱比锡。帝国军习惯上会往左撤，由这一翼掩护撤退。如果瑞军能够包抄帝国军左翼，将迫使他们在萨克森这片敌对的国土过冬。瓦伦斯坦心知肚明地接受了这种风险，但他指望帕彭海姆能够早些返回，纠正左翼的弱点。

如瓦伦斯坦所料，瑞军以斜线向右转，而古斯塔夫以非常类似布赖滕费尔德战役的形式部署军队——步兵分成两线，纵深 6 排，骑兵位于两翼。部署

---

① 译注：原文如此，疑为左方。

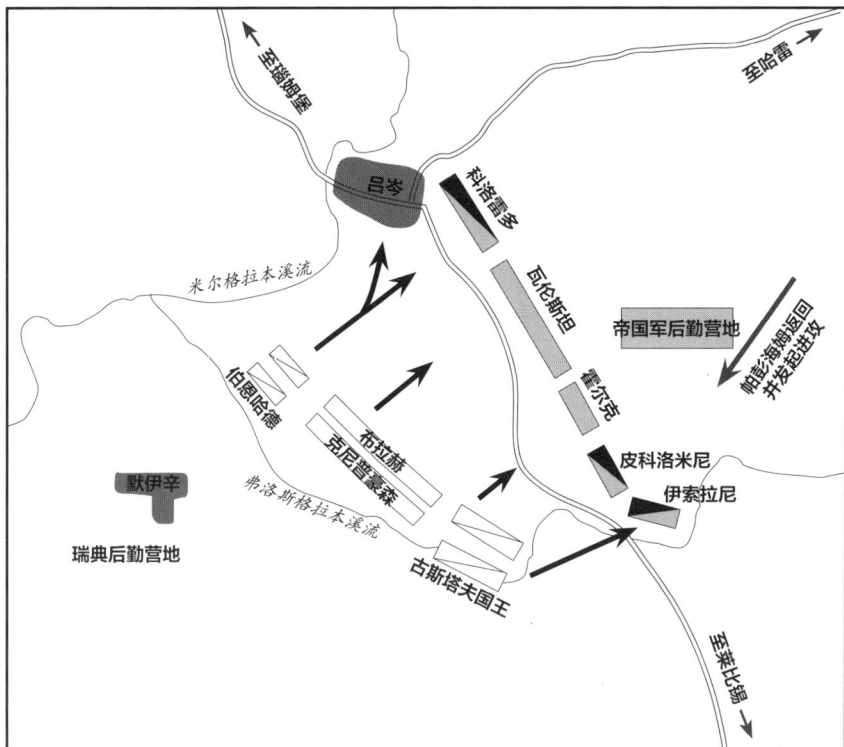

◎ 吕岑会战（1632 年 11 月 16 日）示意图

前，他得知约翰·乔治拒绝带上援军从托尔高加入他。[45] 这个消息没有改变古斯塔夫的计划。尽管一些最优秀的指挥官——霍恩、巴纳、托尔斯滕松、托特——不在场，但他仍然保持信心。这些人不是在养伤，就是另有任务。

瑞军左翼由魏玛的伯恩哈德指挥。他的骑兵有 3000 人左右，主要是德意志雇佣兵。尼尔斯·布拉赫将军执掌中军，并亲自率领更具经验的第一线。他的任务是在国王转向帝国军左翼时牵制帝国中军。[46] 第二线由克尼普豪森将军指挥。每一线由 4 个步兵团组成。古斯塔夫亲自指挥右翼，主要包括瑞典和芬兰骑兵。后备军包括 6 支骑兵中队，位于中军后，由约翰·冯·奥姆上校指挥。26 门重炮置于中军前方。约 40 门轻型步兵炮布置在相应单位。辎重队位于莫伊辛村庄，位于弗洛斯格拉本和瑞典方阵的左中位置之后。

对于各方兵力，甚至哪一方的人数更多，不同资料间都有较大差异。直到帕彭海姆的骑兵，特别是他的步兵到来前，瑞军都有微弱优势。而这之后，帝国军具有了微弱优势。瑞军在战役之初或许有近 1.3 万名步兵和略少于 7000 名骑兵。帕彭海姆部队返回前，帝国军规模被描述为 1.6 万～ 2 万人不等。

瑞军在 11 月 15 日—16 日晚以作战队形就地入睡。在毁灭吕岑的大火照耀下，两军的营火也互相清晰可见。像在布赖滕费尔德那样，瑞典国王与一些主要军官共同度夜。

吕岑之雾

在天明前许久，瑞军鼓手就唤醒了士兵。按惯例祈祷上帝、吟唱圣歌后，各作战单位组成战阵。国王在队伍之间纵马疾驰。由于 1627 年在迪尔肖受的伤仍然隐隐作痛，他只在大衣里穿了一层耐砍的鹿皮。[47]

像 1632 年 11 月 16 日那样能见度如此低的大型战役还真是少见。清晨的重霾和浓雾笼罩战场，一整日内也不时出现。早晨，村庄阴燃冒出的浓烟和之后成千上万武器的硝烟使雾霾更加严重。

古斯塔夫本希望在黎明开战，但不得不等待能见度提高。瑞军知道帝国军的增援正在赶来加入瓦伦斯坦，所以尽早进攻是必要的。反之，瑞军的拖延对帝国军有利，因为每一秒的拖延就让帕彭海姆更近一步。从掩护部队传来的情报中，帝国军也得知瑞军指望不上任何来自托尔高的及时援助。

10 时过后不久，雾霾终于开始消散。两军勉强可见对方。古斯塔夫立刻用信号通知火炮开火，帝国军火炮加以回应。约一个小时的火炮对决后，古斯塔夫举起佩剑，率领瑞、芬骑兵前进。他们迅速打散了克罗地亚骑兵掩护部队。

接下来挡在古斯塔夫路上的，是堤道两侧沟壑中的帝国火枪兵。一番激战后，火枪兵被赶出阵地。现在，瑞军骑兵猛扑向帝国军左翼，经一番恶战，霍尔克所部被逼退。克罗地亚骑兵掩护部队遭到粉碎的同时，新兵、摊贩、妇女组成的"伪装"部队也逃离战场。瓦伦斯坦将右翼骑兵调向左翼，以阻止势欲捍山的瑞军。

瑞军对帝国军右翼的进攻，也是中军和左翼前进的信号。帝国火枪兵被逐出堤道，瑞军向前夺取了帝国中军前方的火炮。一开始，瑞军的进攻在整条战线上都是成功的。但是，随着雾气重新弥漫并与交战双方的硝烟混合，能见度再次下降。

成功没有维持太久。第一，伯恩哈德公爵对付帝国军右翼感到吃力。第二，瑞军中军翼展超出帝国中军，开始实施包围。瑞军中军右侧的这一行动，导致中军与右翼出现缺口，而一些帝国骑兵就向这个缺口发动冲击。瑞军右翼各团现遭帝国骑兵和步兵的共同挤压。尽管他们不顾一切地抵抗，但仍然被打退到堤道后。堤道迅速被帝国火枪兵重新占据。他们缴获的帝国火炮在此期间丢失。

古斯塔夫·阿道夫之死

战场再次被浓雾笼罩。阴燃的村庄和枪炮开火产生的烟尘沉至地面，导致一些低洼地区的能见度几乎为零。这个时候，仍在击退敌军左翼的古斯塔夫得到消息称他的中军遇到了困难。他下令第二线前进，据说还从中带出了一个骑兵团，并亲自奔向中军。随后发生的事情笼罩在很多文学的迷雾中，就像战场上的天然之雾一样。

一种描述称，国王在战役早些时候，10 时 30 分之前，就被一枚滑膛枪弹击伤手臂，但这可能与他最后受的几处伤混为一谈了。[48] 另一种描述称，国王被一枚滑膛枪弹击中，失去了对坐骑的控制，它冲向了敌阵，国王就在此遇害。[49] 其他的解释是，国王和亲卫队骑着快马，因而与下属的团失散。[50] 这时，这支小队遇上了一支帝国骑兵分遣队，古斯塔夫被他们的手枪击中负伤。他是受了致命伤还是立即被杀，我们并不清楚。他确实坠于马下。其他一些描述认为他死前多处受伤。对于国王之死，有若干种试图准确重构事件的描述流传至今，然而它们多系猜测。

最简单也最合逻辑的解释是，国王及其小队在浓雾中迷路或者没有意识到瑞典中军被打退到多远，因而是在两个战线之间① 而非在瑞军战线之后活动。劳恩堡公爵弗朗茨·阿尔布莱希特作为志愿追随者陪伴着国王，但瑞典人永远

---

① 译注：原书此处表述不明。第一，基本可以排除"两个战线"是指瑞军的两个线列，否则即暗示古斯塔夫是夹在己方军队中被杀。第二，鉴于上文说瑞军中军被打退，如果是指古斯塔夫身处帝国、瑞典两军线列之间，则他应同时处于瑞军之后，与后文描述似乎不符。那么"两个战线"大概是指帝国军两个线列之间，如此可自圆其说。

无法原谅他丢弃了国王的遗体。随后，兵匪们反复戳刺并剥光了国王的遗体。[51]李德·哈特的评论是正确的："瓦罐不离井上破，将军难免阵前亡。"[52]

古斯塔夫那匹染上了鲜血的战马孤零零地奔回了瑞军战线，部队就这样得知他们的君主已经阵亡，尽管布拉赫和克尼普豪森信誓旦旦地声称他只是受伤了。士兵们很快了解了真相，但他们并不沮丧，而是被激怒了。

中军指挥官们向魏玛的伯恩哈德发出讯息，告知他国王已死，军队应由他掌握。克尼普豪森建议撤退，但伯恩哈德决定再做攻击。瑞军左翼现由布拉赫指挥。

这也是帕彭海姆赶来的时间——14时左右——他带上了2300名骑兵，夤夜狂奔35公里。他直接冲入旗开得胜的瑞军右翼。迎面而来的混乱景象必定是令他沮丧的，帝国军左翼全面溃败，辎重队正在逃跑。瑞典中军准备再次前进，试图重新驱逐帝国中军。魏玛的威廉的亲卫队已经逃跑，这激起了瑞军辎重队的恐慌，后者也逃之夭夭。一些帝国作战单位被击破，双方均失去了内聚力。战役蜕变为诸多孤立的行动。帕彭海姆与瑞军骑兵陷入了野蛮的厮杀。在交战之初，他就受了致命伤，在被转移至莱比锡途中死亡。他的骑兵群龙无首，陷入混乱。

瑞军获胜

国王死后，瑞军指挥层重组。布拉赫接管左翼，克尼普豪森指挥中军，伯恩哈德统领右翼。临阵之时最困难的事情之一，就是改换统帅。而瑞典人能够成功做到这一点，有力地说明了瑞典军官的专业素养。

布拉赫麾下的左翼最终夺取了残存的吕岑村庄，包括帝国军火炮。克尼普豪森的中军不顾一切地争夺堤道。瑞军右翼的骑兵尽管损失惨重，但经过重组后，推进至堤道另一侧。

伯恩哈德下令向帝国军发起全面进击。根据几乎所有描述，如今意识到国王已死的瑞军怒发冲冠。当第二线步兵上前加入第一线残部后，瑞典中军扫向前方，清空了堤道。瑞军骑兵打击帝国军左翼，有力支持了瑞典中军的前进。

然而，战役尚未结束。瑞军全面胜利在即时，皮科洛米尼将军已聚起部分帝国骑兵，发动了一场反击，完全阻止了瑞军右翼的前进。为了做到这一点，骑兵发起了七次冲锋。伯恩哈德明白，他必须恢复势头，否则，正在冲击帝国中军的瑞典中军就会遭到侧击。他再次率领骑兵前进，稳打稳扎地打退了帝国骑兵。皮科洛米尼负伤四次，仍努力避免撤退变为溃退。瑞军骑兵将敌人打退到比他们丢弃的辎重队还要远的地方。瑞军将这些辎重付之一炬，一车车的弹药"发生了惊天动地的爆炸"。[53]

大约就在这时，帕彭海姆步兵中的先导部队来到战场。虽然他们参加了大混战，但这 2000 名士兵在疲劳行军后也帮不上太大忙。帝国中军正在接受因国王阵亡而怒火中烧、绝不言败的瑞军的挑战。这正好也是帝国军右翼后方弹药运输车开始爆炸的时候。帝国步兵中有谣言传开，称瑞军正在进攻他们后方。他们便开始撤退，放弃了重炮。然而，瑞军没有在火炮阵地止步，而是继续扫向前方。帝国军战线开始瓦解，撤退很快演变为逃跑。

一份资料[54]指出，瑞典又一次被击退到堤道。但我认为，这是因为他将帕彭海姆骑兵的到来误置为 15 时左右，而他们起码在一个小时前就已经赶来了。我没有发现确凿的证据证明，瓦伦斯坦在他的中军被击退且丧失内聚力后又下达了一次总攻令。根据大多数资料，他的中军被击退得七零八落发生在 17 时左右。

瓦伦斯坦对包括很多高级军官在内的惨重伤亡惊骇不已。随着他的军队无望地被打散，他事实上决定撤军了。他还抛弃了火炮和 1160 名伤兵。[55]

虽然几乎所有资料都认为吕岑战役是瑞典的大胜，但至少有一个人持不同意见，即彼得·威尔逊。他提出了具有高度争议性的观点："瓦伦斯坦展现出了高超的统兵水平，而古斯塔夫依赖人数优势实施缺乏想象力的正面进攻。"[56]除了瓦伦斯坦成功运用"围魏救赵"之术，将古斯塔夫从巴伐利亚引开并选择了一处战场外，大多数军事史家谈到这场战役本身，一致认为是瓦伦斯坦犯了最严重的错误。[57]敌人就在眼皮底下时，瓦伦斯坦分散了自己的军队，对瑞军意图严重误判，铸成了大错。杰弗里·帕克将其称为瓦伦斯坦职业生涯中最严重的一次错误。[58]

威尔逊也忽视了战场的地形布局。由于存在沼泽地，瑞军无法包围该处的帝国军右翼，于是将目标改为帝国军的弱点——左翼，而最重要的交战正是发生在此处。布拉赫的任务是牵制帝国中军，但随着战事进展，在国王阵亡和帕彭海姆返回后的疯狂混战中，中军也陷入激烈拼杀。古斯塔夫在能见度极低的环境中战斗的热情，是可以理解的。他希望帕彭海姆和加拉斯都能上场，尽管这会使其处于明显的兵力劣势。不要忘记一个古老的规则：为了成功打击身处防御阵地的敌军，需要三个进攻者对付一个防御者。

德尔布吕克写道，相比于其他战役，吕岑的运气成分更为明确。他总结道：

> 当然，古斯塔夫本打算天一亮就进攻帝国军。倘若真是这么实施的话，他本可以保证取得一场辉煌的大捷。但雾霾耽搁了瑞军的进攻，其间，不仅帝国军在深挖战壕、强化阵地，援军也在赶来……帕彭海姆步兵原本会给瓦伦斯坦带来人数优势，却从哈雷姗姗来迟……[59]

大多数资料认为帝国军损失高达 1.2 万人，而瑞军损失通常在 0.6 万～1 万人。帝国军的一些连队"损失到仅有两三名幸存者"。瑞军没有追击，主要是因为"他们的一些旅失去了六分之五的兵力"。[60]

对瑞典人以及德意志新教而言，真正的悲剧就是古斯塔夫阵亡。瑞军将在德意志继续作战 16 年，但新教事业的领导权很快就落入法国之手。一蹶不振的瓦伦斯坦也没有活多久，1634 年皇帝斐迪南将其暗杀。

注释:

[1] See Dupuy, *Gustavus Adolphus*, p. 116 and Montross, *op. cit*., p. 280.

[2] Wilson, *The Thirty Years War*, p. 495.

[3] *Ibid*, pp. 493-494.

[4] Depuy, *Gustavus Adolphus*, p. 116 and Wilson, *The Thirty Years War*, p. 497.

[5] See Monro, *Expedition*, p. 244.

[6] Montross, *op. cit*., pp. 280-281.

[7] Dupuy, *Gustavus Adolphus*, p. 121.

[8] Liddell Hart, *Great Captains*, p. 141.

[9] B. H. Liddell Hart, *Strategy*,(New York: Praeger Publishers, 1972), p. 83和Dupuy, *Gustavus Adolphus*, p. 121将规模定为4万，而Wilson, *The Thirty Years War*, p. 501将数字定为6.5万。我不知道哪一个是对的，但需要注意的是，威尔逊的作品出版于另外两本的几十年后。

[10] Liddell Hart, *Great Captains*, p. 190.

[11] Wilson, *The Thirty Years War*, pp. 498-500.

[12] Dupuy, *Gustavus Adolphus*, p. 121.

[13] Montross, *op. cit*., p. 281.

[14] Liddell Hart, *Great Captains*, p. 140.

[15] Dupuy, *Gustavus Adolphus*, p. 121.

[16] *Ibid*, p. 123.

[17] Liddell Hart, *Strategy*, pp. 83-84.

[18] Dupuy, *Gustavus Adolphus*, p. 124.

[19] Wilson, *The Thirty Years War*, p. 500.

[20] Monro, *Expedition*, p. 254-256.

[21] Parker, *Europe in Crisis*, p. 164.

[22] As quoted by Montross, *op. cit*., p. 281.

[23] Liddell Hart, *Great Captains*, p. 141.

[24] See *ibid*, p. 146 and Wilson, *The Thirty Years War*, p. 501.

[25] Dupuy, *Gustavus Adolphus*, p. 129.

[26] Monro, *Expedition*, p. 278 and Wilson, *The Thirty Years War*, pp. 501 and 504.

[27] Wilson, *The Thirty Years War*, p. 502.

[28] Dupuy, *Gustavus Adolphus*, p. 130.

[29] Liddell Hart, *Great Captains*, p. 143.

[30] Wilson, *The Thirty Years War*, p. 502.

[31] *Ibid*, p. 504.

[32] Liddell Hart, *Great Captains*, p. 143.

[33] Dupuy, *Gustavus Adolphus*, p. 135.

[34] Liddell Hart, *Great Captains*, p. 192.

[35] *Ibid*, p. 144.

[36] Dupuy, *Gustavus Adolphus*, p. 137

[37] Wilson, *The Thirty Years War*, p. 507.

[38] Montross, *op. cit*., p. 283.

[39] Dupuy, *Gustavus Adolphus*, p. 138.

[40] Delbruck, *op. cit.*, volume 4, p. 209.

[41] Wilson, *The Thirty Years War*, p. 507.

[42] Liddell Hart, *Great Captains*, p. 145.

[43] Delbruck, *op. cit.*, volume 4, pp. 207-208.

[44] *Ibid*, p. 208，其资料依赖于Karl Deuticke, *Die Schlacht bei Lützen*, Giessen dissertation, 1917, p. 67。

[45] Wilson, *The Thirty Years War*, p. 508.

[46] R. Matthew Di Palma, "Battle of Lützen: Victory and Death for Gustavus Adolphus" in *Military History*, October 1988, p. 50.

[47] Dupuy, *Gustavus Adolphus*, p. 142.

[48] Di Palma, *op. cit.*, p. 51.

[49] Gary Dean Peterson, *Warrior Kings of Sweden: The Rise of an Empire in the Sixteenth and Seventeenth Centuries* (Jefferson, North Carolina: McFarland & Company, Inc., 2007), Kindle edition, loc. 4043.

[50] Dupuy, *Gustavus Adolphus*, p. 146.

[51] Wilson, *The Thirty Years War*, p. 510.

[52] Liddell Hart, *Great Captains*, p. 148.

[53] Di Palma, *op. cit.*, p. 52.

[54] *Ibid*, p. 53.

[55] Wilson, *The Thirty Years War*, p. 510.

[56] *Loc. cit.*

[57] See for example, Fuller, *op. cit.*, volume II , p. 71; Liddell Hart, *Great Captains*, p. 149; and Delbruck, *op. cit.*, volume 4, p.209.

[58] Parker, *The Thirty Years War*, p. 116.

[59] Delbruck, *op. cit.*, volume 4, p. 209.

[60] Montross, *op. cit.*, p. 284.

1633—1648 年瑞典在德军事活动

第六章

撤退和败仗扰乱财政平衡，和平则将之摧毁。

——迈克尔·罗伯茨

接下来两章，是瑞典崛起为军事强权和它开始衰落之间的连接点。本章关注 1632 年古斯塔夫战死至 1648 年《威斯特伐利亚和约》签订之间瑞典在德意志的作战。在这两章涉及的 65 年内，在德意志和北欧发生了很多重大事件，由于篇幅所限，军事事件只能泛泛而谈，重点是瑞典的军事活动和一些战役的简短描述。法国加入战争和它的作战行动只有在影响瑞军活动时才有所涉及。因此，有很多战役、战斗付之阙如。然而，注释将帮助读者寻找更加详细讲述这一时期的资料。

瑞典政府

古斯塔夫只留下了一位继承人，一个叫克里斯蒂娜的 6 岁女儿。然而，无君政府于宪法无据。通过在 1644 年克里斯蒂娜成年之前设立由 10 位枢密院成员组成的摄政团，这一问题得以解决。1633 年初，议会批准了这一安排；1634 年，又批准了奥克森谢尔纳起草的宪法改革案。1633 年 1 月，奥克森谢尔纳的首相兼驻德特使的身份得到确认。他手握广泛的权力，由于与斯德哥尔摩的通信通常得花费一个多月，所以他主要是自行其是。

年轻的克里斯蒂娜与奥克森谢尔纳关系良好，直至她 18 岁成年后担任女王为止。一些人指责她为瑞典经济的毁灭大力推波助澜。她邀请德意志、英格兰、苏格兰和法国的贵族定居瑞典并跻身瑞典贵族之列，使该国的钟鸣鼎食之家增加了 300 多个。这导致了过半的土地落入贵族之手，所有者还不需要缴税，而这个国家却有为军事行动供款的迫切需求。[1]

军事指挥权

有个问题必须立刻解决——由谁来指挥德意志的战地部队。这些军队仍在作战，重要的是确保这支欧洲最强大的军队仍然忠诚，确保国家能够对他们加以控制。[2] 对将领严加约束是必要的，以免他们像瓦伦斯坦那样过于自主和膨胀。[3]

奥克森谢尔纳青睐的最高指挥官是他的女婿、陆军元帅古斯塔夫·霍恩，此人也是枢密院成员之一。然而，霍恩是一位谨慎的指挥官，缺乏那种强势的性格，无法保证其他出色的战地将领，无论是瑞典人还是德意志人，均无条件服从他。

约翰·巴纳，1634 年升任陆军元帅，是最高指挥官的另一位合理人选。但他尚未证明自己有担任独立领导者的能力。在霍恩 1634 年被俘前，他还不是一位可行的候选人。伦纳特·托尔斯滕松将军也有入选可能，但他曾在旧堡被俘，囚禁于恶劣的环境中，导致了健康问题。直到 1635 年他才返回军中。

即便上述人物有一人入选，也无法保证他能够被德意志盟友接受。魏玛的威廉是名义上的接班人，因为他曾担任古斯塔夫的副手。但在旧堡战役后，他借口身体有疾，离开了军队。

威廉的弟弟伯恩哈德成了奥克森谢尔纳眼里的麻烦鬼。至少有一位 19 世纪的德意志史家将他视为其他候选人的天然替代者。[4] 他英勇不凡，他的部下忠心耿耿。然而，他缺乏毅力，讷德林根战役体现了这一点。此人能够做出大胆的决定，但在改变主意时也一样快。

吕岑战役——他毫不讳言地吹播这是他的胜利——之后，他不仅要求获得全体新教军队的最高指挥权，还希望在德意志获赐一个属于自己的邦国。因为他是诸兄弟中最年轻的一位，所以不能指望通过继承得到邦国。[5]

奥克森谢尔纳对伯恩哈德的野心一清二楚。而他也知道，将瑞军置于德意志人麾下会在国内造成麻烦。答应提供伯恩哈德所要求的奖赏，也会使他与其他德意志领导人的关系复杂化，从而使瑞典从战争脱身的策略更加困难。萨克森的约翰·乔治在幕后谈判，为新教诸侯国争取以可接受的条款重返皇帝阵营。仍在附近的瓦伦斯坦也提出和平建议，但斐迪南不准备接受。古斯塔夫既已出局，丹麦就见机行事，主动提出终战斡旋，以换取一定的利益——不莱梅、费尔登①和瑞军占据的其他一些地方。皇帝最终同意了新教徒的部分要求，也同意丹麦获取不莱梅和费尔登。

在事态发展到一贯松散的新教同盟解体前，奥克森谢尔纳有必要迅速行动。虽然一些德意志邦国倾向于结束战争，但法国、瑞典和西班牙还没有做好准备。法国担心失去在莱茵河中游的立足点。瑞典希望自己的全部付出能够得到某种形式的补偿，按照古斯塔夫的方针，这个补偿品就是波美拉尼亚。不继续取得胜利，就不太可能实现这一点，因为萨克森和勃兰登堡预计都将提出强烈的反对。西班牙希望重塑在德意志西北部的影响力，并将其用作打击荷兰的基地。

海尔布隆同盟

奥克森谢尔纳继续推行古斯塔夫的政策——保持瑞典在新教同盟之主导权。事实上，当他得知国王阵亡的消息时，他正在前往美因河畔的法兰克福，参加一场关于缔结新联盟的会议。这场会议推迟到了下一年。

约翰·乔治拒绝参会，他坚持要与皇帝达成全面协定。其他多数新教诸侯选择加入瑞典领导的新联盟。这就是海尔布隆同盟②。成员国同意定期上缴贡赋，供养 7.8 万人的大军。但它们每年只付得起 250 万塔勒，而预估的花费有 980 万。

1632 年，法国对瑞典的补助放缓了，1633 年还停止了发放，因为法国想静观德意志政局的变化再做决定。其实，黎塞留还在考虑放弃对瑞典的支持，转而帮扶更顺从的替代品萨克森。[6] 当瑞典在海尔布隆会议上大出风头时，法

---

① 译注：两地位于威悉河河口，靠近丹麦与荷尔斯泰因。
② 译注：因成立于海尔布隆（德意志西南部城市）而得名。

国续签了《巴瓦尔德条约》，暂时保证了对瑞典的资助。然而，黎塞留继续对瑞典的独立态度感到恼火，来自法国的财政援助立足不稳。

奥克森谢尔纳不仅拒绝了伯恩哈德执掌军权的自荐，还避免在联盟最高指挥官问题上拍板。对于 1633 年的作战，他没有指定全权指挥官，但他自己制订了在三个分隔较远的地区作战的战略计划。伯恩哈德率领大多数瑞军和盟军，将在南德（施瓦本和法兰克尼亚）活动并沿多瑙河而下。陆军元帅霍恩自阿尔萨斯加入伯恩哈德，事实上是来监视那位公爵的。第二支军队由德意志和波希米亚流亡者指挥，被派往支援萨克森和勃兰登堡，同时显然要防止这些邦国朝秦暮楚。在西里西亚的指挥权授予了年迈的将军海因里希·马蒂亚斯·图尔恩[1]（1568—1640 年），但实权指挥官是杜瓦尔将军。其真实目的，是确保奥得河在萨克森万一变节后的安全。吕讷堡公爵乔治和领地伯爵威廉分别在萨克森和威斯特伐利亚统兵。最强的瑞典部队被派去保护梅克伦堡、波美拉尼亚、不莱梅、费尔登和美因茨。[7]

1633 年的作战太不麻利，还受到了一场哗变的干扰。4 月 9 日，伯恩哈德与霍恩所部在奥格斯堡会师，总兵力达 4.27 万人，对敌人有着 2：1 的优势。然而，部队自 1631 年起就没拿到全额军饷。伯恩哈德所部途经法兰克尼亚时，军纪的崩坏已经一目了然——尤其是对兰茨贝格进行四日洗劫之时，300 名投降的守军和 150 多名包括儿童在内的市民被杀害。

4 月 30 日，当部队要求拿到 300 万塔勒的欠款时，兵变爆发了。为了满足士兵的要求，奥克森谢尔纳感到有必要变卖被征服的领土。这是对古斯塔夫政策的全面逆转。整片的地区和主教区交给了领头的军官们经营，或者允许他们通过"劫掠"来补偿欠饷。

奥克森谢尔纳也向伯恩哈德的某些要求让步了，将班贝格和维尔茨堡转让给他作世袭领地，赐予他"法兰克尼亚公爵"之衔。伯恩哈德将要在 4 年多的时间内支付 60 万塔勒，此外这些地区还要根据海尔布隆同盟成员的义务支付日常的贡赋。霍恩反对向兵变者妥协，这使他与伯恩哈德之间的嫌隙加深

---

① 译注：此人是三十年战争初期波希米亚叛乱阶段的核心领导者之一。

了。直到战争结束，寻找持久财政方案的困境都像瘟疫一样折磨瑞典人。

瓦伦斯坦仍然是帝国军名义上的最高指挥官。他与萨克森和瑞典的谈判最终导致了他的垮台和死亡，但其中的细节无疑迷雾重重。[8] 看起来，斐迪南曾发布过一道命令，逮捕最高指挥官并将其押往维也纳，死活不论。当瓦伦斯坦得知自己将要被捕后，他尝试逃往附近的新教军队中。1634 年 2 月 25 日，据说他手下的一些军官谋杀了他。斐迪南皇帝迅速任命自己的儿子斐迪南三世（1608—1657 年）为新任最高指挥官。

第一次讷德林根战役

1634 年的作战看上去也缺乏决定性成果，9 月 6 日的第一次讷德林根战役除外。事实上，这场战役过于一边倒，以至于像布赖滕费尔德战役一样，被视为战争的一个转折点。

斐迪南大公（皇帝之子）和陆军元帅加拉斯麾下的帝国军正在围攻讷德林根。这座城镇陷入了绝境，伯恩哈德决定驰援。据不同估计，帝国军和一支西班牙分遣军有 3 万～ 4 万人。[9] 伯恩哈德和霍恩的兵力约 2.5 万人。

伯恩哈德与霍恩之间存在龃龉。霍恩希望推迟作战，等待有望在一周内赶来的 6000 名援军。而伯恩哈德认为讷德林根撑不了这么久，因为城中已经发出了信号，表明其陷入绝境。他或许是对的。然而，伯恩哈德的主要错误，是因无用的操作耽搁了前往讷德林根的时间，导致西班牙人得以加入围攻。

德尔布吕克正确地注意到，向围城部队发起进攻的决定从未下达。[10] 霍恩只同意向围城部队施压，从而缓解守城部队的压力。新教联军的营地位于博普芬根，去讷德林根以西不足 10 公里。一致同意的方案，似乎是切断帝国军自多瑙沃特的补给线。这同时将使瑞军自乌尔姆和符腾堡的补给线更加方便。①

从博普芬根以弓形路线进发，是另一个失误。这条迂回的路线几乎是直线距离的两倍。它从讷德林根以西直接通往城西南的阿恩斯贝格山脊。伯恩哈德

---

① 译注：德尔布吕克《战争艺术史：近代战争的黎明》一书的措辞似乎更易理解："他们决定更近地向围城者施压，并在乌尔姆—讷德林根道路上占据位置，这将促进军粮从乌尔姆和符腾堡运向瑞军，并切断帝国军来自多瑙沃特之路的补给。"（1990 年，210 页）

率军前行，似乎比他与霍恩原定的位置更加靠近讷德林根。这条路经过了一片林区中的一条坎坷狭径。帝国军也意识到了瑞军的前进，他们迅速派出8000多名强兵占据城西南的山脊。[11]

当伯恩哈德及其部队局部就位时，位于其后并应当组成瑞军右翼的霍恩发现山脊已在敌军手中。对这座阿尔布赫高地进行初步争夺时，夜幕降临了。次日早晨，霍恩发动全军，对抗山脊之敌。瑞军15次上山进攻，敌军岿然不动。这边的战斗进行之时，伯恩哈德在他的负责区内实施牵制行动。伯恩哈德与霍恩没有将可以利用的全部部队带往讷德林根，是另一项严重失误。

霍恩最终意识到自己无法完成任务。他将不得不在白天撤退，而不是等待夜色降临。在骑兵掩护下，他开始退兵。帝国军现在发起了进攻，伯恩哈德所部也被迫后撤。因此，战役中可能出现的极糟情形发生了——曾背对乌尔姆道路作战的霍恩部队撤退时，伯恩哈德的溃军穿之而过，导致伯、霍两军搅为一团。如果战役如联军指挥官们计划的那样开展，两支部队本应当是大致平行的——但自从敌军得到瑞军前进的预警，有效占据了霍恩的进攻目标后，两支部队就呈直角分布了。① 随着指挥官失去对部队的控制，全面的混乱就发生了。随后就是彻底的崩溃，联军步兵几被消灭。霍恩被俘，伯恩哈德成功逃脱。

德尔布吕克怀疑伯恩哈德太靠近讷德林根了，以至于霍恩极力避免的战役向他强行压来。[12] 如果这是真的，那就违反了两位指挥官战前的约定——他们只对敌军实施威胁，以缓解受困之城的压力。伯恩哈德知道敌军兵力占优势，但他或许不清楚差距究竟有多大。如果联军选择了直接的而非迂回的道路，他们至少可能夺取原计划的位置，那么，就轮到帝国军和西班牙军不得不攻上山头。因为我们不知道帝国军是何时并怎样发现瑞军逼近的，故以上只是推测。

---

① 译注：本段描述缺乏示意图，较为费解。在此提供德尔布吕克《战争艺术史：近代战争的黎明》中的相关段落，或可有助理解："伯恩哈德所部也不得不后退，他们穿入了霍恩的溃军，因为乌尔姆道路直接位于左翼（伯恩哈德）之后，而霍恩所部当然从未到达预定位置，其后方部队倚靠这条路。也就是说，与伯恩哈德所部形成了勾状。"（1990年，211页）该书同样无战役地图。另有道奇《古斯塔夫战史》，描述与伦德、德尔布吕克相差较大。而道奇所附地图中（1895年，417页），乌尔姆—讷德林根道路为西南—东北走向，伯恩哈德所部是横穿道路（即队列与道路呈十字形），霍恩则是在高地以南，沿着一条东西向的溪流布置。

损失是惨重的，对瑞军损失的估计从 8000 人至 2.1 万人不等，或者说，超过参战部队的半数。[13] 较低的数字或许更接近真相，因为伯恩哈德数日后到达海尔布隆时，手上仍有 1.4 万人的部队。帝国军和西班牙军的损失在 1200 ～ 2000 人之间。

无论真实数字是什么，这都是瑞典人在德意志最惨重的失败。尚存的那些自瑞典而来的训练有素的国民军队，大部分战殉于此。虽然在德意志的瑞军一直包含大量的雇佣兵，但以瑞典人为核心，可从现在开始，它首先只是名义上的瑞军，德意志、苏格兰、英格兰、爱尔兰、法国、波兰雇佣兵相对于瑞典人的数量上升了。部队越来越为特定的将领而战，而不是为一项事业或一个国家而战。[14]

一些作者认为，第一次讷德林根之战结束了三十年战争的瑞典阶段，并开启了法国阶段。这是一种刻意的区分。可以令人信服地说，法国与瑞典之间的全面伙伴关系直到 1635 年才建立，甚至是 1643 年的罗克鲁瓦战役后才出现。在罗克鲁瓦，22 岁的昂吉安公爵亨利（1621—1686 年），即后来为人所知的孔代亲王，指挥 2.3 万法军，运用黎塞留仿效瑞典建立的新式军制，将弗朗西斯科·德·梅洛（1597—1651 年）将军的 2.7 万西班牙军队打得一败涂地。

大约在西班牙此次挫败的同时，一支 77 艘战船的西班牙舰队在马尔滕·特龙普（1598—1653 年）的打击下沉没，标志着欧洲政治版图一次意义深远的变化。它证明了西班牙军事体系的劣势，预示着西班牙长期的伟大时代步入尽头。它也开启了法国军事优势的时代，这一时代在接下来 200 年几乎未曾间断。

一些人认为讷德林根战役的意义与布赖滕费尔德战役同样重大。然而，布赖滕费尔德战役引领了军事战术和武器的新时代，讷德林根战役只是瑞典指挥官的失误和糟糕决策导致的惨败。德尔布吕克写道，从讷德林根战役中总结不出什么战术价值，只能总结出双方均不希望来一场全面交战。[15] 此外，这次冲突不是决定性的。在讷德林根之后一些最艰苦的战役中，瑞军获得了令人震撼的胜利，我们将对其中一些加以介绍。

1635 年，红衣主教黎塞留将法国带入了三十年战争，站在新教一方。他的目标只是阻止哈布斯堡王朝再度全面掌控德意志。从这时起，随着战争的拖延，法国就成了瑞典的资深伙伴。

维特施托克战役

对于本书而言，接下来的一场重要战役是 1636 年 10 月 4 日的维特施托克战役。它发生在驻德瑞军降至 4.5 万人之时，他们主要分布于波美拉尼亚和梅克伦堡。这是一个严寒的冬季，波罗的海千里冰封，来自瑞典的援军和补给均无法船运。在韦尔本，陆军元帅约翰·巴纳麾下的战地部队降至 1.2 万人；在威斯特伐利亚，陆军元帅沃特·莱斯利（1606—1667 年）所部仅有 6000 人。

在长期围困后，1636 年 7 月 13 日，陆军元帅梅尔希奥·哈茨费尔特（1593—1658 年）麾下的帝国军与萨克森（1635 年转变阵营）联军夺取了马格德堡。8月 12 日，巴纳离开韦尔本，向西加入莱斯利，后者正在经由下萨克森撤退。哈茨费尔特派汉斯·卡什帕·冯·克利青（1594—1644 年）将军率 4000 人保护勃兰登堡，后者已处于对瑞宣战的边缘。哈茨费尔特也将鲁道夫·马拉奇诺（1585—1646 年）从奥得河召来，加入集结于唐格明德的帝国主力军，准备打入波美拉尼亚西部和梅克伦堡。[16] 瑞典的基地区域危在旦夕。

为了拯救基地区域，巴纳宁愿冒死一战。他向东北进军，越过易北河，与波美拉尼亚要塞分遣出的 3800 名士兵会师。这使他的军队增加到约 1.7 万人。现在，巴纳向东前进，切断哈茨费尔特的联络线，迫使他召回克利青将军，令其加入位于波美拉尼亚湖群以南的维特施托克的主力军。

巴纳在敌军周边行军，渡过多瑟河后，自西南方向① 发起攻击。巴纳的兵力有 1.6 万～ 1.7 万人，他的敌人据称有 2.2 万～ 2.3 万，但新近的研究似乎表明帝国军可能低至 1.8 万人，只不过比瑞军稍微多一点儿。[17] 帝国军兵力的差异，或许是因为克利青将军尚未抵达维特施托克，而这是巴纳急于发动进攻的主因。

帝国军占据了一座经工事强化的强大阵地。巴纳没有硬碰硬，而是决定分兵对敌之侧翼同步实施双重包围。不知是有意还是无意，这场行动变成了左右不协调的双重包围，在战役的某些阶段，瑞军正面的形势出现逆转。

巴纳派詹姆斯·金（1589—1652 年）和托尔斯滕·斯托尔汉斯克（1594—

---

① 译注：据威尔逊《欧洲的悲剧：三十年战争史》所附地图，似应为东南方向。整个战场均在多瑟河以西。

1644 年)两位将军率领 3100 名骑兵包抄帝国军右翼。莱斯利将军率领 5800 人，奉命牵制帝国中军。巴纳以剩余军队扑向帝国军左翼。

如果战役描述是准确的，德尔布吕克将其称作"世界史上最令人震惊的战役之一……就计划的大胆和胜利的伟大而言，它甚至可以高居坎尼战役之上"。[18] 双重包围的常规是：弱势一方不应该尝试，除非其指挥官拥有绝对的骑兵优势。因此，我们难以知道，指挥着弱势一方且无骑兵优势的巴纳，何以认为自己能在一场决定之役中以这种方式取胜。

巴纳具有的一个优势是，敌军侧翼没有依托天然的障碍物，因此不需要远距离迂回就可以包抄之。而且敌人面对一片树林占据阵地，树林掩蔽了瑞军的活动。直到 14 时 30 分左右，瑞军的逼近才被发现。因此，巴纳能够以其右翼对敌军左翼发起奇袭。帝国军坚守阵地，反击瑞军，为应对包抄又组成了一个新的正面。哈茨费尔特从右翼和中军拨兵增援。

瑞军对敌军右翼的包抄尚未进行①，如果是有意为之的话，这就使这场战役更加非凡，因为这意味着包抄是"瘸脚"的。如果两军的数字对比是准确的，那么，巴纳此时在帝国军左翼的部队应当严重不足。然而，他们面对敌军的进攻支撑了三个小时，几乎没有丢失阵地。

18 时 30 分，金将军点燃信号炮，表明他已就位，并对帝国军右翼与后方发起进攻。受惊的帝国军右翼被击退，丢弃了火炮。此时夜幕降临了。瑞军右翼守住了阵地，并吸引了大多数敌军。

德尔布吕克给出了帝国军战败的一些不太引人注目的原因。巴纳已经意识到，敌军前方起保护作用的人为障碍物也阻止了他们实施反击，中军尤为如此，这使得巴纳敢于冒险分兵。这种部署使帝国军指挥官丧失了在适当时机通过中军反击来打破包抄的能力。帝国军指挥权的分散也是一个劣势——萨克森选侯约翰·乔治与哈茨费尔特分享指挥权。[19]

对于帝国军之败的严重性，众说纷纭。毫无疑问，由于进攻的多方向和夜晚的到来，情况确实存在诸多混乱。然而，毋庸置疑的是，这是三十年战争

---

① 译注：据威尔逊所附地图，詹姆斯·金与斯托尔汉斯克距帝国军右翼较远。

最重要的战役之一，而瑞典取得了胜利。一支没有遇到严重困境的军队，是不会放弃火炮和补给队的。本次战役前，瑞典人的处境岌岌可危。再看看战役之后发生的事，我们就能对帝国军之败的严重性有所理解。他们的军队瓦解了：萨克森人回国，而哈茨费尔特的帝国军"失去了聚合力，一路向西洗劫到莱茵河下游"[20]。柏林一片惊恐，宫廷播迁屈斯特林。巴纳穿过图林根，解救埃尔福特，重新打通了与黑森的联络，并继续进入萨克森，于 1637 年 2 月夺取托尔高。

伦纳特·托尔斯滕松就任最高指挥官

若要简短回顾古斯塔夫死后瑞典在三十年战争中的行动，不提及陆军元帅伦纳特·托尔斯滕松（1603—1651 年）闪电般的行动就是不完整的。1641年 5 月 10 日巴纳死后，他就接管了德意志的行动。而他的作战建立在机动性和铁腕纪律的基础上，带来了一段瑞典的复兴期。

在古斯塔夫的伟大助手中，托尔斯滕松是尚在人世的最后几人之一。由于在旧堡被俘后被囚禁多年，他成了一个体弱、堕落、早衰的人。他的痛风非常严重，以至于走路和签名都很艰难。他曾回到瑞典，又带上 7000 名新兵离开了这个疲于战争、财政拮据的国家。一返回战场，他就遇上了另一起雇佣兵哗变，他忍着病痛，成功将其镇压。

经过一段时间的整顿，他在 1642 年开始了快速奔波的作战，取得的军事成就仅次于古斯塔夫。他进入萨克森、波希米亚、丹麦和摩拉维亚①作战，赢得了让他抵达维也纳城下的令人瞩目的四场胜利。然而，他作为一名成功军事指挥官的声誉因制造破坏和暴行而受损。他压根儿不支付军饷，等于是公开诱导部队打家劫舍，将最恶劣的暴徒召至他的麾下。他执行军纪的方法，简直可以说是散布恐怖，因为他例行公事般地依赖鞭子、拉肢架、绞刑架。他对战俘和平民同样没什么同情心。1642 年，他过境萨克森时，留下了一连串燃烧的村庄。[21]

---

① 译注：波希米亚王国属地之一，位于今捷克东部。

托尔斯滕松的军事行动的特征，就是冷酷无情和快速运动，还有让朋友和敌人都感到困惑的不可预测的操作。瑞军经一番迅速调动，随后施以令敌人震惊的打击，使萨克森军队在施韦德尼茨遭到重挫并丢下火炮逃之夭夭。解决了萨克森人后，托尔斯滕松挥师摩拉维亚，对乡村实施破坏。奥尔米茨被攻克，瑞军进入维也纳 25 英里之内。遭遇利奥波德大公（1614—1662 年）麾下一支更强的军队后，瑞军撤回萨克森。

第二次布赖滕费尔德战役

大公追上瑞典人时，瑞军已经开始了对莱比锡的围攻。这一次，托尔斯滕松没有撤退，而是在 1642 年 11 月 2 日的第二次布赖滕费尔德战役中直面追兵。帝国军由利奥波德大公和陆军元帅奥塔维奥·皮科洛米尼（1599—1656 年）指挥，据说有 2.6 万人，其中计入了 1700 名萨克森分遣军。瑞军兵力处于劣势，约 1.9 万人。

两军均在营中过夜，其中帝国军在塞豪森坐东朝西，托尔斯滕松位于布赖滕费尔德。11 月 2 日清晨，两军开始前进，托尔斯滕松在林克瓦尔德村庄[1]前方列为战斗队形。皮科洛米尼建议利奥波德派 16 个骑兵团向北绕过树林包抄瑞军左翼。这一建议得到了采纳。

托尔斯滕松变换军队[2]，迎接敌军对其左翼的进攻。10 时左右，全面行动开始。树林的分布分散了帝国军的前进，阻碍了他们的进攻，但帝国军对瑞典中军的进攻仍有一些进展。决定性行动发生在瑞军右翼，阿尔维德·维滕贝里（1606—1657 年）和托尔斯滕·斯托尔汉斯克两位将军[3]率领骑兵，对汉斯·普赫海姆（1605—1657 年）麾下的帝国军右翼[4]发起了毁灭性的进攻。瑞军前进甚速，普赫海姆根本没时间将部队部署到位。

帝国军第一线的几个团甚至在交战开始前就溃逃了，这导致第二线的萨

---

① 译注：据威尔逊，林克瓦尔德是一片树林，位于两军之间，系蒂利当年最后一搏之处。

② 译注：据威尔逊，即转向北方。

③ 译注：此二人分别指挥第一线和第二线。

④ 译注：原文疑误，瑞军右翼应当面对的是帝国军左翼。据威尔逊，普赫海姆确为帝国军左翼指挥官。

克森人也逃之夭夭。斯托尔汉斯克率军追击逃跑的帝国骑兵和萨克森人，而维滕贝里率领剩余瑞典骑兵返回瑞军战线后方①，支援埃里克·斯朗（1600—1642年）上校指挥的瑞军左翼。这一翼的前进原本更加从容镇定，但随着克罗地亚骑兵攻来，斯朗阵亡，这一翼承受了巨大的压力。指挥第二线骑兵的约翰·柯尼希斯马克将军（1600—1653年），在这一翼撑得足够久，到中午等来了维滕贝里。瑞军横扫敌军侧翼，迫使其向中军方向退却。

为恢复局面，利奥波德大公和皮科洛米尼率领亲卫队做出了绝望而失败的反击。大公险些命丧黄泉。树林以南的步兵陷入困境，短暂抵抗后投降。

瑞军通过粉碎性的骑兵冲锋赢得了战役。利奥波德在半数军队阵亡或被俘后才逃出生天。俘虏立即转入胜利方服役。一份资料称，托尔斯滕松——战马和缰绳几不离身——亲自率军对帝国军左翼发起冲锋，将其与步兵分割开来。[22]

瑞军伤亡4000人，而帝国军8000～10000人阵亡或被俘。后者也失去了全部46门火炮、战地金库、补给队。1642年12月7日，莱比锡落入瑞军之手，直到1650年仍然在其手中。战败的消息在德意志天主教徒心中注入了恐惧。[23]然而，像其他很多战役一样，它没有带来决定性的战略成果。

托尔斯滕松返回摩拉维亚，但随后得到了进攻丹麦的命令。在战争的最后几年，丹麦已经与帝国站在了一方。瑞典奇袭丹麦和挪威的原因，是惩罚丹麦加入皇帝阵营，并确保丹麦中止停战斡旋。

皇帝派兵前往北方支援他的新盟友。托尔斯滕松留下一支部队控制丹麦，向南回师，避开了帝国军，蹂躏哈布斯堡王朝在北方的领地。帝国军最终追上了托尔斯滕松，但在于特堡之役中惨败。

尽管瑞军现有海军优势，但一开始他们在斯堪的纳维亚半岛的作战并不顺利。霍恩从退役生活中被召回，率领1.06万人攻打斯科讷，即丹麦控制的瑞典南部部分地区。霍恩夺取了赫尔辛堡，封锁了马尔默，同时另一支军队占领了挪威的耶姆特兰省。斯科讷当地的民兵阻止了霍恩的前进，并开始袭击瑞典领土。挪威军队在陆地上封锁了哥德堡，一支丹麦舰队则部署在这座港口之外。

---

① 译注：威尔逊作"托尔斯滕松的步兵后方"。据他所附地图，维滕贝里原是在瑞军右翼，绕过了部队的后方，才能向左支援斯朗。

初次丹瑞海军交锋，以丹麦战胜了一支为瑞典服务的荷兰雇佣舰队而告终。① 一支 41 艘船的瑞典舰队，遭丹舰远距轰炸后撤退，受困于基尔湾。② 丹麦人将火炮运上陆地，从岸上炮轰瑞典战船。瑞舰现由卡尔·古斯塔夫·弗兰格尔将军（1646 年起为陆军元帅）指挥，他绞尽脑汁才成功地摆脱困境。③ 同时，皇帝派陆军元帅加拉斯率军援助丹麦人，虽然他们并没有结成正式的联盟。

克里斯蒂安四世国王准备自海上运送一支军队前往瑞典解救马尔默，并将霍恩自斯科讷省逐出。挪威的一次反击战已经将瑞军逐出耶姆特兰。

同时，瑞典舰队得到修缮，并与荷兰雇佣舰队残部会师，共计 37 艘船。1644 年 10 月 23 日，瑞军在费马恩岛发现了蒙特将军指挥的丹麦舰队。丹舰半数因冬搁置，只留下 17 艘不足员的船。突袭取得了全面成功，唯三艘丹麦船只逃脱。蒙特战死。

瑞典对丹麦的进攻，令它的法国盟友感到不快。1644 年 1 月，法国就已经与荷兰共和国达成了限制瑞典战果的协议，因为它们不希望波罗的海出入口由瑞典彻底掌控。1645 年 2 月，和平谈判在瑞典南部边境城市布勒姆瑟布鲁举行，8 月缔约。尽管在陆战中没有什么可观成果，但瑞典的全部要求几乎都得到了满足。它获得了波罗的海的奥塞尔岛和哥得兰岛，丹麦必须在 30 年内放弃位于瑞典西海岸的哈兰省，以作履约之担保。挪威人失去了耶姆特兰和海里耶达伦两省。

扬科夫战役

于特堡之战后，托尔斯滕松入侵波希米亚，1645 年 3 月 6 日在扬科夫遭遇另一股帝国军和巴伐利亚军。他在扬科夫面对的帝国军和巴伐利亚军，比之

---

① 译注：此事发生在新历 1644 年 5 月 26 日。

② 译注：此事发生在 7 月 11 日。据威尔逊，瑞舰来到基尔，本意是协助托尔斯滕松夺取费马恩岛，作为入侵丹麦诸岛的第一步。虽然丹麦获得小胜，但克里斯蒂安四世在此战中被炸掉一只耳朵和右眼。

③ 译注：此事发生在 8 月 12 日。据威尔逊，摆脱困境与风向变得有利有关。之前的瑞军舰队指挥官身负重伤，弗兰格尔作为陆军将领，是在托尔斯滕松的建议下执掌海军的。

前遇到的质量更高。双方势均力敌，均为 1.6 万人，陆军元帅哈茨费尔特在骑兵方面有微弱优势，而托尔斯滕松在步兵方面具有微弱优势。然而，瑞军火炮优势甚大，达到 60 ：26。[24]

瑞军依靠优秀且稳定的领导力赢得了战役，而敌方却犯下了若干错误，未能使行动相协调。托尔斯滕松的操作得到了树林的掩护，迷惑了帝国军指挥官，使得瑞军逐一地歼灭敌军分遣队。托尔斯滕松报告说他只损失了 600 人。帝国军失去了半数军队，其中 4000 人被俘。陆军元帅约翰·戈茨和其他 5 名高级军官——2 名上校和 3 名中校阵亡。帝国军指挥官哈茨费尔特和 5 名将军、8 名上校、14 名中校被俘。[25] 巴伐利亚骑兵老兵几乎尽数战殒。

三十年战争进入这一阶段，赎回被俘的高级军官已是司空见惯之事。交战方留着这些战俘得不到什么好处，交换战俘则成为一种财源。托尔斯滕松允许在扬科夫被俘的帝国军总参谋部全员恢复自由，从而换取 12 万王国塔勒赎金。[26]

1643 年，特兰西瓦尼亚与瑞典结盟，同意入侵匈牙利和西里西亚。瑞典鼓动此举的目的，是在托尔斯滕松打击丹麦时转移皇帝的注意力。虽然特兰西瓦尼亚的参战引起了较大恐慌，但它入侵匈牙利所遇到的抵抗出乎意料。特兰西瓦尼亚人在获得瑞典的积极支持前不打算更进一步。同时，他们接受了斐迪南的谈判提议。

在扬科夫战役结束并接受法国资助后，特兰西瓦尼亚更加活跃了。帝国军在扬科夫受挫的消息在维也纳导致了较大恐慌。大多数部队退往多瑙河后。5500 名市民和学生组成的民兵被召来增援 1500 人的要塞。[27]

托尔斯滕松抵达多瑙河时遭遇了麻烦。他的芬兰工兵习惯于缚住小船建造浮桥，但当地所有的小船已被移往河南岸。加入他的 1.42 万名特兰西瓦尼亚士兵不值得信赖。他也担心与基地的联系受阻，遂决定在等待增援之时夺取布吕恩。围攻期间，瘟疫爆发，夺走了 8000 个瑞典人和特兰西瓦尼亚人的生命。

同时，帝国与特兰西瓦尼亚恢复谈判。1645 年 8 月，皇帝的和平提议被接受了，这迫使瑞军取消围攻布吕恩。然而，在瑞丹和约的鼓舞下，托尔斯滕松决定再次尝试夺取维也纳。多瑙河以南的帝国军现已扩充到 2 万人以上，而此时重病缠身的托尔斯滕松仅有 1 万人左右。他放弃了进攻的尝试，挥师向北，经过萨克森，进入图林根。在这里，他将驻德瑞军的指挥权交给陆军元帅卡尔·古斯塔夫·弗兰格尔（1613—1676 年）。

三十年战争开始归于平静。谨慎的法国元帅蒂雷纳与弗兰格尔合作，蹂躏巴伐利亚，迫使 73 岁的马克西米利安求和。弗兰格尔担心这样的停战将导致法国退出战争，故而反对停火，但最终还是松了口。1647 年 3 月 14 日，《乌尔姆休战协议》达成了。

勃兰登堡和萨克森已经被迫与瑞军休战——勃兰登堡是在 1641 年，现由选侯腓特烈·威廉统治；萨克森是在 1645 年，因扬科夫之战后遭到孤立。休战条款宽容得很。瑞典接受了萨克森的中立，换取了后者每月向瑞典驻莱比锡守军的 1.1 万塔勒供款和过境萨克森的自由权。作为回报，瑞典同意解除对马格德堡的萨克森守军的围攻。[28]

弗兰格尔对《乌尔姆休战协议》有效性的怀疑被证明是正确的，因为法国从中获得了大部分利益。法瑞关系也因 6 个法国骑兵团在"讨薪暴动"中变节而恶化。这些团加入了瑞军旗下！ 1647 年 9 月 7 日，皇帝收买了马克西米利安，破坏了《乌尔姆休战协议》。

马克西米利安的违约又改善了法瑞关系，蒂雷纳元帅和弗兰格尔联合入侵巴伐利亚。帝国军由出类拔萃的陆军元帅彼得·梅兰德（1589—1648 年）指挥。他现在统领着哈布斯堡王朝在德意志剩下的最后军队，不足 1.6 万人，马匹仅可供约三分之一骑兵使用。联军有 2.2 万名士兵，优势显著，在楚斯马斯豪森村庄①附近的茂密林区追上了帝国军。雷蒙多·蒙泰库科利（1609—1680 年）将军指挥正在撤退的帝国军的后卫，精神抖擞地执行着他的任务。在 6 个瑞典骑兵团和 3 个法国骑兵团的追击下，他最终遭到了侧翼包抄。梅兰德率领部分军队转变方向，为后卫军解围，但胸部遭受重伤。后卫军的行动，为丧失斗志的帝国军残部躲到事先准备的堑壕后争取了必要的时间。夜幕降临后，他们继续撤退，抛下了火炮和辎重队。②

虽然联军没能在楚斯马斯豪森摧毁帝国军，但帝国军的败局是不可避免

① 译注：位于奥格斯堡近郊。
② 译注：楚斯马斯豪森战役发生在 1648 年 5 月 17 日。

的。联军数次尝试渡过莱希河，均被帝国军残部击退，直到弗兰格尔复制了古斯塔夫的成功经验，派骑兵泅渡过河。当帝国军前哨报告说联军已经全体渡过莱希河时^①，运气站在了弗兰格尔一方。此时指挥帝国军的约布斯特·格龙斯费尔德（1598—1662 年）将军撤往英戈尔施塔特，将巴伐利亚南部抛弃给联军。帝国军在撤退途中瓦解，有效兵力降至 5000 人。

帝国显然已经陷入困局，格龙斯费尔德被撤职，其后又有多位继任者，直到陆军元帅皮科洛米尼稳定就职。与此同时，联军蹂躏着除慕尼黑之外的巴伐利亚，以逼迫马克西米利安屈服。他和自己的宫廷已经逃往萨尔茨堡。

最后，帝国军和巴伐利亚军还是能够恢复到 2.4 万人的联合兵力。蒂雷纳和弗兰格尔缓缓退却，避免形势逆转使得和平谈判复杂化。瑞军仍在围困布拉格。

《威斯特伐利亚和约》

皇帝最终同意签订所谓的《威斯特伐利亚和约》，这是历经多年磋商而成的多份文件。事实上这是两份条约，帝国与瑞典通过《奥斯纳布吕克条约》和解，与法国通过《明斯特和约》和解。1648 年 10 月 24 日，各方正式签字并立誓遵守。

然而，几乎 6 年后，最后一支外国守军才离开德意志，因为乡野之中散布着无所事事又无法无天的雇佣兵。尽管三十年战争结束了，和平却没有重返欧洲。英格兰和苏格兰发生了叛乱，法国陷入了投石党的内战。此外，1648—1656 年间，瑞典人、俄国人、哥萨克一波波地入侵波兰和立陶宛，给当地多达三分之一的人口带来了死亡。波兰人铭记这段"洪祸"时代，将其视为他们悲惨历史中最糟糕的祸乱。^[29]

通过《威斯特伐利亚和约》，瑞典在北德得到了若干重要领地，主要在波美拉尼亚。获得不莱梅，使瑞典在北海赚得一处基地。如古斯塔夫所希冀的那样，条约也使波罗的海成了瑞典的内湖，至少短期内如此。1648 年，瑞典驻

---

① 译注：这是误报，使帝国军高估了事态的严重性。参阅威尔逊《欧洲的悲剧：三十年战争史》。

德兵力约 7 万，近半因战略需要而分散在 127 处要塞或据点。[30] 部队驻扎之处，需要支付供养费。德意志和帝国必须支付巨款，才能换取他们的撤退或解散——帝国支付 1500 万塔勒，德意志各地社群支付另外 500 万。若要加速撤军，还需额外付款。[31]

不足为奇的是，唯一全盘拒绝《威斯特伐利亚和约》的势力就是教廷。教皇英诺森十世斥之为"在一切时代都是无效、不公、该死、堕落、疯癫、空洞的"。[32] 天主教诸国委婉地忽视了他。

佩格登写道，战场上的失败迫使欧洲的基督教会放弃了它们对个人价值判断的控制权。[33] 可以说，在现在的 21 世纪，我们又回到了有组织的宗教非常活跃地影响信徒个人的政治倾向的时代。

人口损失

毫无疑问，三十年战争是一场高度毁灭性的事件。破坏的程度和死亡的数字则是争论激烈的话题。[34] 之前一些关于大规模暴行、瘟疫和离奇的人口损失的说法，很可能是因为各种原因而夸大了。但近年来对同时代记载加以掩饰的倾向同样有损历史的准确性。"毕竟也没那么差"这种观点的基础，是较大地忽视同时代的记载，并使用战争前后人口的可疑数据。

常被忽视的是，即便根据一些新近研究者详细讨论的比例，仅德意志的死亡人数就仍然相当于现在人口基数上的 1800 万，比两次世界大战中德国的人口损失还要多。这也超过了黑死病期间的死亡率，当时城市的死亡率为 25% ~ 35%，很多乡村地区更低。[35]

蒙特罗斯在 20 世纪 50 年代描绘了三十年战争结束时德意志的骇人图景[36]：

> 每个月，除了被放纵的丘八打残和杀害的人之外，瘟疫和饥荒也带走了成千的受害者。食人盛行，饿疯的民众将绞刑架上的尸体撕扯而下。在整个莱茵兰，由于人肉交易，连墓地都要保持戒备。

蒙特罗斯对食人现象的一些描述，无疑是立足于不可信的资料。然而，他的结论"可以确信，还没有其他哪个近代欧洲民族有过这样集中的残酷战争体验"肯定是说到点子上了。[37]他继续提到,波希米亚声称其损失了75%的人口,拿骚80%,符腾堡83%,巴伐利亚估计有8万家庭惨遭灭门,帕拉丁苦难最深的那些地区仅有20%人口幸存。他承认这些数字肯定是有所夸大的。

韦奇伍德反驳了德意志帝国的人口从1600万降到400万的说法。他指出,1618年的人口大约是2100万,1648年可能低于1350万,净损失750万,或者说超过33%。他承认,由于统计的缺陷和暂时的移民,这些数字难以得到准确证实。[38]同样要记住,一些地区,尤其是北德的大城市,幸免于最惨烈的战祸,而帕拉丁和波希米亚等地则遭到严重摧毁。

斯坦伯格是最激进的修正派史学家之一,他以如下按语为他简短的书籍作总结:

简言之,我们的历史书中要把食人删掉。巨量的人口损失、彻底的经济毁灭、文明的崩溃和其他所有关于"三十年战争"的迷思,统统都要删掉。[39]

克里斯蒂娜女王

为未成年的克里斯蒂娜担任首相和监护人的阿克塞尔·奥克森谢尔纳,是古斯塔夫死后8年的实际统治者,尽管名义上不是。一开始,他与克里斯蒂娜的关系良好。但随着她慢慢长大,情况就不同了。与女王储的争执最终导致了他的失势。

1644年,克里斯蒂娜18岁了,达到了担任女王的年龄。所有资料都说她不为人民服务。她扩大贵族群体,并让新贵族获赐的国有土地享受免税政策,从而被指责毁灭了瑞典经济。政府的财源主要来自大量王室土地,而克里斯蒂娜将这些土地分给宠臣,导致国家收入永久地减少了,每年减少不低于20万磅。[40]农民境地悲惨。在17世纪大部分时候盛行的寒冷天气,导致了1649年的一次歉收,使局面进一步恶化。农民要求贵族返还从国家获得的全部土地,低级贵族和教士也加入其中。另一方面,高级贵族面对农民削减其财产的诉求,要求得到女王的保护。双方都向女王申诉。她处于政治斗争的漩涡中。

克里斯蒂娜膝下无子,也不打算结婚。17世纪50年代初,她安排表哥卡尔·古斯塔夫[41]继承她的王位,瑞典贵族表示同意。随后,克里斯蒂娜在

1654 年突然退位，并改宗天主教！将国家交给卡尔十世·古斯塔夫后，她前往罗马，并于 1689 年去世。

战争财政

一套大规模且强有力的军事建制以及随之而来的战争，需要耗费金钱——流水般的花钱。古斯塔夫为其征服行动花费资金的基本原则已在第三章提及——以战养战。这一理念的成功超出了最狂野的想象，对解释一个又小又穷的国家为何能撑起重大的战争并维持强大的军事建制大有帮助。这一原则可归结为让其他国家支付瑞典的战争开销——无论它是敌是友，甚或是中立国。

财源主要是德意志。无论是被占领的敌国领土，还是盟友领土，都有巨量的金钱和补给被攫取。城市上交保护费。盟友或友邦——如法国与荷兰——为战争提供它们本想避免的资金。虽然这些补助在整个战争财政中只是个次要因素，但在紧要关头却极为有用。中立国也是间接的出资者。它们不得不在波罗的海港口支付高额关税，这些港口在三十年战争或更早的瑞波战争中被瑞典人接管。

斯文·伦德奎斯特估计，布赖滕费尔德战役后，德意志每年贡献了瑞典固定预算的 10 ～ 12 倍。[42] 这种资助战争的方式具有惊人的影响，下述事实或许最能说明这一点：1630 年，瑞典政府不得不从税款中为德意志战争支付 280 万王国塔勒，截至 1633 年，这个数字降至 12.8 万。[43]

只要海尔布隆同盟发挥作用，奥克森谢尔纳首相就可以非常成功地将瑞典的花费转嫁给同盟成员。占领区的巨量贡物，也被利用、交易或变卖，换取了付给瑞典国库的大额款项。[44] 瑞典人仍然得从自家的资源中筹措资金，以防御本土和波罗的海诸省、维持海军、支持国产武器。在德意志战争的最后几年，这些开支不超过国家预算的 35%，仅有 4% 的预算用于支持在德行动。[45]

没收或抢来的巨量战利品也流向瑞典。罗伯特·弗罗斯特描述了 1648 年从布拉格送往北方的战利品数额。雕刻工艺品、高端时钟、珠宝、数学仪器、名家画作列成了长长的清单，与之相伴的还有 12 桶金币和 2.5 吨白银。[46]

"贡赋"制度在战争早期或许运行良好，但在古斯塔夫死后，当他的追随者采取了非常极端的措施时，效果恐怕就没这么好了。同时，在同一块富庶领土上反反复复作战，掠夺行动就不是那么有利可图了。

　　"贡赋"制度只有在瑞军取胜之时才有令人满意的效果。从讷德林根战役到维特施托克战役之间的低潮期，"贡赋"枯竭。只有法国的补助才使瑞典能够转运。罗伯茨评论道："只要瑞典继续获胜，它就可以指望在自身花费很少的条件下赢得胜利。撤退和败仗扰乱财政平衡，和平则将之摧毁。"[47]

注释:

[1] Sprague, *op. cit.*, pp. 128-129.

[2] Wilson, *The Thirty Years War*, p. 513.

[3] J. V. Polisensky, *The Thirty Years War*, Translated from the Czech by Robert Evans. (Berkeley: University of California Press, 1971), p. 198.

[4] Wilson, *The Thirty Years War*, p. 514, 此处主要是指德罗伊森的两卷本《魏玛的伯恩哈德》, 1885年版。

[5] Montross, *op. cit.*, p. 285.

[6] Wilson, *The Thirty Years War*, p. 516, referencing J. Öhman, *Der Kampf um den Frieden. Schweden und der Kaiser im Dreissigjährigen Krieg* (Vienna, 2005), pp. 51-54.

[7] Wilson, *The Thirty Years War*, p. 515 and Dupuy, *Gustavus Adolphus*, p. 150.

[8] See Golo Mann, *Wallenstein: Sein Leben erzählt* (Frankfurt am Main: S. Fisher Verlag, 1971), pp. 1087-1127 and Liddell Hart, *Great Captains*, pp. 196-203.

[9] Delbruck, *op. cit.*, volume 4, p. 211认为帝国军和西班牙军队有4万兵力; Wilson, *The Thirty Years War*, p. 545认为总兵力为3.55万人; Montross, *op. cit.*, p. 285的记述是3万人。

[10] Delbruck, *op. cit.*, volume 4, p. 210.

[11] Wilson, *The Thirty Years War*, p. 547.

[12] Delbruck, *op. cit.*, volume 4, p. 211.

[13] *Loc. cit.* 认为瑞军损失在1万～1.2万人; Dupuy and Dupuy, *op. cit.*, p. 540.认为伤、亡、俘的数量为2.1万人; Wilson, *The Thirty Years War*, p. 549写道只有约8000人阵亡。

[14] Montross, *op. cit.*, p. 285.

[15] Delbruck, *op. cit.*, volume 4, p. 211.

[16] Wilson, *The Thirty Years War*, p. 581.

[17] *Loc. cit.*

[18] Delbruck, *op. cit.*, volume 4, pp. 212-213.

[19] *Ibid*, p. 214.

[20] Wilson, *The Thirty Years War*, p. 583.

[21] Montross, *op. cit.*, p. 289.

[22] *Ibid*, p. 290.

[23] Wilson, *The Thirty Years War*, pp. 636-638.

[24] Delbruck, *op. cit.*, volume 4, p. 215.

[25] *Loc. cit.*

[26] Parker, *Thirty Years War*, p. 203.敌方赎回一位将军的通行价格大约为 2.5 万王国塔勒。

[27] Wilson, *The Thirty Years War*, p. 696.

[28] *Ibid*, p. 705.

[29] Pagden, *op. cit.*, p. 306.

[30] Parker, *The Military Revolution*, p. 168.

[31] Wilson, *The Thirty Years War*, pp. 770-773.

[32] Theodore K. Rabb, *The Struggle for Stability in Early Modern Europe*, (New York: Oxford University Press, 1975), p. 81.

[33] Pagden, *op. cit.*, p. 308.

[34] Stephen J. Lee, *The Thirty Years War*. Lancaster Pamphlets (New York: Routledge, 2001), pp. 53-58.

[35] Robert S. Gottfried, *The Black Death: Natural and Human Disaster in Medieval Europe* (New York: The Free Press, 1983), pp. 68-69.

[36] Montross, *op. cit.*, p. 285.

[37] *Ibid*, p. 286.

[38] Wedgwood, *op. cit.*, p. 496.

[39] S. H. Steinberg, *The Thirty Years War and the Conflict for European Hegemony 1600-1660* (New York: W. W. Norton & Company, Inc., 1966), p. 122.

[40] R. Nisbet Bain, *Charles XII and the Collapse of the Swedish Empire, 1682-1719* (Nabu Public Domain Reprints, 2010), p. 7.

[41] 卡尔·古斯塔夫的父母是茨魏布吕肯的约翰·卡西米尔和古斯塔夫的妹妹卡塔琳娜。

[42] Sven Lundkvist, "Svensk krigsfinasiering 1630-1635", in 1966 *Historisk Tidsskrift*, p. 410 as quoted in Roberts, *The Swedish Imperial Experience*, p. 52.

[43] *Ibid*, p. 385.

[44] Roland Nordlund, *Krig genom ombud. De svanska krigsfinaserna och Heilbronnförbundet 1633* (Uppsala, 1974), as quoted by Roberts, *The Swedish Imperial Experience*, p. 53.

[45] Roberts, *The Swedish Imperial Experience*, p. 53.

[46] Frost, *op. cit.*, p. 134.

[47] *Ibid*, p. 54.

保卫帝国——卡尔十世和卡尔十一的统治

截至 1648 年所取得的显赫地位，是在艰难的条件下，通过反击中欧和东欧最强大国家的联盟而保持的。

——罗伯特·I. 弗罗斯特

从瑞典崛起为一流军事强国，到它在卡尔十二统治之初的大北方战争中开始迅速衰落，这段时期在本书中有两章涉及，这里是第二章。前一章讲述了 1632 年古斯塔夫·阿道夫战死后的三十年战争，这一章讲述 1654 年卡尔十世继位到 1697 年卡尔十二践祚之间的时期。在这 43 年中①，发生了很多对未来的欧洲历史影响重大的事件，但像前一章那样，由于篇幅限制，它们不得不被压缩。

三十年战争的结束没有终结欧洲的冲突。对瑞典而言，这场战争的结束开启了一段需要两代人致力保卫其艰辛战果的时期，因为虎视眈眈的国家——包括之前的敌人和朋友——试图让瑞典丧失到手的成果。70 年来基本没有中断过的战争，随着《威斯特伐利亚和约》的签订而告终，却又见证了另一段长达 70 年的几乎未断的战争的开启。

---

① 译注：原文为"49 年"，显误，已径改。

瑞典国内改革的开始

1654 年，当卡尔十世·古斯塔夫开始统治时，他发现国家离破产只有一步之遥。他的统治只在 6 年后就随着他的死亡而结束。克里斯蒂娜女王在国内的施政不当已经导致税基的缩小和巨额金钱的靡费。军事的或非军事的大贵族阶层扩大了，他们大发战争横财。宫殿般的豪宅在全国涌现，尤其是在斯德哥尔摩城内和附近。王室土地的分配导致了税基的缩小，而这种短缺一如既往地转嫁到政治力量较弱的中低阶层。1655 年，大贵族阶层控制了瑞典 72% 的农地，全部免税。[1] 下层贵族也被疏远了，因为该阶层发现他们的上升机会几乎不存在，高级贵族对高级职位保持了事实上的垄断。[2]

与枢密院的建议不同，卡尔十世采取了意料之外的行动，以解决国家的财政问题。通过强迫大贵族阶级同意局部削减他们拥有的土地，他扭转了始于古斯塔夫并大大加速于他的女儿治下的那种趋势。这项行动让他在下层阶级和低级贵族中极受欢迎，但在大贵族阶层中就不是这样了。改革由其继承者继续推行，其最终结果令人大开眼界。截至该世纪末，上层贵族手中的免税土地降到了 33%，而拥有自己土地的缴税的工人和农民数量多了一倍。[3]

返归王室控制的土地成为整顿征兵制——"indelningsverket"，或者说是"派役制"——的基础。为了实施改革，一个新的政府部门建立了。唐宁对这一制度有着简洁的解释 [4]：

> 每一名士兵和军官要么获赐一片土地（来自王室收回的那些土地），要么从一片土地中获得一定比例的收益。由此产生的是一个自耕农民兵的网络，可以提供近 10 万军队，整合进一丝不苟的国家动员计划，只需要低程度的集权组织就能在战场上表现良好。

这套组织以调整后的形式继续存在，直到 1901 年建立强制兵役制为止。它的弱点就是缺乏高效的补给服务。补给仓极少，在危急时刻很快就为之一空。没有古斯塔夫时代运作甚佳的中央后勤指挥结构、国内资源开发制度和国外资源调动条款。卡尔十世时期的战争主要是依靠贷款。[5]

像普鲁士和法国那样选择一支集权化的国家常备军，从军事效率的角度来看是更可取的。中央集权制对于那些农民并非自由持有者的国家大为有利；地主与农民的关系是压迫性的。对于普鲁士、法国、奥地利，选择对国王更加忠诚的常备军，比依赖朝三暮四的民兵更简单、更可靠。它也为强制征税、集权化的后勤系统、全面且系统化的国家资源开发留出了空间。国内资源的调动并不是瑞典打算接受的制度——这将损害君主制所立足的自由与宪制合法性。在普鲁士和法国，它们采取的制度导致了军事–官僚专制主义和它在 18、19 世纪众所周知的后果。[6]

瑞典的政府与宪法几乎完整地度过了三十年战争。虽然宪政制度在卡尔十一与卡尔十二统治时期与绝对君主制产生龃龉，但它的基本成分仍然完整。

无论瑞典存在何种形式的绝对君主制，它都是建立在平民主义的基础上，通过正常运转的地方政府和议会而行使。不存在我们在那些军事–官僚专制国家里见证的社会剧变。当瑞典的农民与工人感到不满时，他们有发泄情绪的政治途径，从而避免了社会动荡。简言之，瑞典以完备的宪政自由进入了18世纪。

卡尔十世的波罗的海之战

卡尔十世和他儿子卡尔十一的波罗的海之战，对于一位军事作家而言是极为棘手的。西方的军事史家只在俄国和普鲁士崛起后才对东欧表现出了一些兴趣，因为这些事件对西欧有直接影响。西方（英国）的军事史家并不谈论东欧，高人气的军事史作品——甚至包括汉斯·德尔布吕克的多卷本之作——几乎没有提及波尔塔瓦战役前的东欧。这是一个严重的疏漏，因为波罗的海、波兰、俄国发生的漫长而血腥的斗争，以及瑞典最终的失败，为俄国与普鲁士的崛起提供了必要的先导。虽然我使用了各种各样的瑞典语、挪威语和德语资料，但我高度依赖罗伯特·I. 弗罗斯特的作品。我只在自认有必要之时提供注解。

庆祝与荷尔斯泰因郡主黑德维希·埃莱奥诺拉的婚礼后，卡尔十世动身前往欧陆，开启一场他从未结束的战争。他已经下决心完成古斯塔夫将波罗的海化为内湖的政策。为实现这一目标，他希望在利沃尼亚和波美拉尼亚之间建立一座陆桥，而这需要兼并处于中间的所有波兰领土。

波兰曾试图在瑞典深陷三十年战争时乘人之危。瓦迪斯瓦夫（齐格蒙特三世之子）已经聚集了 2.4 万大军，一边谈判，一边磨刀霍霍。为了避免战争，瑞典在 1653 年接受了《斯图姆斯道夫条约》。它提供了 26 年的停战期，并要求将东普鲁士全境和德维纳河以南的利沃尼亚归还波兰。这些土地，以及更多的土地，正是卡尔十世想恢复瑞典控制力的地方。

波兰正在处置一场哥萨克叛乱，且卷入了与俄国的战争，瑞典国王因此感到时机已到。这番局势看起来大有轻易取胜之希望。但是，行动必须快，因为瑞典无法长时间依赖昂贵的雇佣军。卡尔十世选择了多线进攻，由此避免了在普鲁士海岸实施危险登陆。马格努斯·德拉加尔迪将军将率 7200 名士兵从利沃尼亚入侵波兰。同时，陆军元帅阿尔维德·维滕贝里率领近 1.4 万人，穿过勃兰登堡向东进发，7 月 21 日越过波兰边界。7 月底卡尔十世率领另外 1.27 万人离开波美拉尼亚前往波兰时，维滕贝里已经取得了最初几场胜利。

波兰人面临着绝望的形势，东、南两面有敌人困扰，现在又有敌人自西而来。俄军在立陶宛推进，击退了人数远远不足的陆军元帅雅努什·拉齐维乌所部立陶宛军。立陶宛人撤往首都维尔纽斯，但此处于 8 月 8 日沦陷。第二天，沙皇阿列克谢·米哈伊洛维奇耀武扬威地入城了。[7] 瑞典人尝试与西吉斯蒙德三世之孙、国王扬·卡齐米日达成谅解，从而协力抗俄，但都像以前那样由于对立的王位诉求而宣告失败。

事实上，波兰人没有办法抗击瑞典的三路入侵。波兰大部分正规军，9000人出头，仍然在乌克兰试图解决哥萨克和俄国人。维滕贝里的进军几乎畅通无阻。7 月 25 日，波兰部队在乌伊希切投降了。随后轮到了波兹南和卡利什①。当 8 月 24 日卡尔十世与维滕贝里会师时，这些城镇已经有了瑞典守军。波兰全境在瑞典国王面前门户洞开。

同时，拉齐维乌执行了一项酝酿多时的计划。他认为，波兰人在乌伊希切投降，代表着波兰终究还是背叛了立陶宛。8 月 17 日，他签订了《凯代尼艾条约》，接受了瑞典的保护。10 月 20 日，拉齐维乌签署了第二份条约，承认卡尔十世为立陶宛大公，宣布与瑞典联合。毫无疑问，卡尔意识到自己针对立陶宛的行动将使他与俄国发生冲突，但他貌似能够坦然接受这种后果。

---

① 译注：原文"Lalisz"，查无此地，疑为"Kalisz"之误。

拉齐维乌的投降只是表面看起来很重要。大多数立陶宛人不赞同他的行动，很快就与入侵者产生了冲突。很多立陶宛军队在赫特曼帕维乌·扬·萨皮埃哈麾下集结，并得到了农民武装的增援，对易受攻击的小型瑞典要塞实施了成功的游击战。

波兰政府全面混乱，濒临崩溃。枢密院甚至向哈布斯堡提供王冠，希望得到神圣罗马帝国的支援。随着俄军和哥萨克逼近利沃夫，卡齐米日国王放弃了华沙并迎击瑞军。在与瑞典前锋发生了一些散兵交战后，波军撤往克拉科夫。9月8日，卡尔国王进入华沙，但转眼之间就去追击波兰国王了。

9月16日，扬·卡齐米日在扎尔努夫驻足抵抗。瑞军击退了波兰骑兵的一次冲锋，之后一场暴雨破坏了行动。兰茨科龙斯基和科涅茨波尔斯基两位将军使出浑身解数救援克拉科夫，但于10月3日被瑞军击败，其时扬·卡齐米日已逃往西里西亚。这座波兰古都① 在10月19日投降了，波兰正规军放弃了抵抗。24日，科涅茨波尔斯基在克拉科夫附近以5385人投降。两日后，兰茨科龙斯基以1万人投降。[8] 波兰本土几乎全部落入瑞典之手。

在柏林，勃兰登堡大选侯腓特烈·威廉见证了波兰全盘崩溃之象，对他持有的波兰采邑王室普鲁士② 感到忧心忡忡。他已经将他在勃兰登堡的军队扩充至1.4万人。1655年10月，他从勃兰登堡出发，进军王室普鲁士。在11月12日的《林斯克条约》中，他与王室普鲁士的贵族结成了防御同盟。这干扰了卡尔十世夺取波罗的海南岸的计划，对此他不能坐视不管。他打算将王室普鲁士也变为瑞典的省份。

10月，为了控制普鲁士，卡尔十世从克拉科夫北进。截至12月，瑞典控制了但泽和马林堡以外的王室普鲁士全境。像托伦和埃尔宾这样的城市，并非林斯克联盟的一分子，在11月就投降了。马林堡在1656年3月沦陷。卡尔十世对腓特烈·威廉发起了追击。勃兰登堡军事指挥官乔治·腓特烈·冯·瓦尔德克力谏大选侯迎战瑞军，但腓特烈·威廉反而接受了瑞典的条款，于1656

---

① 译注：指克拉科夫，其作为波兰首都有500多年。1596年，齐格蒙特三世才迁都华沙。

② 译注：此处有误。王室普鲁士（西普鲁士）是波兰王国直属的普鲁士，普鲁士公国（东普鲁士）才是腓特烈·威廉的采邑。

年 1 月 17 日签订了《柯尼斯堡条约》。该条约将王室普鲁士恢复至先前作为波兰采邑的地位，并让选侯成为"波兰保护者"卡尔十世的封臣。这一切都在 1656 年 1 月结束前完成了。勃兰登堡以瑞典属国的身份①在战争中担当瑞典的盟友。

像之前和之后的很多例子那样，卡尔十世发现：打败波兰易，征服波兰难。卡尔麾下军队的所作所为导致了很多问题，但他本人同样负有重大责任。虽说卡尔十世的军队可能纪律严明，有报告称在一个月内就有很多人遭到处决，大多数是因为轻微的违纪[9]。但瑞典人实施暴行和杀戮、毁坏教堂和修道院、洗劫公私财物，包括瑞典需要拉拢的那些贵族的财物，使波兰人怒火中烧。贵族很快在全国范围组建了军事分遣队，以游击战骚扰瑞典人。

为支付雇佣军的军饷而强取豪夺，助长了民众酝酿的不满。华沙被要求支付 24 万兹罗提，比岁入高了好几倍。克拉科夫被要求支付 30 万兹罗提。当有人告诉卡尔十世这笔钱不可能凑齐后，为了满足要求，他下令夺走教堂的贵重物品。[10]

瑞军不仅仅要出资维持雇佣军，已经投降的波兰正规军士兵也要求拿到参加波军以来的欠饷。以战养战之策在波兰运行得不如三十年战争期间在德意志那般顺利。第一，瑞军的纪律变差了；第二，所要求的"贡赋"太多了。这对于富庶的德意志诸侯国和城镇或许是合适的，但波兰的城镇并不富裕。

瑞典人的行径再次激起波兰人的反抗。很快，扬·卡齐米日从流亡中回国，曾为瑞典人服役的波兰军队也离开了瑞军。到了 1656 年 4 月，爱国热忱再创新高。然而，对于波兰人而言，形势看上去并不乐观。这个国家的所有大城市，除了个别例外，均在敌人手中——要么是瑞典人，要么是俄国人。其中一个例外就是但泽，但它与内地的贸易线已被切断。

扬·卡齐米日回国的消息促使卡尔十世率军 1 万人匆忙从普鲁士返回波兰。打了一些较小的胜仗后，瑞典人在扎莫希奇城堡被击退，随后在桑多梅日

---

① 译注：此处说法或为误解"共主邦联"所致。按文意，似应说普鲁士成为瑞典属国，而不能说勃兰登堡成为瑞典属国。勃兰登堡一直是神圣罗马帝国的一个邦国，普鲁士公国与勃兰登堡虽由一人兼二主，但此时在法理上仍未合并为一国。

附近被优势敌军封锁于桑河与维斯图拉河形成的三角形区域中。卡尔十世凭借杰出的能力，付出惨重的代价，才在封锁圈完成前突出重围，撤往普鲁士。途中，他遭受了波兰骑兵和游击队活动的骚扰。回到普鲁士时，他仅有4000人。剩余的瑞典军队散布在波兰各地的要塞中。

1656年6月，扬·卡齐米日占据华沙，夺取了小小的瑞军要塞。卡尔十世现在争取到了新盟友——勃兰登堡的腓特烈·威廉，兵力已扩大到1.8万人，于7月底发起了重夺华沙的作战。卡尔十世和大选侯已于6月25日在马林堡缔结盟约。虽然腓特烈·威廉仍是卡尔十世的封臣，但他在王室普鲁士得到了享有完整世袭权利的新增领土。

瑞典人从先前的瑞波战争和三十年战争中学到了经验。1655年，瑞典带到波兰的军队极度倚仗骑兵——逾四成瑞军是骑兵，这个比例还随着增援部队的抵达而上升。卡尔在华沙战役中的步兵仅有5500人。虽然这有助于机动作战，但卡尔十世大多数时候似乎都是对敌人的动作做出反应，而不是按作战计划行事。

扬·卡齐米日和陆军元帅斯特凡·恰尔涅茨基在华沙的兵力据称有5万。[11] 弗罗斯特依据波兰资料，将这个数字定为4万。无论是哪个数字，波军都有超过2∶1的决定性优势，因为联军只有1.8万人。波军同样非常倚仗骑兵，而步兵仅有4500人。鉴于瑞军的火力，恰尔涅茨基谨慎避免敞地作战，但国王否决了他的意见。[12]

卡尔十世与腓特烈·威廉的军队在维斯图拉河东侧，位于河对岸的华沙以北约10公里。扬·卡齐米日在首都附近渡河，意在进攻瑞军侧翼。恰尔涅茨基和2000名骑兵被分遣至西岸，防止瑞军从这一方向攻来。

尽管兵力严重不足，卡尔十世仍然先发制人。7月28日早晨，他沿着维斯图拉河东岸向南行军，正面进攻沿河流附近一片开阔地带掘壕固守的波兰步兵。但正面进攻失败了。

次日，经过一番只能由高度机动的军队实现的精彩而冒险的操作，卡尔十世率领全军穿过比亚沃文茨基森林向左移动，使瑞军攻向了波兰右翼。波兰人发现瑞军的行动后，以骠骑兵发起反击，攻向瑞军的"乌普兰"和"斯莫兰"骑兵团。瑞军骑兵布置为三线，在三十年战争中也通常如此，这可以兼顾纵深和灵活性。骠骑兵暴露在联军步兵的火力下，向瑞军骑兵猛攻，冲入了第一线，却停滞不前。当他们试图突入第二线时就被击退了。

扬·卡齐米日没有继续进行骑兵冲锋，也没有从后备军中拨出增援。他貌似已经断定这一仗打输了，开始经过维斯图拉河上的桥梁撤退，在东岸留下一支骑兵掩护行动。

7月30日，战役第三天，瑞军席卷了维斯图拉河东侧的开阔平原，打散了波兰与立陶宛的骑兵掩护队伍。这些部队沿河逃往南北两个方向。扬·卡齐米日一年中第二次放弃了华沙。虽然没有可靠的伤亡数据，但伤亡似乎并不严重。

虽然三日的华沙战役是瑞典的辉煌胜利，震惊了欧洲，但它并非决定之战，对战争影响不大。联军继续追击，8月10日夺取了拉多姆①。但腓特烈·威廉拒绝继续深入波兰内陆。由于勃兰登堡军队占联军的近半兵力，卡尔十世被迫放弃作战。大选侯这么做或许有两个原因：第一，进入波兰内陆的行动有风险；第二，瑞典占优不符合他的长远利益。

卡尔十世决定撤往王室普鲁士，带走了桑多梅日地区一些小型的、孤立的卫戍部队，同时加强了克拉科夫的守军。但泽仍然坚持抵抗，迫使其投降无望，因为7月下旬30艘荷兰战舰的到来以及较小的丹麦舰队的加入，打破了瑞典的海上封锁。荷兰也派来了1300名士兵增援但泽守军。所有这一切均是为了保障自由贸易，任何一方都没有宣战。

1656年8月，扬·卡齐米日派陆军元帅文岑蒂·戈西耶夫斯基率领1.3万名骑兵进入王室普鲁士，惩罚腓特烈·威廉加入瑞军的不忠行为。他踩躏了一支较小的瑞典–勃兰登堡军，造成联军伤亡约5000人。反过来，10月22日，他又在菲利普夫被9000名瑞军击败，撤往立陶宛。

1657年2月，捷尔吉·拉科齐亲王领导下的特兰西瓦尼亚加入了瑞典一方，以3万人穿越喀尔巴阡山脉。然而，这次参战是一场灾难。7月，特兰西瓦尼亚侵略军被波军包围，被迫投降。撤回特兰西瓦尼亚时，残部被鞑靼骑兵摧毁。

---

① 译注：原文"Random"，查无此地，疑为"Radom"之误。

176

拉科齐仅以 400 名骑兵逃脱。

对瑞典人而言，局势开始崩坏。他们的波罗的海行动被视为对《威斯特伐利亚和约》脆弱而微妙的政治解决方案的威胁。旧有的敌人也决心报仇雪恨。5 月，俄国对瑞典宣战。沙皇的目标之一，是在扬·卡齐米日死后争夺波兰王位。在北方，瑞典兵力不足，无法对付俄国大军的三路入侵。俄军主力 3.5 万人在 7 月夺取了丢纳堡，次月攻克了科肯豪森，随后围攻里加。[①] 他们没能拿下这座固若金汤的城市。一支 1.5 万人的俄军围困了多尔帕特的小要塞。10 月，它在一场英勇的保卫战后投降。俄军在爱沙尼亚、利沃尼亚和芬兰南部发起了酷烈的袭击。

1657 年春，神圣罗马帝国也派出 1.2 万名士兵，支援波兰夺回克拉科夫。1657 年 6 月 1 日，丹麦向瑞典宣战，同步发起了对不莱梅和瑞典南部的入侵。很快，选侯腓特烈·威廉也背弃了瑞典。瑞军撤出波兰，以保护波罗的海沿岸的其他地区。[13]

卡尔十世的斯堪的纳维亚之战

卡尔十世不但没有求和，反而向其大敌丹麦发起进攻，震惊了欧洲。1657年 7 月，他越过荷尔斯泰因边界，将丹军逐出不莱梅。丹麦大部分军队已经调往斯堪的纳维亚半岛，打算趁瑞军在波罗的海省份手忙脚乱时征服瑞典，此时卡尔十世从南方对丹麦发起出其不意的攻击，实在是战略上的大手笔。要不是外力介入，它本来可以很好地终结反瑞联盟。

确保不莱梅无虞后，卡尔十世将目光投向了日德兰半岛。10 月 24 日，陆军元帅卡尔·古斯塔夫·弗兰格尔所部 4000 人突袭了弗雷德里克索德堡垒，从菲英岛渡过海峡。丹麦陆军元帅比尔德阵亡，3000 余人投降。这些是丹麦大陆地区最后有效的军队。

连接北海和波罗的海的三道海峡中，有两道将日德兰半岛与丹麦海岛地区隔开——日德兰与菲英岛之间的小贝尔特海峡；将菲英岛与最大的西兰岛分

---

① 译注：丢纳堡、科肯豪森、里加（按照从上游至下游的顺序排列）都是德维纳河上的重要据点。

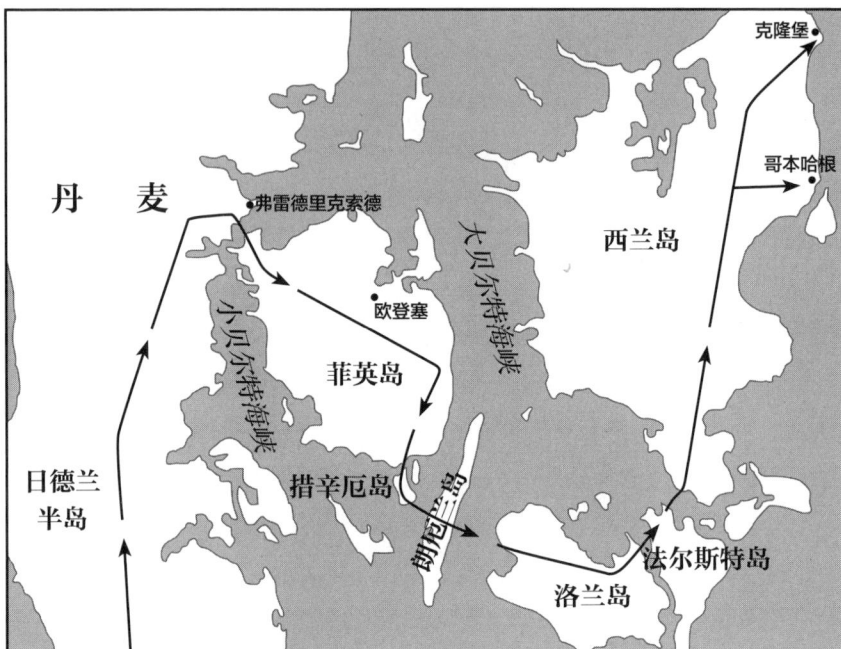

◎ 1658 年瑞典人穿越冰冻海峡路线示意图

隔开的大贝尔特海峡。哥本哈根就在西兰岛上。第三道海峡位于瑞典和丹麦之间，在丹麦语中称为"厄勒松德"，而英语中通常称为"松德"。

在弗雷德里克索德附近，小贝尔特海峡约 800 米宽、75 米深。大贝尔特海峡在极狭处约 16 公里。1857 年的《哥本哈根协定》使厄勒松德海峡和大贝尔特海峡东水道成为国际水道。

卡尔十世知道，他只有进攻丹麦的海岛地区，才能迫使这个王国屈服。他也知道自己耗不起时间，因为丹麦肯定会将军队从瑞典南部调回西兰岛。

通过军事史上一场无与伦比的大师级壮举，卡尔十世决定率军穿过冰封的海峡——将军们认为冰层没有足够的承载力，因为一些士兵在侦察时就坠入冰窟窿而溺水身亡，卡尔十世对反对意见不予采纳。然而，他没有采取直线，而是选择了一条以岛屿为跳板的路线。瑞军先从菲英岛经措辛厄岛进入朗厄兰岛，随后进入洛兰岛和法尔斯特岛，再抵达西兰岛。[14] 卡尔十世知道，冰冻将阻止丹麦–挪威舰队干扰瑞军渡海。

渡海成功了。阻止瑞军前往哥本哈根的少数丹麦分遣队不难对付。惊慌失措的丹麦人接受了耻辱的《罗斯基勒和约》（1658年3月8日）。和约由卡尔十世一手支配，条款令人极度难堪，对丹麦和挪威都是灾难性的，这显然是卡尔十世的泛斯堪的纳维亚计划的第一步[15]：

（1）立即将斯科讷（斯堪尼亚）、布莱金厄、博恩霍尔姆、哈兰诸省转交瑞典。（哈兰已被瑞典控制，作为1645年《布勒姆瑟布鲁条约》为期30年的担保。）

（2）立即将挪威的布胡斯省转交瑞典。（耶姆特兰和海里耶达伦两省已依据1645年《布勒姆瑟布鲁条约》之规定转交瑞典。）

（3）立即将挪威的特伦德拉格省转交瑞典。（当时的特伦德拉格包括了今天的四个省——北特伦德拉格、该国古都特隆赫姆所在地南特伦德拉格、默勒－鲁姆斯达尔、诺尔兰大部。挪威由此被隔成两部分。）①

（4）丹麦应退出所有反瑞联盟。

（5）丹麦应阻止与瑞典敌对的国家的所有战船经海峡进入波罗的海。

（6）丹麦应承诺恢复夺自荷尔斯泰因－戈托普公爵的地产。

（7）丹麦应支付瑞典占领军的费用。

（8）丹麦应提供军队，为瑞典在斯堪的纳维亚之外的战争服务。（丹麦被要求提供的2000人没有为瑞典服务，而是逃跑了。）

瑞典的要求，或许是取得军事胜利后就在政治上狮子大开口的史上最恶劣一例。卡尔十世本该从过去的历史中了解到，英国和荷兰——主要的海上强国——都不允许斯堪的纳维亚变成控制波罗的海入口的一大强权。[16]此前，两国就已插手其中，而英国延续了这种通过分裂斯堪的纳维亚而保持均势的政策，直至20世纪。

《罗斯基勒和约》签订时，第二次英荷战争（1665—1667年）刚刚结束。②

---

① 译注：特伦德拉格位置居中，其丧失使狭长的挪威领土成为南北分离的两部分。

② 译注：本段及以下两段疑时代错乱。

丹麦没有参战，但与荷兰缔结过防御联盟，它可以追溯至 1649 年，要求两国在遭到进攻时派出 4000 名士兵支援另一方。[17]

1654 年，瑞典女王克里斯蒂娜在退位之年已与英国结盟。其目的主要在于反制丹麦与荷兰的联盟。1668 年 1 月 13 日，英国、瑞典、荷兰结成了三国同盟，使这一时期令人晕头转向的外交更加复杂。这一同盟的目的，是防范法国在西属尼德兰的野心。其紧迫性是如此明显，以至于促使荷兰与英国迅速结束了它们的海战。虽然这一同盟从未发展为武装冲突，但单单这一威胁已足以让路易十四与西班牙谈判并缔结了《亚琛条约》。[18]

虽然荷兰与瑞典结成三国同盟，但它秘密敦促丹麦不要批准《罗斯基勒和约》。[19] 这导致了 6 个月的拖延。失去耐心的卡尔十世重开战端。现在，他决心彻底扫除丹麦王国。虽然新的冲突开局良好，但进行得不如原先那次顺利。

8 月 16 日，卡尔十世与 1 万人离开基尔。观察家们猜测，他正前往普鲁士惩罚其变节行为，并挽救每况愈下的波罗的海诸省局势。令所有人惊诧的是，他于次日登陆西兰岛，很快就回到了哥本哈根的城墙下。瑞军试图迅速拿下丹麦首都，未能成功，因而不得不实施血腥的围攻。9 月，瑞军很快夺取了克隆堡，并以舰队从海上封锁丹麦首都。随着克隆堡被攻克，瑞典人控制了松德海峡两岸。

英国人是最先干涉的。1658 年 10 月 29 日，海军将领奥尔达姆指挥的一支 35 艘战舰的舰队加入丹麦舰队，暂时解除了对哥本哈根的海上封锁，但它们没有留驻太久。1658 年 11 月初，海军将领范·魏泽纳尔指挥的一支 45 艘战舰的荷兰舰队在长达 6 小时的海战后强行进入松德海峡。打退瑞舰后，荷兰的补给与援军在哥本哈根上岸。

海上强国的干涉决定性地扰乱了卡尔十世的目标。但英荷海军离开后，瑞典海军重新封锁了丹麦首都。这导致荷兰于 1659 年 2 月实施干涉。荷丹联合舰队再次驱逐了瑞典海军。1659 年全年，荷兰舰队都停留在附近。

菲利普·冯·祖尔茨巴赫将军率领 6000 名瑞军在菲英岛和朗厄兰岛负隅顽抗。然而，海军将领米希尔·德·鲁伊特指挥的荷兰舰队又一次发挥决定作用。1659 年 11 月初，他的船队将 9000 名丹军从日德兰运往菲英岛。11 月 24 日，瑞典骑兵败于尼堡之役，瑞军被迫撤离。

进攻挪威的瑞军同样遭受了一些挫折。瑞军曾攻入并占领了特伦德拉格，试图吞并之。挪威人起初并没有抵抗，因为他们在丹麦统治下过得并不舒心。挪威古都特隆赫姆比起主要的港口卑尔根，只能扮演二线角色。因此，他们认为瑞典的统治可能会带来经济利益。

然而，当瑞典人开始了为了本地防御以外的目的而征税、征兵时，挪威人的态度转变了。2000名挪威青年被征往瑞典波罗的海诸省服役。入伍者很快就被送往波罗的海前线，半路上有约600人逃跑，抵达前线的再无一人返回挪威。[20] 税收的增加，15岁的男孩也要强征入伍，这些都导致了特伦德拉格的不满。

很多挪威正规军为丹麦服务。约恩·比耶尔克将军指挥在挪威的军队。他计划直接进攻特伦德拉格，同时在挪威南部保持守势。90个连级规模的单位被调动了。

比耶尔克以3500人分三个方向攻入特伦德拉格。谢恩斯舍尔德将军麾下仅有瑞军800人。瑞典沿着波罗的海沿岸分兵过散导致的人力紧张由此可见一斑。谢恩斯舍尔德退往特隆赫姆，在此遭到包围。一支500人的骑兵部队从瑞典赶来增援，但遭到挪军堵截，败退瑞典。瑞典人现在开始了谈判，得到了礼遇。12月17日，他们从特隆赫姆撤回瑞典，在挪军护送下越过了原国界。[21]

卡尔十世已经认定，哈尔登小镇是打通挪威南部的钥匙。攻破其防线后，通往克里斯蒂安尼亚（今奥斯陆）的道路就会敞开。哈尔登的指挥官是滕内·维特费尔特上校，受比耶尔克全面指挥。他手头有2000名挪军。1658年9月至1660年1月，这些军队打退了瑞军夺取堡垒和小镇的三次尝试。

瑞军的第一次进攻发生在1658年9月。由于没有预料到会遭遇顽抗，这次进攻组织得较差。在抵达哈尔登之前，进攻就被击退了。1659年2月，斯塔克将军以4000人发动第二次进攻，同时，挪军反推至布胡斯的行动失败了。瑞典的第二次进攻也失败了。1659年，在极北之地，普雷本·冯·阿嫩上校对瑞典纳萨山区① 发起袭击，破坏瑞典的矿业。

---

① 译注：纳萨山区在北纬66.5度（近北极圈），而哈尔登在挪威南部奥斯陆湾附近。

1660 年 1 月，卡格将军以 4500 名瑞军对哈尔登发起了最强力的进攻。特伦德拉格被重新夺取后，哈尔登的挪威守军也得到了来自北方的增援。突袭挪军阵地的若干次尝试失败了，瑞军遂退兵。[22]

瑞典在波罗的海的地位也在恶化。1658 年，波兰人夺取了托伦，但瑞典人仍然占据了马林堡和埃尔宾。在波美拉尼亚，一支 1.7 万人的神圣罗马帝国（奥地利）军队加入 1.3 万人的勃兰登堡军围攻什切青。瑞军全线撤退。

卡尔十世在各个方向都遭到了敌人的报复，最终认定求和的时机到了。他召集议会在哥德堡举行了一次会议。议会同意争取国际斡旋，与丹麦、荷兰、波兰解决争端，以集中军力打击俄国和勃兰登堡。1660 年 2 月 13 日，卡尔十世暴毙，使国家在极力挣脱险境之际失去了领袖。

卡尔十一的统治（1660—1697 年）

卡尔十世生前就为 4 岁的儿子卡尔选定了摄政。他有足够的理由相信他将年幼的儿子交给了良善而强大的人。摄政团包括王太后和五名资深大贵族。而尼斯比特·贝恩写道："这个摄政团是瑞典历史上最虚弱、最惹祸的"，并将首相马格努斯·加布里埃尔·德拉加尔迪称为"摄政团中一以贯之的邪恶天才"[23]。这位首相拥有为连续三任君主服务的光荣生涯，但从未表现出任何以智慧和坚定意志治理国家的特殊才干。他腰缠万贯，瑞典回到了克里斯蒂娜时期的挥金如土和遍地腐败，首相的朋友们凭借公帑发家致富。摄政团使卡尔十世的军事改革处于不稳定状态。

卡尔十世死后，瑞典政府立即摆出了和平提议。如果这些敌人知道瑞典政事处于怎样的悲惨境地，它们或许不会这么快就接受了提议。然而，卡尔十世取得的戏剧性胜利，激起了欧洲对瑞典武力的深深恐惧，因此有助于瑞典谈到宽厚得令人惊讶的条款。

第一轮成功的磋商，是与波兰-立陶宛联邦、神圣罗马帝国、勃兰登堡-普鲁士解决波罗的海问题。这些磋商事实上始于 1659 年秋季，最终于 1660 年 5 月 3 日在王室普鲁士签订了《奥利瓦条约》。不难想象，这些宿敌之间的谈判是艰苦的。谈判由一位法国外交官德·伦布雷领头。他不得不使出浑身解数，阻止谈判因丹麦、荷兰、帝国、勃兰登堡的破坏而失败。能让盟友法国参与其中，瑞典算是幸运的。那些难以说服的国家希望将瑞典赶出德意志，而法国需要瑞典在此保持兵力。前文提及的勃兰登堡和奥地利入侵瑞属波美拉尼亚，被视为违反了《威斯特伐利亚和约》。法国利用这一点，威胁派出三万大军支持瑞典人收复失地。当卡尔十世驾崩的消息传至会上时，波兰抬高了要价，法国也用上了同样的威胁手段。法国尖锐地指出，各方均应达成协议，否则就要施以武力威胁。[24]

《奥利瓦条约》确认了瑞典对利沃尼亚的主权。勃兰登堡在王室普鲁士①的宗主地位得到承认。扬·卡齐米日撤销了对瑞典王位的诉求，尽管他获允终生保留瑞典世袭国王的头衔。所有被占领的领土还归第二次北方战争（1655—1660年）爆发前的各位统治者。另外还加入了保护宗教自由的特殊条款。签字者是利奥波德一世皇帝、大选侯和德拉加尔迪首相。

瑞典与丹麦之间的问题由1660年6月3日签订的《哥本哈根条约》解决。3月底时，郑重的谈判已经开始。当时，海军将领米希尔·德·鲁伊特与封锁瑞典海军的荷兰舰队已经回国。丹麦为收复斯科讷省而求援，得到了波兰、奥地利与勃兰登堡的支持，但荷兰不在其中。在这里我们又一次看到，由一个国家控制松德海峡两岸在荷兰看来是十分敏感的。

谈判的另一个焦点，是博恩霍尔姆岛的未来安排。丹麦要求归还该岛，但直到丹麦以斯堪讷的若干座贵族庄园作补偿后才得以实现。庄园原主将由丹麦政府补偿。随后，由于斡旋国代表们的阴谋诡计，谈判差点儿遭到破坏。在丹麦与瑞典同意直接磋商后，该议题才最终解决。

除博恩霍尔姆岛外，瑞典保住了夺自丹麦的所有领土，还免除了松德海峡费。除保留布胡斯外，它放弃了对挪威领土的一切诉求。斯堪的纳维亚三国之间的边界自《哥本哈根条约》后基本不变。

最后的条约是1661年7月在爱沙尼亚的卡尔迪斯签订的，它终结了瑞俄

① 译注：此处应为普鲁士公国（东普鲁士）。《奥利瓦条约》签订后，普鲁士公国不再是波兰采邑，而是直接臣服于勃兰登堡的霍亨索伦家族。而王室普鲁士（西普鲁士）直到18世纪的俄、奥、普三分波兰才被霍亨索伦家族吞并。参阅弗罗斯特《北方战争》（2000年，183页）、斯图尔特·奥克利《波罗的海战与和》（1992年，84页）等。

战争（1656—1658 年）。所有夺自瑞典的领土皆被归还，由此确认了早先的《斯托尔博瓦条约》。俄国也同意毁掉在波罗的海建造的所有舰船。

可以说，这些条约中真正的赢家只有瑞典和勃兰登堡。勃兰登堡没有让军队冒险参与任何旷日持久的冲突，就得到了一个公国（普鲁士），很快就会成为一个强大而野心勃勃的军国主义君主国。从现在开始，它是一支拥有国家的军队而非一个拥有军队的国家。[25]

多亏了法国的强力支持，瑞典挽回了所有的损失。弗罗斯特写道："……瑞典的军事声望如日中天。截至 1648 年所取得的显赫地位，是在艰难的条件下，通过反击中欧和东欧最强大国家的联盟而保持的。"[26] 这一表述是正确的，很多瑞典作者表示同意。但危险的迹象已经初现端倪。回首往事，人们才会恍然大悟。

首先，显而易见的是缺乏足以支持军事活动的人口。这是无法改变的事实。纵使开疆拓土扩大了征兵基础，但可靠的主心骨仍然是瑞典和芬兰士兵，而他们在军队中已经高度稀释。

其次，无法再以战养战。雇佣军仍然占瑞典海外军队的多数。这需要以现金和实物支付。"派役制"所建立的体系，通过土地或来自土地的收入实现支付，不适合维持雇佣军。在较穷的国家继续推行"贡赋"制度并不合适，只会引起敌意。瑞典不得不越来越依赖信贷制度——国内国外皆是如此。当瑞典军队战功赫赫时，这套制度运行良好；而当有人怀疑瑞典好景不长时，情况就不同了。17 世纪后半叶，矿价尤其是铜价下跌，使来自矿业的收入急剧减少。

再次，多数国家的军事技术和战术已经赶上了瑞典，所以它在各种实践意义上都失去了早前的优势。其他选择了国民常备军的国家，军队越来越训练有素、纪律严明。

第四，瑞典的战争多数是侵略性的，在这种情况下很难找到可靠的盟友。这个道理现在也是如此——没有永远的朋友或敌人，只有永远的利益。瓦萨诸王心照不宣的目标是一个永久性的斯堪的纳维亚联合体，而持续蚕食丹麦与挪威的领土对此起到了反作用，这种行为会招致外国的干涉和敌人对瑞典其他属地的攻击。

第五，由于大贵族阶级的影响，实施"派役制"的蹒跚之路是不利的。虽然这套制度的运行保障了宪制，但它具有内在的缺陷，这在 17 世纪末、18 世纪初已经显而易见。瑞典没有采取措施让它保持军事实用性——主要的缺陷在于缺乏实用的后勤系统和后勤总指挥部。后勤总指挥部的欠缺，又因缺乏获取并动员国内资源的合理制度而恶化。[27]

摄政时期，瑞典基本能够对西欧发生的主要战争袖手旁观。这些战争主要出自路易十四的野心。德拉加尔迪首相是一个毫不讳言的亲法派，但他在议会的政敌们支持中立，并主张采取更亲近英国、荷兰的政策，以平衡法国的宏图大计。交战双方都努力赢取这个北方强国的支持。然而，瑞典的财政困难驱使着它的外交政策。用尼斯比特·贝恩的话说，瑞典"现在只不过是法国的一介雇佣兵，这是此前从未有过的事"[28]。瑞典不得不"小心驶得万年船"，这就是为什么我们会发现它是三国同盟的一员，试图遏制法国的野心，同时又继续做法国的盟友。虽然德拉加尔迪的政敌起初似占上风，但当三国同盟多半因瑞典的参与而完成已有使命后，德拉加尔迪的政策胜利了。

在 1672 年 4 月的《斯德哥尔摩条约》中，瑞典"事实上卖身与路易十四"，同意在德意志保持一支 1.6 万人的军队，以换取法国的巨额补助。[29] 这是摄政政府末期发起的动议，所以该受责备的不是法国。其实，这是摄政团的最后一次重大行动，因为这年 12 月 18 日卡尔十一亲政了。瑞典尝试在交战方之间斡旋，但一切都是徒劳，不耐烦的路易十四要求瑞典入侵勃兰登堡，以换取已经开始提供的丰厚的财政支持。

1674 年 12 月，陆军元帅弗兰格尔进入勃兰登堡，驻于冬营。其麾下的瑞典军队对战斗缺乏准备。1675 年 6 月 28 日，大选侯不等瑞军发起进攻，在费尔贝林突袭了瑞典人。

费尔贝林战役无非是一次较大的交火——总损失仅有 600 人——对瑞军和普军而言算不上真正的考验。但是，中欧的宣传将其鼓吹为一场大捷，也是再次向瑞军发动猛攻的信号。

瑞典的德意志盟友们犹豫不决。而它传统的敌人——神圣罗马帝国、荷兰、勃兰登堡、丹麦——立即对其宣战。大选侯入侵了瑞属波美拉尼亚，1676 年 12 月与 1677 年 11 月间拿下了什切青、斯特拉尔松德、格赖夫斯瓦尔德。

不莱梅公国被丹麦夺取。截至 1676 年底[①]，瑞典几乎失去了在德意志的全部属地。

虽然 1675 年 6 月克里斯蒂安五世的妹妹被宣布与卡尔十一订婚，但丹麦国王 3 个月后就向未来的妹夫宣战了。1675 年，由于丹麦正等待海军将领特龙普率领荷兰舰队到来，瑞典南部风平浪静。此时的荷兰卷入了对法战争。丹麦人已经将舰队增至 70 艘船，由于在 17 世纪 50 年代瑞典封锁哥本哈根期间的经历，多数船是新造或重造的。[30]

1676 年 6 月 1 日，一场大型海战在厄兰岛附近的雅姆松德爆发了。荷兰与丹麦–挪威的联合舰队，在丹麦史上最具才干的海军将领尼尔斯·尤尔的指挥下击败了瑞典海军。这场胜利使联军控制了海洋，丹麦陆军得以安全运往瑞典。

1676 年，丹军约 1.5 万人登陆斯科讷，6 月 29 日夺取赫尔辛堡小城。5000名瑞军在该省分布得很稀疏。丹军起初势如破竹，迫使瑞军撤往瑞典本土。截至 8 月，仅有斯科讷的马尔默小城仍在瑞典手中。

总督乌尔里克·弗雷德里克·吉尔登勒夫指挥的挪威军队预计会爆发战争，遂将 1.2 万人沿着边界布置开来。其总体计划是迫使瑞典两面作战。

鲁森斯坦将军麾下 4000 名挪军在弗雷德里克夏尔德集结，承担双重任务——预防瑞典入侵挪威南部，同时威胁要夺回曾经的布胡斯省。瑞典将军阿舍贝格以 2000 人在黑堡迎敌。1675 年，挪威发生的军事活动主要局限为散兵战，以试探山隘防守之虚实。唯一的例外是，一支岸防部队由海路沿瑞典西海岸南下，试图切断阿舍贝格的补给线。瑞典人获悉了该计划并将其挫败。

1676 年，吉尔登勒夫亲掌野战部队。挪威人夺取并强化了奎斯特鲁姆关隘，随后向南，轻松夺取乌德瓦拉[②]，继续南下，包围哥德堡。然而，8 月 17日一部分丹军在哈尔姆斯塔德战败，之后吉尔登勒夫被迫北撤。[31]

---

① 译注：结合前文，疑为 1677 年底。但也有资料提到格赖夫斯瓦尔德失陷于 1678 年 11 月，是瑞典在德意志海岸失去的最后立足点。故前文"1677 年 11 月"或亦有误。参阅弗罗斯特《北方战争》（2000 年，212 页）。

② 译注：此处原文"Uddevall"，似应为"Uddevalla"。后文出现"Uddevalla"，亦可证之。

克里斯蒂安五世前往哥本哈根过冬，但卡尔十一有着不同的计划。他将军队扩充至1.6万人，准备攻入斯科讷。斯科讷人对丹麦饱含好感，为丹麦人提供情报。他们为这些行动付出了惨重代价。积极支持丹麦且不幸被俘者，极少有人能活下来。瑞典重新控制该省后，于1679—1680年实施了残酷的一体化政策。

丹军离开了冬营。当瑞军于1676年10月23日—24日夜间进入斯科讷时，丹军已有准备。两军在一个多月的时间里互相尾随。瑞军深受疾病与饥饿之苦。卡尔十一决定孤注一掷。瑞军向隆德正北的丹军发动进攻。这持续一日的作战，是当时最血腥的战役之一，不仅在北欧军事史上如此，在欧洲范围内亦然。作战人数和伤亡人数均众说纷纭。不同资料中，参战者在1.6万~2万之间。大多数资料认为战役结束之际有八九千人战死沙场。伤者数量不明。两军次日均无力再战。由于丹军首先撤退，所以瑞军被认为是胜利者。

1677年，卡尔十一率领9000名士兵，在兰斯克鲁纳一役击溃1.2万丹军。这是本场战争的最后一场对阵战。9月，克里斯蒂安五世将军队撤回西兰岛。

对挪威人的作战进行得没有这么好。吉尔登勒夫在挪威有1.5万兵力，另有2000名要塞驻军和操作海岸舰队的兵力。挪威人在布胡斯和耶姆特兰同时开辟战线。吉尔登勒夫剑指马斯特兰德和岸防舰队支援下的卡尔斯滕堡垒。在一场成功的围困后，挪军将城市和堡垒一并夺取。还有一支瑞军在乌德瓦拉以北战败。1678年，一支8000人的挪军试图夺取布胡斯堡垒。这是该堡垒经历过的最严酷的围攻。挪军承受了巨大代价也未能夺取之。

然而，战争的胜负正由其他战线决定。瑞典在1677年承受了两次毁灭性的海战失败。一次发生在费马恩岛。当时瑞典舰队正结束封锁哥德堡的行动返回波罗的海，遇到了海军将领尤尔指挥的规模更大的丹挪舰队[①]。结果是，丹

---

① 译注：此处所言"封锁哥德堡"较为费解，而后半句仿佛暗示瑞军是意外遭遇丹挪舰队。据安德森《帆船时代的波罗的海海战》（1910年，115-116页），瑞典驻哥德堡指挥官得到了率舰队前往斯德哥尔摩的命令。5月30日，舰队动身离开哥德堡；又过了3日，在大贝尔特海峡的克努特岬角抛锚。同一日，尤尔的一支舰队离开哥本哈根。瑞军上岸尽可能地破坏丹麦的国土和贸易线。尤尔得到消息后，准备迎击之。6月10日至11日，双方爆发了海战。至于"封锁哥德堡"，该书提到前一年7月，丹麦曾短暂封锁过此处。

麦在一场持续整夜的战役中又一次取得大捷。

第二次海战失败发生在哥本哈根附近的克厄湾，也是败于尤尔之手。瑞典损失超过 3000 人，而丹麦损失为 375 人。如今，丹麦全面控制了波罗的海，使瑞典无法在本土与德意志之间调兵遣将。

从 1672 年起，为结束诸多互相牵连的战争并实现普遍和平，谈判就已经进行了；但从 1676 年开始，谈判才有了一种紧迫感。谈判的领导者仍然是法国。一系列未曾中断的胜利令路易十四成为欧洲的仲裁者。路易十四手握一支多达 10 万久经沙场的老兵的常胜常备军，可以随心所欲地向任何国家指定谈判条件。事实也确如这般发展。《奈梅亨诸条约》[①] 于 1678 年 8 月至 1679 年 12 月间签署，是解决由法荷矛盾而起的各种冲突的基本依据。在 1679 年 6 月的《圣日耳曼昂莱条约》中，法、瑞与勃兰登堡媾和。在 1679 年 8 月的《枫丹白露条约》中，法国指定了瑞典与丹麦–挪威之间的和平条款。1679 年 9 月底，丹瑞《隆德和约》确认了这些指定的条款。和约规定，瑞典的所有失地均应归还。丹麦得到了少量的战争赔偿，归还了瑞属吕根岛。与勃兰登堡的条约同样要求归还所有夺自瑞典的领土。

在北方保持一个强大的盟友符合法国利益，这通过瑞典得到的宽大处置而实现。在法国与勃兰登堡的解决方案中，未经瑞典同意，便规定将瑞典原有领地的一些尺寸之土保留不还。[②] 卡尔十一怒不可遏，以傲慢而轻蔑的口吻致书路易十四，在这位伟大君主的心中留下了难以忘怀的负面印象。卡尔十一逐渐对法国感到厌恶和怀疑。[32] 对于路易十四帮助他逃出火海，他并无感激。

官僚体制改革

1679 年达成和平后，卡尔十一把大部分时间花在了匡正国务上。他将战争中表现出的同等热情投入这项工作中。他着魔般地相信，只有通过经济改革，

---

① 译注：奈梅亨，荷兰东部城市。

② 译注："尺寸之土"指奥得河右岸的小片土地。当时，法国摆出"大国姿态"，不尊重瑞典的意见就决定瑞典该如何让步，甚至越俎代庖。参阅贝恩《斯堪的纳维亚：1513—1900 政治史》（1905 年，298–299 页）。

才能恢复并保持瑞典的强大。

瑞典已经成为一个碎片化的社会。贵族阶级自古斯塔夫·阿道夫时代以来越来越占支配地位，也愈发立足于军事基础上。这一社会阶级分到了大量的国有土地，在这一过程中导致了国家和下层阶级的贫困。各个阶级，无论是否为贵族，均持续不断地争取国王的支持，所以议会愿意给予国王的权力甚至比他要求的还要多。因此，卡尔十一发现自己成了欧洲最为专制的统治者之一。议会在极力讨好国王的过程中沦为了君主的喉舌，并遗忘了它自己的宪政职能。

这种对君主的自愿臣服，在 1693 年臻于顶点，议会发布了《万乘宣言》（*Suveranetets-forklaring*），表示国王"是掌控一切的君主，他的行动不对世间的任何人负责，以他认为最佳的方式行使权力治理疆土"。一个正式选择 / 选举而生、以代表各种社会成分的立法机构，自愿让立宪特权屈从于行政权，这在历史上并不多见，却着实发生了。通常情况下，这种变化只会在一场政变或街头大规模流血后发生。

值得称赞的是，卡尔十一明智地行使拱手让与他的权力——这也是瑞典民主制之幸。迈克尔·罗伯茨写道，大多数"对瑞典制度的滥用没有得到纠正，直到 1680 年后的专制主义使超级官僚卡尔十一有效控制了官僚政治为止"[33]。他的父亲卡尔十世开启了土地还原计划和军事派役制，但这些政策在摄政时期呈现出一种蛰伏状态。如今，卡尔十一着手实施这些改革，目标坚定，日夜不息。一开始，广泛的改革对经济造成了令人不安的影响，但很快就给国家带来了持久的利益。在金融、预算、贸易和农业等领域也颁布了合乎常理的规章。但其中一些改革在波罗的海领地实施时，受到的欢迎不多，也不太成功。

派役制虽有改进，但本章前文提及的主要缺陷没有得到充分纠正。国防加强了，"当卡尔十一 1697 年去世时，他给儿子留下了全副武装、训练精良的 9 万大军"。海军扩大到 34 艘战列舰和 11 艘护卫舰。[34] 还没有哪位瑞典国王给儿子留下了更好的战争机器。

军事的目的在于防御，如此这般已经绰绰有余，但若与大部分欧洲国家较量，实力就不济了。古斯塔夫·约纳松指出，"留给卡尔十二的军力从来没打算用于德累斯顿、克拉科夫和波尔塔瓦"，也不是为了缩短瑞典的强盛期。[35]

贝恩指出，瑞典在卡尔十一治下的道德进步甚至比起物质方面更加令人震惊。几乎所有人开始承认，节俭、勤奋、具备天然判断力的君主正在为国家的整体利益而奋斗，他的榜样对民族性格具有一种感染力。[36]

国内的稳定也重新提升了国家在外交舞台上的重要性。国王不喜欢外交——认为这不过是躺在巨大的天平上讨价还价——因此将外交事务甩给了现已年迈的首相本特·奥克森谢尔纳①。由于首相与国王一样不信任路易十四，与法国的关系也恶化了。1681年9月，瑞典与荷兰签订了《海牙条约》，其目标是刹住法国与西班牙的野心。1682年，神圣罗马帝国也加入了条约。

路易十四立刻采取行动反击前任盟友，向丹麦和勃兰登堡提供武器。一支法丹联合舰队在波罗的海现身，但荷兰迅速反应，展示了支持新任盟友的意愿。《雷根斯堡条约》处理了欧洲正在加剧的动荡，恢复了数年的平静。②

1688年，新的反法同盟形成了，这导致了另一场欧洲战争。③双方都试图拉拢瑞典入伙，而这些提议均被拒绝。瑞典一反自己通常的角色，成了主要的斡旋者，使这场战争在卡尔十二时期结束。

---

① 译注：阿克塞尔·奥克森谢尔纳之侄，1680年（57岁）上台。他认为法国在莱茵地区和低地国家的政策威胁了《威斯特伐利亚条约》与《奈梅亨诸条约》等确立的欧洲现行秩序，最终有损瑞典利益。但他的政策又迫使丹麦与法国接近。1682年，法丹签订合作协议。参阅斯图亚特·奥克利《波罗的海战与和》（1992年，95页）。

② 译注：1683—1684年，因法国向德意志西部和西属尼德兰扩张，与神圣罗马帝国和西班牙爆发了"重盟战争"。1684年，双方签订《雷根斯堡条约》，允许法国暂时据有战争期间夺取的斯特拉斯堡、卢森堡等地。但路易十四试图将之永久吞并，仅四年后便重燃战火。

③ 译注：指奥格斯堡同盟战争（1688—1697年），或称大同盟战争、九年战争，英国、荷兰、西班牙、神圣罗马帝国结盟共抗路易十四。

注释:

[1] Ingvar Andersson, *A History of Sweden* (Stockholm: Natur och Kultur, 1962), p. 216.

[2] Downing, *op. cit.*, p. 202.

[3] Andersson, *op. cit.*, p. 216.

[4] Downing, *op. cit.*, p. 203.

[5] Roberts, *The Swedish Imperial Experience*, pp. 46, 52-53.

[6] 关于派役制的更多信息,见Downing, *op. cit.*, pp. 203-211; Roberts, *The Swedish Imperial Experience*, pp. 140-146; and Hatton, *op. cit.*, pp. 113-114。

[7] Frost, *op. cit.*, p. 167.

[8] *Ibid*, pp. 168-169.

[9] Patrick Gordon, *Tagebuch des Generals Patrick Gordon wärend seiner Kriegsdienste under den Schweden un Polen* (Moscow, 1869), pp. 17-18 as quoted in Frost, *op. cit.*, pp. 169-170.

[10] Frost, *op. cit.* 引用了波兰资料。

[11] Dupuy & Dupuy, *op. cit.*, pp. 568-569.

[12] Frost, *op. cit.*, p. 173.

[13] Bain, *op. cit.*, p. 8.

[14] Frost, *op. cit.*, p. 180.

[15] Ersland, *op. cit.*, volume 1, pp. 205-213; Andrina Stiles, *op. cit.*; and Jill Lisk, *The Struggle for Supremacy in the Baltic, 1600-1725* (New York: Funk & Wagnalls, 1992).

[16] 海上强国的政策背后,不仅仅是自由贸易之利。为了建造并维持舰队,他们对主要来自挪威和芬兰的大量木材也有高度需求。

[17] Ersland, *op. cit.*, volume 1, p. 207.

[18] 更详细的讨论见 John A. Lynn, *The French Wars 1667-1714* (London: Osprey Publishing, 2002) pp. 361-366。

[19] Bain, *op. cit.*, p. 9.

[20] Erslad and Holm, *op. cit.*, volume 1, p. 207 and note 66, p. 319.

[21] *Ibid*, volume 1, p. 208.

[22] *Ibid*, volume 1, p. 213.

[23] Bain, *op. cit.*, pp. 10-11.

[24] 更多信息见Frost, *op. cit.*, p. 183及Lucien Bély (editor), *L'Europe des traits de Westphalie: esprit de la Diplomatie et diplomatie de l'esprit* (Presses universitaires de France, 2000), pp. 511f。

[25] David Ogg, *Europe in the Seventeenth Century*. Eighth Edition (London: Adam & Charles Black, 1960), pp. 449 and 451. See also Walter Goerlitz, *History of the German General Staff 1657-1945*. Translated from the German by Brian Battershaw. (New York: Praeger, 1957), pp. 1-4 and Frost, *op. cit.*, pp.198-200.

[26] Frost, *op. cit.*, pp. 200-201.

[27] Downing, *op. cit.*, pp. 203 and 206-207.

[28] Bain, *op. cit.*, p. 11.

[29] *Ibid*, p. 12.

[30] Ersland and Holm, *op. cit.*, volume 1, p. 225.

[31] *Ibid*, volume 1, p. 226.

[32] Bain, *op. cit.*, p. 14.

[33] Roberts, *The Swedish Imperial Experience*. 1979 Edition, p. 59.

[34] *Ibid*, p. 141, quoting Sven Årgren, *Karl XI :s indelingsverk för armén. Bidrag till dess historia åren 1679-1697* (Uppsala, 1922).·

[35] Roberts, *The Swedish Imperial Experience*. 1979 Edition, p. 146, quoting Gustav Jonasson's review of Cavallie's *Från fred till krig*, in *Historisk Tidsskrift*, 1975, p. 492.

[36] Bain, *op. cit.*, p. 17.

卡尔十二的丹麦、波罗的海与德意志之战

第八章

> 我决定从不开启一场非正义的战争，但在克敌制胜之前也决不结束一场正义的战争。
>
> ——卡尔十二

1697 年 4 月卡尔十一去世时，战争阴云正在聚集，这看上去是一系列无休无止的战争。他去世时留下的一个 15 岁的儿子，将注定被视为瓦萨王朝[①]一长串武士国王中的佼佼者。

卡尔十二是卡尔十一与乌尔丽卡·埃莱奥诺拉的婚生长子。后者是丹麦的弗雷德里克三世与不伦瑞克-吕讷堡的索菲·阿玛莉的女儿，因此也是克里斯蒂安五世国王的妹妹。他们的婚约正式宣布于 1675 年 6 月中旬，她哥哥向瑞典宣战的 3 个月前。

乌尔丽卡承受了要求她放弃婚约的巨大压力，但她重视自己的声誉，拒绝悔婚。在瑞典，对于这一婚约也有反对之声，其中一个反对者正是卡尔十一之母黑德维希·埃莱奥诺拉。但婚礼还是在 1680 年 5 月 6 日举行了。这对夫妇生了 7 个孩子，第一个是女儿，第二个就是 1682 年 6 月 17 日出生的卡尔十二。

[①] 译注：显然，本书将卡尔十世一系的普法尔茨王朝也视为瓦萨王朝的分支。

1693 年，卡尔十二 11 岁丧母。父亲似乎对妻子的去世悲痛万分。1697 年，卡尔十一在弥留之际还向母亲坦白，自从妻子死后，他没有一天是快乐的。[1] 她的离去也对 11 岁的儿子造成了打击，共同的悲伤使父子变得非常亲密。她死后，对未来一国之君的教导实际上由卡尔十一本人承担。卡尔十二丧母之后，也得到了意志坚强的祖母、荷尔斯泰因的黑德维希·埃莱奥诺拉的大力培养。然而，在磨炼军事技能或者陪伴父亲狩猎时，他是最快乐的。

17 世纪末的欧洲局势

法王路易十四操办的条约留下了很多悬而未决的问题。一些国家只是在等待机会算账。瑞典在《隆德和约》之后获得较长的安定期，有国内外的各种因素。卡尔十一的政策是避免卷入欧陆战争，除非瑞典的利益受到威胁。波兰-立陶宛和俄罗斯在这段时期的多数时光都陷入了与南方的奥斯曼土耳其人和鞑靼人的战争中。在欧洲北部，严重的问题只不过是潜伏在暗。

欧洲诸国越来越担忧膝下无子的西班牙国王卡洛斯二世死后会发生什么。鉴于奥斯曼土耳其战争趋于平静，皇帝利奥波德一世准备确保路易十四不会从卡洛斯二世的死亡中坐收任何利益。

弗罗斯特指出，随着我们在之前章节中认识的很多领导人撒手人寰，一个时代也逝去了。卡尔十一死于 1697 年，两年后丹麦的克里斯蒂安五世去世，其子弗雷德里克四世继位，他统治到 1730 年。沙皇阿列克谢于 1676 年去世，随后其子费奥多二世和伊凡五世短暂在位，后者死于 1696 年。这使伊凡的同父异母弟彼得（1682—1725 年），也就是后来为人所知的彼得大帝，登上了权力舞台。萨克森选侯腓特烈·奥古斯都[2] 于 1697 年成功使自己当选波兰国王，采用了奥古斯都二世的名号。勃兰登堡经历的领导人变化不止一次，它的地位也改变了。选侯腓特烈·威廉于 1688 年去世，腓特烈三世继之。他成功地请求皇帝将选侯国提升为王国。因此，1701 年他成为普鲁士国王腓特烈一世。①

---

① 译注：作为联统的勃兰登堡-普鲁士，升为王国的是普鲁士，而不是勃兰登堡。普鲁士不在神圣罗马帝国体系内，但勃兰登堡是神圣罗马帝国的一个邦国，腓特烈一世是借普鲁士的名义当上国王。而且，1701 年时采用的名号是"在普鲁士的国王"而不是"普鲁士国王"，两者存在微妙的差异。

俄国的彼得起初热切推进对奥斯曼帝国的战争，并夺取了黑海和里海沿岸。但他不愿意单独与奥斯曼土耳其人作战。1699 年 1 月奥地利、波兰-立陶宛、威尼斯同奥斯曼和解时，彼得迅速开启谈判，于 1700 年 6 月达成了 20 年的休战协议。[3]

1700 年 11 月 1 日，西班牙的卡洛斯二世去世，战争随之而来。同年，丹麦联合俄国、波兰，开启了大北方战争。与之前瑞典采取攻势的战争有所不同，这一次，瑞典的敌人们才是侵犯者。[4] 这两场行动——大北方战争和西班牙王位继承战争——标志着消耗了 18 世纪前 20 年的军事大冲突的开始。欧洲的每个国家都诉诸武力，亚洲、非洲和美洲的殖民地也在冲突中受波及。蒙特罗斯注意到，除了军队是 10 万级而不是 100 万级以外，它在各个方面都是一场世界战争。然而，考虑到 18 世纪初期少得多的人口，其影响力也要成比例减少。[5]

大北方战争——丹麦之战

如果丹麦及其盟友指望瑞典国力虚弱和年轻国王缺乏经验，那它们在这两个方面都大错特错。卡尔十一给儿子留下了这个国家拥有过的最佳军队。不错，就像古斯塔夫·约纳松和罗伯特·弗罗斯特两位教授指出的那样，这套战争机器主要用于防御，而非深入侵略俄罗斯。

然而，本意是捍卫瑞典帝国，却陷入了军事上的窘境。没有国家能指望仅仅以防御行动来赢得战争。经历了几乎两个世纪的战争，得到的不过是短暂的喘息。我相信，年轻的国王很清楚要准备一种新的解决方式。引发战争的核心问题尚未充分解决。从卡尔十二的言论"我决定从不开启一场非正义的战争，但在克敌制胜之前也决不结束一场正义的战争"中，我们可以管窥他的想法。[6]

如果我对卡尔的想法理解正确的话，要解释为何他全然倾向于侵犯活动并顽固拒绝奥古斯都二世和彼得大帝的和平提议，得花费较大精力。他通过阅读历史，了解到这些提议只会带来暂时的停战。

丹麦及其盟友几乎立即发现，它们选择的进攻时机没有预计的那般顺利。邻国的背叛性进攻或许助长了年轻国王的战争意愿，但他以不同寻常的速度成熟起来，让他的敌人感到震惊。卡尔十二不是坐等着被进攻，而是主动发起最初几次打击。由此开启的一系列作战，被很多作者描述为军事史上最辉煌的。

卡尔十二的批评者认为他并非一个伟大的战略家或战术家，他也不被视为史上最伟大的将帅之一，这或许是因为他在最后一战中打了败仗。他是杰出的军事领袖，他难以置信的勇敢、他的不屈不挠，使他得到了世界的关注和钦佩。读者将从本书最后两章中明显发现，我比其他大多数作者更强调他的战略战术技巧。

战争的导火索是在荷尔斯泰因–戈托普①点燃的。瑞典国内的荷尔斯泰因–戈托普支持者势力强大，以卡尔十二的祖母黑德维希·埃莱奥诺拉为首。她就来自此地，是弗雷德里克三世公爵的女儿、弗雷德里克四世公爵的妹妹②，后者娶了卡尔十二的姐姐海德维格·索菲亚。王朝之间的纽带因而是强固的。

争论的焦点是，1645 年以来各项条约所确定的该公国的权利，是否包括强化边防。丹麦认为这是一种挑衅，因为从该公国可以轻而易举进入丹麦的南部边界。瑞典因在九年战争（1688—1697 年）中保持中立而令荷兰与英国失望 [7]，瑞典在赖斯韦克③作为主要斡旋国的事实只让它得到了双方尤其是海上强国的憎恶。丹麦人利用了西欧国家憎恶瑞典的情绪，在卡尔十一死后一个月内，荡平了荷尔斯泰因–戈托普修筑的堡垒。这违反了海上强国担保的 1689 年《阿尔托纳协议》，但丹麦盘算道，它们现在与瑞典的不和将使其对丹麦的行动视而不见。[8]

为了提升安全态势，丹麦参加了联盟——首先是与觊觎利沃尼亚的奥古斯都二世结盟。丹麦与萨克森的防御联盟于 1698 年 3 月签署，1700 年再度予以确认。1699 年 4 月，俄国与丹麦缔结防御联盟，但直到 1700 年 6 月俄国与奥斯曼媾和，这一联盟方告生效。

1699 年底，丹麦将军队开往石勒苏益格–荷尔斯泰因，但没有进入荷尔斯泰因–戈托普，直到其盟友奥古斯都进攻利沃尼亚为止。奥古斯都夺取里加的

---

① 译注：1544 年，荷尔斯泰因公国分为三部分，其中一部分归丹麦国王，还有一部分就是荷尔斯泰因–戈托普。在之后的历史中，丹麦常常试图吞并戈托普。

② 译注：此处作者误以为两位弗雷德里克是连续的。黑德维希为弗雷德里克三世之女，无误；但她并非弗雷德里克四世的妹妹，因为弗雷德里克四世不是弗雷德里克三世之子，而是其孙。

③ 译注：荷兰城市，1697 年在此签订了结束九年战争的和约。

尝试失败了，但他在3月23日夺下了德维纳河另一侧的丢纳明德①。就在此时，弗雷德里克四世②进入荷尔斯泰因–戈托普，围攻滕宁城镇。8月下旬，沙皇彼得与奥斯曼媾和后，开始攻向瑞典。

联盟中的任何成员都没想到会打一场持久战，因为它们的胜算极大。瑞典人面临三线作战，看上去注定会迅速失败。它们尚未意识到卡尔十二是何许人也。

年轻的瑞典国王将丹麦选为他首先打击的目标。1月初，瑞典进行了一次非常有利的外交活动，粉碎了丹麦抱有的海上强国对违反《阿尔托纳协议》无动于衷的希望。瑞典承诺支持海上强国，捍卫《赖斯韦克条约》，反对路易十四。因此，瑞典现在可以呼吁它们协助维护《阿尔托纳协议》。

起初，弗雷德里克四世难以相信海上强国会站到瑞典一方。直到外交急件送到，确认了一支英荷舰队已经上路的消息，他才知道自己失算了。作为回应，他打算在联合舰队抵达前进攻瑞典舰队。瑞典舰队停泊在港口中，而丹麦夺取哥德堡的尝试也失败了。

每当新的消息传来时，丹麦的前景就黯淡几分。弗雷德里克四世发现，荷兰军队正在加入驻德瑞军的途中。他也得知，汉诺威军队已经开始与瑞典驻德指挥官、陆军元帅尼尔斯·于伦谢纳合作。弗雷德里克四世决定加快围攻滕宁，突袭堡垒。5月22日的袭击失败了。由于瑞军和汉诺威军渡过易北河进入荷尔斯泰因，弗雷德里克中止了围攻，引兵迎战由汉诺威选侯指挥的近2万入侵者。

当勃兰登堡选侯貌似要加入丹麦一方后，英王威廉三世威胁入侵莱茵下游的克莱沃公国。丹麦原本预计只与瑞典作战，结果未能成真。丹麦与汉诺威没有爆发冲突，只有很多意义不大的军事动作。

卡尔十二很快发现，海上强国的帮助既是精打细算的，也是有限的。毫无疑问，这些国家感谢瑞典承诺出力反对路易十四，因而也不希望在万一需要支援的时候发现瑞典受到削弱。然而，它们一如既往地不愿意破坏北欧的平衡。

---

① 译注：在德维纳河左岸，今属里加郊区。

② 译注：指丹麦国王弗雷德里克四世，与戈托普公爵撞名。

它们向俄国、神圣罗马帝国和勃兰登堡阐明，它们只是作为《阿尔托纳协议》的担保者，意在恢复荷尔斯泰因–戈托普公爵被丹麦夺走的土地，而不是作为瑞典的盟友。卡尔十二让弗雷德里克公爵自己决定，是否接受一拥而上的众多斡旋提议，但他也意识到，海上强国的活动打乱了他迅速将丹麦逐出战争的计划。

1700年6月9日，当海上强国的舰队——13艘荷兰战舰和12艘英国战舰——抵达哥德堡沿海时，卡尔十二才知道它们提供的帮助是多么有限。该月中旬，舰队驶向松德海峡的北入口附近，等待瑞典舰队加入其中。同时，卡尔十二率领38艘战列舰，携2700门炮，来到松德海峡东入口的南端。[9]

事实证明，计划中的舰队会师是难以实现的，对于统一的海军指挥官人选也难以达成一致。盟友们不同意由瑞典人担任指挥官，除非是卡尔十二本人。能力出众的丹麦海军将领尤尔率领丹挪舰队——40艘战列舰——在瑞典和海上强国的舰队间占据位置，阻止它们会合。任何进攻他的人都会处于不利的境地。

为了打破僵局，卡尔十二最终采取了一个极为冒险的行动。他命令海军将领汉斯·瓦赫特迈斯特在7月13日—14日夜间带上大部分战舰经由危险的弗林特朗南水道，悄悄绕过丹麦舰队，并于17日加入海上强国舰队。这次通行成功了，迫使尤尔撤往哥本哈根港口。[10]瑞典人无法说服荷兰人与英国人一道进攻港内的尤尔舰队。

弗雷德里克四世希望他的波兰和俄国盟友能够传来一些精彩的捷报，结果耽搁了时间。他的倔强导致荷兰与英国的海军将领同意了瑞典的一项计划：将近万瑞军从瑞典运往西兰岛。

登陆准备工作很快就开始了，但运送任务因风暴而延误两日。8月4日，登陆成功，所遇抵抗甚微。整座岛上只有5000名丹军，其中在登陆点仅有800人。登陆对丹麦人造成了战略上的惊吓，因为他们本以为瑞典人会奔向荷尔斯泰因加入盟友。联合舰队将尤尔封锁在哥本哈根，而为运送士兵保驾护航的战舰也为登陆提供了火力支援。截至8月12日，桥头堡已被迅速扩大，可容纳1万名士兵。

西兰岛丹军撤往哥本哈根。联军决定不突袭这座城市，而是加以封锁，并从海陆两面炮轰。联军也意识到，如果实施袭击的话，丹麦人将自沉舰队，以免它落入瑞典人之手。哥本哈根没有做好被封锁的准备，不到两星期，食品供应就不足了。

8月21日，汉诺威选侯乔治·路德维希传来了一个消息：弗雷德里克四世愿意媾和，要求卡尔十二停止一切敌对行动并做好撤离西兰岛的准备。丹麦国王已经同意了担保国的全部要求。随着丹麦做出承诺，各方在特拉芬塔尔召开会议，卡尔十二得到消息时，弗雷德里克四世国王与同名的戈托普公爵已经在8月18日签订了和约。《阿尔托纳协议》的担保国也在这份条约上签了字。条约要求丹麦赔款26万王国塔勒，还包含了一项重要条款：丹麦国王承诺不对瑞典采取敌对行动，也不帮助瑞典的敌人。

卡尔十二担心，如果不摧毁丹挪舰队，丹麦一有机会就会入侵瑞典南部。对于丹麦的提议应当采取何种立场，斯德哥尔摩的文官与卡尔十二之间存在抵牾。卡尔十二读到《特拉芬塔尔条约》的一份副本，确信丹麦果真脱离敌方阵营后，才放弃了继续进军哥本哈根的想法。

文官们告诉国王，既然他的姐夫已经签署条约、恢复公国，那么无论文件采用了何种措辞，瑞典都应该接受条约——否则就会与海上强国产生争执，瑞典在欧洲人眼里就会成为侵略者。他们也提醒国王，在波罗的海另一侧还有需要关注的事情：奥古斯都已经对瑞典帝国发起直接进攻了。

卡尔十二勉强接受了首相府官员和一些军官的观点。8月23日，丹麦得到瑞军将撤出西兰岛的通知。次日，《特拉芬塔尔条约》的众多副本送达，它没有留下让丹麦继续支持奥古斯都的漏洞，国王对此心满意足。

《特拉芬塔尔条约》对反瑞联盟造成了严重挫折。丹麦作为其主要成员，在奥古斯都尚未取得有意义的成果、在彼得的军队还没有抵达前，就已经被逐出了战争。

波罗的海之战

1700年9月，卡尔十二大部分时间都在瑞典的总部，与众谋臣和指挥部探讨应对奥古斯都的最佳方案。由于俄土停战尚不为人所知，沙皇的意图遂令人难以确定。其实，彼得已在8月30日对瑞宣战，但很晚以后才传到瑞典。

显而易见，瑞典必须从波罗的海诸省征兵。然而，最棘手的问题是怎样并在何处回击奥古斯都。选项一是从利沃尼亚发起攻势；选项二是直接在萨克森进攻奥古斯都。[11]

选项二从军事角度看是最合理的，也是卡尔十二支持的。瑞军将去打击当前问题的一个根源——萨克森。兵力可以从德意志现有的部队得到补充——波美拉尼亚、不莱梅、费尔登。驻德军队在夏季经过了一番强化，即使留下近半守军，也有1万多人可以用于入侵萨克森；再由曾在西兰岛作战的部队进一步补充，一支有能力轻松应对萨克森的军队得以迅速聚集。此外，进犯萨克森可以避免波罗的海诸省成为战场。利沃尼亚仍然没有从1695—1696年横扫全境、造成5万多人死亡的大饥荒的毁灭影响中恢复元气。[12]穿过勃兰登堡领土的问题起初被认为是易于解决的，因为勃兰登堡曾允许萨克森军队过境。驻德陆军元帅于伦谢纳得到命令，准备行动，要么是作为主力进攻，要么是作为执行利沃尼亚选项时的牵制进攻。

直接进攻萨克森的选项捅了外交政策的马蜂窝。荷兰与英国极力反对。它们首先担心的是，这番行动在西班牙继承问题万一演变为战争的情形下会造成什么影响。英王威廉三世主要担心他会失去传统的雇佣军招募地。荷兰人正在为瑞典提供大量补给，用于与奥古斯都作战。这项受欢迎的援助会因入侵德意志而受到损害。

萨克森入侵利沃尼亚违反了1660年的《奥利瓦条约》，而法国是其中的一个担保国。瑞典建议路易十四，作为这份已经被违背的条约的担保者，不妨在入侵德意志的提议中与瑞典合作。瑞典不指望得到帮助，但想知道法国对此问题持何等态度。除了提供斡旋外，法国不希望更进一步。考虑到荷兰与英国特别是威廉三世的坚定立场，瑞典告知这些国家卡尔十二将由利沃尼亚进攻奥古斯都。[13]

来自英格利亚的消息是压制入侵萨克森计划的最后一根稻草：俄国大军正在接近边界，入侵之意明矣。夺回英格利亚是俄国的主要目标，因为之前丢失了这片土地，使俄国失去了出入波罗的海的通道。9月下旬，瑞典得到了俄国宣战的消息。打击萨克森，就无法反击俄国入侵。冬季临近了，所有可以利用的军队都迅速准备，防范奥古斯都的进攻，而后者如今得到了俄国的加入。

在卡尔十二看来，瑞典在利沃尼亚的行动过于被动、平淡，尽管瑞军守住了里加，乔治·约翰·迈德尔将军已经重挫萨克森军之一部，迫使其退往德维纳河之后。卡尔十二主要担心，利沃尼亚贵族表现出了不安分的迹象，而瑞典人信不过他们的部队。这支部队由瑞典军官奥托·费林克伯爵指挥。

7月，奥古斯都以1.7万军队，二度尝试夺取里加。瑞典需要一场胜利来保证利沃尼亚人的忠心。丹麦被踢出联盟的消息令奥古斯都中止了对里加的行动。奥古斯都的口是心非、两面三刀，在彼时臭味相投的诸统治者中，算是典型。他急忙向沙皇彼得发出求救信，一边又呼吁路易十四出面安排与卡尔十二的停战。同时，他精心强化了那些必须守住的要塞，保持与俄国盟友的联络线畅通。

卡尔十二在到达派尔努前还不知道萨克森从里加退兵了，但他知道路易十四提出了调停。这导致指挥总部和斯德哥尔摩的首相府官员们，对国王处理外交政策的方式产生了争论。这些怨言在国王从西兰岛返回时就已经出现，集中于他对待外国使节时的率真与幼稚，而且不给替他办事的其他人提供充分的指示和足够的权限。[14]

这些怨言或许不虚。在前一章中，我们发现卡尔的父亲非常讨厌外交，这可能影响了他。卡尔十二不卖关子，又寡言少语。他的谋臣会向他呈上诸多选项；他答谢之，然后表示会向他们告知自己的决定。这一点他确实做到了，但他不透露为什么选择了这一个而非另一个，这显然无法让谋臣们满意。[15]

首相府官员感到他过度关注军务，荒废了外交；当他确实冒险涉足外交领域时，他又不能遵守外交技艺所特有的精心设计的惯例。但是，这听起来也有点酸葡萄心理。卡尔十二征求并倾听经验更加丰富的文武高官的意见，在丹麦和萨克森这两件事上，他都顺从了外交的需要。

古斯塔夫·约纳松针对首相府文官和国王间的矛盾提供了一个事例。卡尔和蔼地接受了路易十四在奥古斯都和他之间斡旋的提议。然而，面对不得不就此提议进行磋商的首相府官员，他坚持表示，奥古斯都必须在签署停火协议前撤出瑞属利沃尼亚。对文官而言，这等于拔剑挑衅，摆明了他不想和平。[16]

首相府的文件、首相府与国王的通信、官员之间的通信，已经被用来刻画一位爱剑不爱笔的君主。哈顿教授对这些矛盾做了一些非常理性的解释。首先，国王年轻，没有经验。她评论道："国王的天性更关注短期目标，而这就是士兵与外交官之间的天然分歧。"这是文武矛盾的一个早期案例。她也注意到，官僚在起草书信和文件的时候，一只眼睛是看向未来的。她写道："因此，在危急关头和做出决定的时刻，官僚倾向于强调卡尔十二对所采取的路线一人做事一人当，并将他们的反对和担忧记在纸上，以备未来之需。"[17]

安德里娜·斯泰尔斯和其他一些学者，认为哈顿教授是为卡尔十二及其顽固作风辩护。斯泰尔斯引述哈顿言论为证[18]：

> 如果有人本可以保住瑞典的强力地位，他（卡尔十二）就是那个人，凭借他指挥官的天赋，凭借他长大成熟后激发忠诚感的能力，凭借他对天降大任的奉献精神。

卡尔认为，奥古斯都的和平试探意在推迟瑞军从瑞典出发，直到错过季节为止。他的看法很可能是对的。卡尔感到，在把军队部署到利沃尼亚之前，他都处于弱势的谈判地位。这一事实可以为证：登陆利沃尼亚后，卡尔才表态准备停火谈判，尽管奥古斯都仍然控制着三座利沃尼亚堡垒。他希望在此时缔结停火协议还有另一个重大原因——可以腾出手来对付俄国人。这是清晰的思路，也是正确的战略。

费林克向卡尔十二报告称，俄国人似乎将精力集中在英格利亚而忽视了奥古斯都的求援，奥古斯都对此感到震惊。奥古斯都已经让军队在库尔兰下寨过冬，而他自己去了华沙。鉴于俄国对英格利亚的威胁，卡尔十二及其军事谋臣确信，追击库尔兰的萨军很可能是浪费时间。瑞典国王认为法国使节路易·吉斯卡尔-马尼伯爵的意见令人信服。他于 11 月中旬来到这里，与卡尔十二一致认为奥古斯都应返还他已夺取的堡垒，并在任何条约获批前支付赔偿金。[19]

由于奥古斯都的威胁看上去相当遥远，瑞典人决定以所有能够匀出的军队迎击俄军。瑞军 8000 名骑兵和 7000 名步兵将在韦森贝格集结。维持 6 个星期作战的军需库建立了，其中包括过冬的衣物。纳尔瓦守军指挥官亨宁·霍恩上校被告知援助已在途中。[20] 有人询问卡尔十二打算在哪里布置冬营，他只回答说冬营是不必要的，因为军队将保持前进。[21]

此时，一支约 4 万人的俄军开始炮轰纳尔瓦。俄军并不像某些作者描述的那样是乌合之众，而是包含了参加过俄土战争的资深老兵，还有很多高素质的外籍顾问。[22] 其中有陆军元帅夏尔·欧仁·德·克罗伊，原神圣罗马帝国将领。纳尔瓦在 11 月底前有望落入俄军之手。沙皇彼得派鲍里斯·舍列梅捷夫（1652—1719 年）将军（1701 年擢为陆军元帅）率领 5000 人去破坏瑞典在韦森贝格的补给仓。但是，费林克的利沃尼亚部队阻止他接近仓库。然而，舍列梅捷夫将韦森贝格与纳尔瓦之间的土地化为废墟，以阻碍瑞军前进。11 月 13 日，瑞军就已开始进军，兵力不足 1.1 万人——尽管指挥总部的一些人争论道，挥师救援纳尔瓦有跟庞大的俄军交战的风险。

纳尔瓦之行令人痛苦，部队又饿又累，从秋雨造成的半条腿高的烂泥中蹚过。晚上，他们就地入睡。卡尔十二表现出了对胜利的极度自信，他命令一个未在规定的启程日期前到达韦森贝格的团不要急着跟着部队走，而是在佩普西湖①占个位置，阻止被击败的俄军携火炮安全渡湖。这种乐观情绪具有感染力，使军队士气昂扬。

国王指挥的约 400 名瑞典骑兵遭遇了舍列梅捷夫部队并击退之，这个消息鼓舞了瑞典人。本次遭遇战的描述见于一系列较早的书籍，包括 20 世纪 60 年代的作品[23]，但它们依据的原始报告并不准确。舍列梅捷夫已经得到命令，从他驻守的关隘撤走且避免与瑞军交战。[24] 因此，国王遇到的只是一支后卫。瑞军确实缴获了一些火炮和补给。然而，瑞典军中层层传播的消息是国王大胜而归，这使部队的士气进一步高涨。

截至 11 月 19 日，瑞军距纳尔瓦已不到 2 公里。一连串的枪声让霍恩上校得知，他等待的援军来了。舍列梅捷夫已经警告俄军瑞典人正在逼近，但俄军认为瑞军不会立即向四倍于己的敌人发起进攻。相反，俄国人预计瑞军会在战役发生前按惯例增加兵力。

这种不紧不慢的态度或许解释了一桩历史争议事件。11 月 17 日—18 日夜，沙皇彼得离开军队，前往英格利亚，表面上是为了组织援军并与奥古斯都会

---

① 译注：今楚德湖。

面。他不仅在战役前夜离开，还带走了名义上的军队指挥官、陆军元帅费奥多尔·戈洛温。彼得把指挥权交给了欧仁·克罗伊，后者感到非常为难。一些人将沙皇彼得的离去视为胆怯之举，但马西对这一指责表示反对。[25] 然而，彼得及其主要副手在战役前夜离开战场看起来是极度反常的。一些人描绘了沙皇带上溃军逃离的场景——这是不正确的。[26]

俄军部署在纳尔瓦南侧一座大型增强营中。普遍认为，俄军达到 4 万人，而瑞军有 1 万人。[27] 当克罗伊发现正在逼近的瑞军是这么少时，他就想带上一支强大部队，离开设防的营地，与敌人展开敞地作战。但他的俄国下属们态度勉强，迫使他改变主意。俄军留在营中。一道 9 英尺高的墙和一条 6 英尺宽的沟保护着军营。加农炮约 140 门。克罗伊曾向沙皇指出过阵地的弱点：延伸达 7 公里，使敌人大有可能集中进攻某一点，在增援力量到来前取得局部优势。

克罗伊观察着瑞军的前进，内心越来越惶恐。所有人都预计瑞典人会挖掘战壕、建立营地，但与此相反，他从望远镜中看到的是，瑞典士兵携带了穿越障碍物所需的装备。他开始意识到，瑞典人打算突袭这片阵地，而这不符合人数较少的军队的作战常规。

瑞典人已经注意到了俄军部署的弱点，国王命令卡尔·古斯塔夫·伦舍尔德将军迅速制订攻击计划。最后决定：步兵分成两组，向俄营中部发起主力打击，破营之后，一组步兵转北，另一组转南，包围俄军战线；瑞典炮兵布置在一座和缓的高地上，为进攻提供支援；骑兵留在营地外围，应对可能存在的突围或溃逃。伦舍尔德指挥瑞军左翼，费林克指挥右翼，国王在马格努斯·斯滕博克上校（1713 年擢为陆军元帅）的陪同下在极左翼指挥一支单独的小部队。

14 时，瑞军在暴风雪中发起进攻。大风将冰雪吹到了守方的脸上，因而对攻方造成的困难没有对守方那么大。瑞典步兵在距胸墙 30 步时停止前进，发出毁灭性的齐射，守军"像草一样倒下"。瑞典人将成捆的树枝和灌木填入沟中，攀越胸墙，杀死他们遇到的每一个人，一位瑞典军官将这一场景描述为"恐怖的屠杀"。[28]15 分钟不到，瑞典人就攻入了增强营的中部，随后就是激烈的战斗。

俄军首先失控的是右翼。成千人向河边逃去，连桥都被压垮了。剩下的人在一座车堡内自卫，直到夜幕降临。俄军左翼坚持到了黎明，等发现自己被全面包围才投降。抓到的俘虏太多了，瑞典人感到无法养活他们。他们被分成几组，曾英勇作战的被允许保留武器，而未能证明自己有资格获此荣誉的被解除武装。所有士兵都被放归。从 21 日 4 时到第二天，俄国人源源不断地离开此地并向东而去。高级军官被扣留了。非俄籍军官不需要赎金就被释放；俄籍的被送往瑞典，将来交换俘虏时派得上用场。

瑞军 677 人阵亡，1205 人受伤。[29] 一些伤亡是夜间作战时由己方炮火所致。[30] 俄方损失，最可信的数据是 8000～10000 人阵亡。[31] 剩下的俄军都受伤和 / 或被俘。伤员和战俘一同获释，但有多少人回到故乡是值得怀疑的。陆军元帅克罗伊和另外 9 名将军、10 名上校及 33 名其他资深军官被俘。[32] 最重要的战利品是俄国炮队：145 门加农炮、12 门臼炮、4 门榴弹炮，以及 1 万枚加农炮弹、397 桶火药。[33] 缴获的旗帜被送往斯德哥尔摩。

年轻的国王表现不错。他是最早翻越堑壕的人之一，在壕沟中失去了战马和佩剑，一名骑兵为他提供了一匹新马。他中了三枪——第一枚子弹没有穿透他被水浸湿的制服，第二枚战役结束后在他的围巾中找到。国王的英勇故事像野火一样在军中传播着。

可喜的是，俄军营中的食品库增加了贫乏的瑞军补给。瑞典士兵也搬到了俄军废弃的帐篷中。不久之后，疾病的传播会证明这是一个严重的错误（见下文）。本次胜利，尤其是它的重要性，震惊了欧洲。

尽管谋臣们力促卡尔十二将他在纳尔瓦的胜利继续推进，但他没有这么做，很多历史学家认为他犯下了战略错误。他们感到，在彼得残酷的改革后，俄国已经离心离德，瑞典的入侵或许能掀起一场反抗沙皇的暴动。

相反，卡尔把目标转为波兰，在他当时所知信息的基础上，做出了正确的军事决定，打击他认为的最强敌人奥古斯都。纳尔瓦战役后，他对俄军充满鄙夷，不可能想到彼得大帝在 7 年间执行的狂热行动将塑造一支高度改进、装备优良的军队。只有回顾历史，知道了彼得将做什么，才能在事后认为这是一个战略失误。即便当时去打击俄国，在侧翼与后方留下尚未击败的波兰-立陶宛-萨克森军队也会是一场危险的赌博。

卡尔十二的决定，非常类似古斯塔夫在布赖滕费尔德战役后的选择，后者没有在后方盟友不可靠，而敌对的巴伐利亚盘踞近侧的情况下冒险挥师维也纳。大多数历史学家，除了富勒将军是个著名的例外 [34]，貌似都没有发现卡尔十二所做战略决定的相似之处。最后应当注意的是，1700 年卡尔十二可以利用的兵力完全不足以入侵俄国。

欧洲另一端的事态给瑞典反奥古斯都的行动徒增困难。大约在纳尔瓦战役的同时，西班牙的卡洛斯二世去世，引发了继承权的争夺。法国几乎一夜之间改变了对波罗的海战争的态度。法国使节吉斯卡尔曾经为奥古斯都与瑞典达成停火而努力斡旋。随着一场战争隐约可见，法国的利益就是让波罗的海战争继续下去，防止瑞典或奥古斯都任何一方加入海上强国的阵营。

欧陆分裂为亲法与反法两大阵营，使瑞典面临的情况复杂化。瑞典发现自己的行动需要来自海上强国的国际贷款和由它们担保的《特拉芬塔尔条约》。

《特拉芬塔尔条约》使瑞典有义务在海上强国遭受攻击时予以援助。1702 年 2 月，卡尔十二承诺在结束自己的战争后就提供防御性和进攻性援助。但现在的情形是：各人自扫门前雪，莫管他人瓦上霜。卡尔十二没有结束波罗的海战争并加入海上强国，令它们感到恼火。

卡尔十二无法获得行动自由，唯恐损害与海上强国的关系；他不能损害这种关系，因为与它们的合作可以控制住丹麦–挪威。他无法在萨克森打击奥古斯都，因为他担心给英国与荷兰制造麻烦。等到 1706 年反法诸国取得重大胜利后，它们就无法再宣称卡尔十二进军德意志会扰乱它们的战争。这个机会一来，卡尔十二就立刻入侵萨克森。这次蓄意的冒险奏效了，奥古斯都立即被打出局。如果这件事早一些发生，瑞典在波兰的多年战争原本就可以避免，军队就可以在 1702—1706 年间用于打击俄国。

瑞典的作战计划必须大加改动。在纳尔瓦的俄国军营中，传染病在战役爆发前就肆虐了。不幸的是，瑞典士兵进入俄国营帐后也被传染了。它在瑞军中如野火般蔓延，死者不可胜计。[35] 卡尔十二自此决定放弃封闭式军营。

在春季之前将增援部队从瑞典带到战场是不可能的，装备和金钱也是如此。因此，瑞军被迫在利沃尼亚和爱沙尼亚下寨过冬。

纳尔瓦的失败没有让彼得走上谈判桌的迹象。他全心全意地决定重建已被粉碎的军队。教堂大钟被熔化后制造加农炮，税收增加了，训练强化了。

1701 年 2 月，沙皇与奥古斯都在比尔森会晤时缔约。法国与神圣罗马帝国都在争取奥古斯都，而他也与皇帝利奥波德达成秘密谅解，换取对其波兰国王之地位的保证。因此，他能够从刚刚被瑞典人重挫的沙皇那里索取苛刻的条件。在《比尔森条约》中，沙皇同意在瓜分瑞典波罗的海领地时将爱沙尼亚和利沃尼亚交给奥古斯都；俄国人也同意支付巨额补助，并提供多达 2 万人的附属军支援奥古斯都；英格利亚割让与俄国。[36]

奥古斯都的地位现在看似强大。他得到了非常有利的对俄条约，皇帝也为他的波兰王冠提供担保，就像当初对普鲁士那样。奥古斯都也希望，如果瑞典在波罗的海受挫，丹麦-挪威就能够重返战争。

蒙特罗斯写道，卡尔十二的表哥奥古斯都代表了那个时代德意志最糟糕的专制主义[37]：

> 因为他的强烈欲望，人称"强人奥古斯都"。他青史留名的主要理由是生下了 354 个私生子女。他的一位私生女在嫁给她的同父异母兄弟后成了父亲的情妇，德累斯顿宫廷的道德水准可见一斑。

萨克森人的强大地位意味着他们成了卡尔十二的首要敌人。俄国人由于新近战败，且瑞典守军绵延在其边境，故不敢轻举妄动。奥古斯都虚伪地向皇帝和海上强国宣称自己的和平意愿，但已经下定决心重创瑞典人。他的军队从库尔兰基地出发，袭击了利沃尼亚南部。

春季，来自本土的增援使瑞军的兵力达到约 2.4 万。但同时打击奥古斯都与沙皇仍然兵力不足。然而，重要的是得尽可能久地让两个敌人摸不准自己的意图。瑞军最后决定渡过德维纳河，与萨克森人进行主力作战。预计取胜后，瑞典人将以一部分军队清剿库尔兰，大部分军队在夏末干燥之季或仲冬道路冰封之后对战俄军。必须避开雨季。通过以上方式，瑞典的省份就不会沦为战场。

瑞军渡过德维纳河是经过精心准备的。春季，在里加修建了一座浮桥，强度足以支撑骑兵，直到最后一刻才将它投入使用。为了迷惑萨克森人并掩护渡河行动，瑞军还制订了牵制计划。此外，瑞典人还部署军队保卫爱沙尼亚和利沃尼亚北部免受入侵，而其余部队被派往北方试探俄军的防御，为将来的行动做准备。

只有一段短暂的窗口期可供行动。春季解冻之后，秋雨绵绵之前，道路干燥，方可行动；青草长到足够马匹食用前也无法行动。或许最重要的是，要等待更多来自瑞典的增援到达。5 月，1 万名士兵在雷瓦尔登陆，波罗的海省份已有的军队得到了离开冬营的命令。6 月 17 日，正好是卡尔十二的 19 岁生日，军队开始从多尔帕特地区南下。军队循路前往里加，但在文登向右转往科肯豪森，试图将萨军从计划的德维纳河渡河点引开。7 月 3 日，军队到达距科肯豪森约 5 公里的某处时，又转向左方，全速奔往里加。里加万事俱备。

由于奥古斯都身处华沙，萨克森军队遂由亚当·海因里希·冯·施泰瑙将军指挥。他手头有 9000 名萨军，外加列普宁将军麾下的一些俄国附属军。他不知道瑞典人将在何处渡河，为了涵盖可能的地点，他将部队稀薄地分布开来。这一行动表明，当主攻点不为人知时，进攻相对于防守具有优越性。他只能在敌方意图明确之时集中兵力，而到那时已经太晚了。施泰瑙也对瑞军佯攻科肯豪森信以为真，向那座堡垒派出了增援。渡河前夜，瑞军在丢纳明德的另一次佯攻又误导了他。7 月 9 日黎明，渡河开始。

瑞军实现了战术上的出其不意。像古斯塔夫 1632 年的莱希河之战那样，本次渡河也采用了浓厚的烟幕。船只在烟幕掩护下渡过河流。还有小舟被高高堆叠起来，组成一道屏障，铺以成捆的干草，吸收枪炮火力。运兵船覆有矩形的大皮革，可吸收滑膛枪火力。

里加堡垒和武装商船提供了出色的掩护火力，与敌方的火炮阵地交火。火力支援非常有效，施泰瑙将军认为它对瑞典的胜利起到了重要作用。但进攻计划的一个重要环节失败了。先前造好的桥是一段一段的，不可能一下子就跨越 2000 英尺宽的河流，因为强劲的西北风阻止了它的布置。桥梁的失效导致瑞军无法投入大部分骑兵。

与此同时，步兵和较小的骑兵单位完全成功地渡河了。约 6000 名瑞军最终到达桥头堡。卡尔十二不顾副官和谋臣的反对，参与了第一批渡河。萨军试图驱走瑞典人时发生了一些恶战。然而，经过一场持续数个小时的战役后，萨军决定撤退。由于瑞军大多数骑兵缺位，追击萨克森人并施以决定一击的目标无法实现。虽然瑞军在桥梁指望不上后临时寻法让骑兵渡河，但这花了太长的时间，发起追击已然晚矣。

瑞典步兵在猛烈的火力下表现出了高度的纪律。他们意志极为坚定地打向敌人，令老练的萨军震惊不已，特别是在战役之初瑞军试图建立滩头阵地而人数远逊敌人的时候。[38]

瑞军胜利渡河给欧洲留下的印象甚至比纳尔瓦战役更大，因为人们认为萨军经验更加丰富，具有崇高的声誉。俄国附属军的行为令萨军感到失望。施泰瑙留作后备的4个俄国团陷入恐慌，尚未参战就一逃了之。[39] 战役中的损失较少：瑞军500人伤亡；萨克森军800人伤亡，700人被俘。[40]

没有及时让骑兵过河，使瑞军丧失了原本期待的决定性胜利。因此，他们不得不改变这一年的作战计划。

追击彼得大帝的计划取决于让奥古斯都先退出战争。这一点办不到，就破坏了计划。瑞典人不可能在波兰-萨克森军队齐整地部署在他们后方或侧翼的情形下打击俄国人。这一年剩下的时间里，瑞军都在保证库尔兰和瑞属利沃尼亚的安全。萨军一枪未发就放弃了科肯豪森和科布隆堡垒，但瑞军仍然将他们强行逐出丢纳明德。瑞军主力在库尔兰占据阵地，既可以挫败萨军与俄军搞串联的任何尝试，又占据了可以保卫北方领土的居中位置。这也是接收来自瑞典的增援和补给的良好地点。

英国、荷兰、普鲁士不顾瑞典的坚决否认，怀疑它意在吞并库尔兰，瑞典与海上强国的关系随之恶化。事实上，这一步骤在瑞典的长期日程表上。瑞军也向白海的阿尔汉格尔发起远征，铩羽而归，指责荷兰泄露了他们的计划。

卡尔十二幼稚地陷入了波兰的复杂政治和内部纷争。到目前为止，卡尔十二基本上是与作为萨克森选侯的奥古斯都作战①，但后者现已率军退入波兰，这就给瑞典人造成了麻烦。红衣主教米哈乌·斯特凡·拉杰约夫斯基，即波兰首座主教，在奥古斯都的请求下致书卡尔十二，警告他莫要进入波兰。持相反意见的波兰人也向他写信，其中主要有雅各布·索别斯基②。1697年试图争取波兰王位未遂后，他就在西里西亚流亡。

---

① 译注：言下之意，即奥古斯都具有双重身份，瑞典此时只与萨克森为敌，未与波兰为敌。

② 译注：波兰国王扬三世·索别斯基（1674—1696年在位）之子。扬三世在位期间的突出成就之一，是率领波兰军队参加1683年的维也纳保卫战。

废黜奥古斯都并代之以索别斯基的念头，源于瑞典首相府。首相在多个场合向国王提起过这件事。[41] 卡尔十二遂向波兰人提议，如果他们想推翻奥古斯都，瑞典就施以援手。那些想让波兰人自己解决问题的外交官们认为这么做太过火了。他们力谏国王在与波兰诸团体打交道时要小心谨慎。

对于卡尔十二同时打击奥古斯都与彼得大帝的军事行动而言，重要的是尽快解决波兰王位问题，而不是等待缓慢的外交流程。因此，他给波兰首座主教回信，摆明了他要求波兰人废黜奥古斯都，鲁莽地承诺一收到答复就进入波兰。国王没有想到——他承认自己考虑不周——拉杰约夫斯基准备在 1701 年 12 月的议会上将这封信示众。[42]

从长远来看，卡尔十二的所作所为几乎没有什么不同。他的困境在于，在对俄作战时不能将未被击败的奥古斯都留在后方。卡尔十二感觉自己得到了首相府的支持，但承认自己本不该把废立之事摆到纸面上。

波兰首座主教对卡尔十二 7 月信件的答复，直到 10 月中旬才送达。它拒绝了卡尔十二的提议，警告他不得侵犯波兰的任何领土。对萨克森的战争如今也变成了对波兰的战争，因为奥古斯都在这里寻求庇护，而波兰人不愿意驱逐之。卡尔十二怒不可遏，但在这一年作战为时已晚，这很可能就是波兰拖了 3 个月才答复的原因。

在北方，俄军也对瑞典领土采取反击，打破了瑞典人避免在本国省份作战的希望。安东·冯·施利彭巴赫上校（后来成为将军）和 7000 名士兵之前留守在此，保卫利沃尼亚。陆军元帅鲍里斯·舍列梅捷夫在多尔帕特附近与施利彭巴赫打过一场非决定性的战役。双方均遭受了约 1000 人的伤亡，但俄军俘虏了 350 名瑞典人并送到莫斯科。莫斯科之前总是听到被瑞典打败的消息，此时陷入了狂喜。[43]

6 个月后（1702 年 7 月 18 日），舍列梅捷夫所部俄军在胡梅尔肖夫重挫施利彭巴赫。瑞军几被歼灭——全军 5000 人，伤亡 2500 人，另有 300 人被俘。俄军损失 800 人。施利彭巴赫所部事实上被歼灭，使利沃尼亚向俄国人敞开怀抱，仅有一些主要城市要塞除外。舍列梅捷夫所部可以自由支配瑞典的省份了。野蛮的卡尔梅克和哥萨克骑兵在利沃尼亚纵情驰骋，焚烧村庄，俘虏成千百姓，乡野一片狼藉。

俘虏中，有一位17岁的农家少女，名为玛尔塔·斯卡夫隆斯卡，没有像其他人一样被送往亚速堡垒劳作。然而，她开启了作为情妇的传奇"事业"，首先委身舍列梅捷夫，随后是缅什科夫，最后是彼得大帝在1707年与她结婚，让她成为俄国皇后（女皇）叶卡捷琳娜一世。[44]

俄国人也控制了拉多加湖与纳尔瓦以南的佩普西湖。最终，他们夺取了拉多加湖南端与涅瓦河相连的诺特堡要塞。这座要塞控制了从波罗的海至俄国内陆的河网贸易，却仅有区区450名守军，在为期10天的围攻后，于1702年10月22日沦陷了，并被更名为"什利谢利堡"。直通芬兰湾的整条涅瓦河被占领了，彼得在河口建立了一座城市——圣彼得堡。

尽管卡尔十二在接下来5年都占据了军事优势，打赢了所有战役，但他仍然无法取得最终胜利。他像先辈们那样，陷入了同样的战争和政治泥潭。他的作战沦为地图上的线条，看起来就像一张蜘蛛网。瑞典深陷波兰和立陶宛，白白地给俄国人带去了好处。它给彼得大帝送来了7年的宝贵光阴，在纳尔瓦之败与瑞典入侵之间重建并强化军队。他也向反对卡尔十二的派系提供慷慨的津贴，甚至在1702年与立陶宛达成联盟，尽力使瑞典无法抽身。

1702年，卡尔十二进军华沙，5月14日占领之，没有遭遇抵抗。随后，他向西而去，搜捕奥古斯都。为了保住王位，他终究还是现身了。两军在克利索夫交战。瑞军处于1∶2的劣势，由8000名步兵和4000名骑兵组成。他们对面，是7500名萨克森步兵、9000名萨克森骑兵、6000名波兰骑兵，阵形强固，难以攻取。几乎所有的瑞军火炮，为了与军队保持同步，都艰难地在泥泞中穿行。战役之初瑞军只有4门炮可用。萨军有46门炮。[45]

观察了萨克森的阵地后，卡尔十二改变了战斗部署：疏开己方中军和右翼，对萨军右翼发起冒险的包围。进行包围之时，弱化后的中军和右翼面对强力进攻，仅能勉强应付。最终，随着中军和右翼上前牵制了面前的敌军，瑞典人就扑向了萨军右翼。萨军绝望地陷入钳形包围，被迫退往后方的沼泽地。战役结束后，瑞军进入敌营。瑞军300人战死，约500人受伤。萨军约2000人战死，1000人被俘。瑞典一方的阵亡者中，有卡尔十二的姐夫、荷尔斯泰因-戈托普公爵弗雷德里克四世。奥古斯都由沼泽地逃跑。

与萨军的下一次大战大约在一年后，即1703年6月，地点为普乌图斯克。

瑞军在急行军后，向受惊的萨军猛扑而去，打散了他们。卡尔十二未予追击，而是围攻附近的托伦堡垒，奥古斯都在此驻扎了 6000 名最优质的步兵。当卡尔提议仅仅以 600 人突袭堡垒时，他的军官们均表示异议。据说，当时卡尔十二说出了这番话："我的士兵在哪里，我就在哪里。至于瑞典，我不会成为它的重大损失，因为它迄今还没有从我这里得到什么好处。"[46] 他接受了意见，不采取冒险的进攻，军队安营扎寨，进行 6 个月的围攻。瑞军最终获胜，伤亡仅 50 人。除了堡垒外，战利品还包括 84 门加农炮和 1000 件武器。堡垒的墙壁被拆除。这座城市不得不支付 6 万王国塔勒的贡赋。下一年，瑞典人通过对骑兵的出色运用，在波尼茨取得了又一场胜仗。

卡尔十二仍然坚持摧毁奥古斯都及其在波兰的影响力。他继续推行戡乱作战，拿下了克拉科夫和波兹南。1704 年，埃尔宾被占领。同年 7 月，卡尔努力让他提出的候选人斯坦尼斯瓦夫·莱什琴斯基当选波兰-立陶宛国王。①

卡尔没有足够的兵力有效对付遥远北方的俄国人，使他们得以一次接一次地夺取瑞典的领地。1705 年 7 月，多尔帕特被夺取，下一个月轮到了纳尔瓦。俄国人屠杀了纳尔瓦的全部瑞典居民。[47]1705 年，苏格兰籍将领乔治·奥格尔维率领的一支俄军占领了库尔兰，但避免与卡尔十二进行重大作战。瑞典国王将俄国人逐出了立陶宛，但在 1706 年 7 月止步于平斯克。

若干次战役证明，瑞典骑兵是一个决定性的兵种，最佳例证就是 1706 年 2 月 3 日的弗劳斯塔特战役。② 当时，卡尔十二正在围攻格罗德诺堡垒，奥格尔维已经被迫率领全军撤退。彼得决定必须守住格罗德诺，否则通往俄国的道路将向瑞典人敞开。弗劳斯塔特的消息传来后，沙皇又命令奥格尔维从格罗德

---

① 译注：据尼斯比特·贝恩《卡尔十二与瑞典帝国的崩溃》，卡尔十二钦点的候选人原是雅各布·索别斯基。但不甘心失败的奥古斯都竟然绑架了雅各布及其弟弟康斯坦丁，令卡尔十二尴尬无比。瑞典救下了雅各布的另一个弟弟亚历山大，但他拒绝出任国王。奥古斯都在克拉科夫召开了针锋相对的会议，还频频尝试进军华沙。伦舍尔德时刻警惕着萨军的动向。卡尔十二没有选择外国人担任波兰国王，因为这在当时欧洲的紧张环境下很容易引起负面影响，要么会得罪法国，要么会得罪反法同盟。最后，他相中了年轻的亲瑞派波兰贵族斯坦尼斯瓦夫。此人国际关系简单，且易于控制（1902 年，121–122 页）。

② 译注：本书第九章中，弗劳斯塔特战役的日期是 2 月 13 日，一个是旧历，一个是新历。另，本段描述的是格罗德诺之围，以下三段描述的才是弗劳斯塔特战役，不可混淆。

诺撤退。将所有大炮扔入河中后,奥格尔维成功逃离,按照命令经由普里皮亚季沼泽向基辅而去。[48]

伦舍尔德将军留守波兰。沙皇恳请奥古斯都在西面进行牵制进攻,以缓解格罗德诺的压力。为了满足盟友的要求,奥古斯都以1.5万人渡过奥得河,同时萨克森将领约翰·马蒂亚斯·冯·舒伦堡自西面逼近。舒伦堡有2万~3万人,由俄国人和萨克森人组成。奥古斯都对胜利信心十足,派大臣去柏林请求普鲁士不要为逃跑的瑞典人提供安全庇护。[49]

伦舍尔德仅有8000人,多数为骑兵,奥古斯都与舒伦堡的兵力远胜于他。他不能让他们会师,遂决定打击更强的舒伦堡部队。尽管敌方兵力是自己的3倍多,他仍然选择进攻身处强固阵地的萨军与俄军,后者为了抵挡令人生畏的瑞典骑兵,刻意选择两座村庄作为阵地的依托点。瑞军全速疾驰,迫使两翼的萨军骑兵溃逃。然后,瑞军以双重包围圈向中间挤压,由瑞典步兵进攻中军。结果对于萨军是灾难性的。3万萨俄联军[50]中,80%阵亡或被俘。死者据估计有七八千人。[51]瑞军屠杀了俄国降卒,毫无疑问是为死于俄军屠杀的纳尔瓦瑞典市民报仇。

奥古斯都不敢找瑞典人碰运气,率军撤退了。卡尔十二对伦舍尔德的胜利大加赞赏,立即提拔他为陆军元帅。

彼得大帝既怒且忧。马西部分引用了他写给外交大臣戈洛温的信[52]:

萨克森全军败于伦舍尔德,并损失了全部火炮。萨克森人的不忠和懦弱现在显而易见:3万人竟被8000人打败!骑兵还没有发出一轮射击,就逃之夭夭。步兵有一大半丢下了滑膛枪,消失不见,把我们的人孤零零地留在那里,我看其中活下来的不足一半……送钱(给奥古斯都)只给我们自己带来了不幸……

布伦海姆和拉米伊之战①(1704—1706年)后,海上强国似乎在西班牙王

---

① 译注:均是西班牙王位继承战争中马尔伯勒公爵击败法军的经典战役。两地分别位于巴伐利亚和比利时。

位继承战争中占据了上风。卡尔十二觉得,它们不会再对瑞典入侵萨克森感到敏感。海上强国也对萨克森与普鲁士结盟的可能性感到忧虑。威廉三世派遣马尔伯勒公爵约翰·邱吉尔赶赴柏林,通过威吓、贿赂、承诺,劝阻腓特烈一世国王,并说服他备战法国。[53]

卡尔十二决定打击萨克森。1706 年 8 月 22 日,瑞军越界进入西里西亚。信奉新教的西里西亚人将其视为解放者。瑞典人到达萨克森边境时,这个选侯国内出现了恐慌情绪。奥古斯都及其家人向各个方向逃去。萨克森枢密院依照授权,在奥古斯都缺席时执政,决定放弃作战。为了保住奥古斯都的波兰王位而损失 3.6 万名士兵后,他们已经对战争感到厌倦。莱比锡和德累斯顿这样的主要城市,未做抵抗就被迅速占领。卡尔十二在位于阿尔特兰施泰特城堡的总部向萨克森人提出了条件。

主要条款是简洁的,萨克森人在 1706 年 10 月 13 日签署的《阿尔特兰施泰特条约》中予以接受:

(1)奥古斯都彻底且永久地放弃对波兰王冠的诉求。
(2)奥古斯都承认斯坦尼斯瓦夫为波兰国王。
(3)萨克森与俄国断盟。
(4)将所有为萨克森服役的瑞典国民或俘虏交给瑞典人。
(5)瑞军在萨克森过冬所需一切开支由萨克森支付。

24 岁这年,瑞典国王达到了事业的巅峰。在连续 6 年与丹麦人、萨克森人、波兰人、俄国人的作战中,他一战未输,他在欧洲的声誉从来没有现在这么高。但是,他浪费的 6 个年头对俄国非常宝贵。卡尔十二现在安营过冬,同时考虑下一步的行动。

卡尔十二在萨克森

1706—1707 年冬季以及之后一年的大多数时间,卡尔十二及其军队心安理得地在萨克森休整,代价由这个当初的敌国承担。通过一系列不间断的胜利,卡尔十二清除了在大北方战争中与瑞典对立的三大敌人中的两个——丹麦与萨克森。然而，俄国仍然没有退出，瑞典国王决定下一步就解决它。瑞军在萨克森也不是无所事事。他们持续不断地训练，为后续作战准备的增援部队正在赶来。

卡尔十二滞留萨克森期间有两件事值得一提。瑞军出现在德意志心脏地带，给欧洲带来了地震般的影响。他距离莱茵河仅有 300 公里左右。1706—1707 年冬，大量外交官来到萨克森，试图探寻卡尔十二的意图。路易十四提出了结盟，这将使欧洲局势变得对他有利。这两个国家将瓜分德意志诸邦。西里西亚请求瑞典人留下来为他们防备神圣罗马帝国。卡尔甚至走到了这一步：如果西里西亚的路德信徒没有得到宗教自由，他就威胁进军维也纳。伏尔泰记述道，一位教皇代表对瑞典国王的厚颜无耻感到愤怒，皇帝约瑟夫据说如此回应：“瑞典国王没有提议让我成为路德信徒，你就感到庆幸吧；如果他这么做了，我可不知道我该怎么办。” [54]

最著名的使者是马尔伯勒公爵（1650—1722 年）。海上强国担忧卡尔十二与法国结盟。从马尔伯勒动身前得到的指令来看，要阻止这种可能性，它们愿意采用任何手段。

这个时代最成功的两位将领之间的两日会谈，向人们充分展示了两人性格的不同。英军总司令马尔伯勒装扮华丽，而卡尔十二身着他常穿的那一件蓝色大衣。

卡尔十二告诉马尔伯勒，解决俄国就让他忙得够呛，他预计这场战争会持续两年，他无意成为欧洲的仲裁者。马尔伯勒似乎同意在瑞典与丹麦和神圣罗马帝国的矛盾中支持前者，承认斯坦尼斯瓦夫为波兰国王并担保《阿尔特兰施泰特条约》。马尔伯勒作为外交官就像作为将军那样经验丰富，他谨慎地避免将承诺写在纸上，这样可以为矢口否认提供某种方便。他关于斯坦尼斯瓦夫和《阿尔特兰施泰特条约》的承诺，不符合盟国尤其是荷兰的利益。他的任务被认为是成功的，因为在与卡尔十二和他的一些军官进行讨论，并且偷瞄了瑞典国王有意无意留在桌子上的地图后，他确信瑞典人在未来两年里将忙于对付俄国人，没有卷入西欧事务的意图。[55] 卡尔十二要求提供一份文件，详细列出达成一致的事项。这一文件在国王离开萨克森后交给了他。

西欧的惊慌平静了几分，但并未全部平静。如果瑞典人像预计的那样迅速获胜，那就没有什么人可以阻止他们转向西方，向交战双方指手画脚。

谈判

彼得大帝确信卡尔十二将入侵俄国时，感到焦虑不安。他焦躁地寻找盟友，并发起强烈的和平攻势，这恰恰表明他将是独自面对瑞典的国家。对和平攻势的大多数描述都存在某种程度的差异，我主要依据的是马西的研究成果，他的 2012 年版本是最新的。

彼得的和平提议最终包括归还多尔帕特、利沃尼亚和爱沙尼亚，除此之外，他想保住什利谢利堡、涅瓦河谷、圣彼得堡、纳尔瓦和雷瓦尔。卡尔十二完全不能接受。斯德哥尔摩的一些议员和政府官员像之前对待奥古斯都的和平提议那样，力促国王接受。国王礼貌地加以拒绝。他认为，这只不过是缓兵之计，不是他追求的永久方案。

俄国沙皇在和平攻势中接触过西班牙王位继承战争的双方，首先是海上强国与神圣罗马帝国。他承诺，如果它们能够说服瑞典接受和平提议，他可以提供 3 万名士兵帮助它们对战法国。荷兰未予回复，他随即与丹麦和普鲁士接触。拉这些国家下水的尝试失败了。随后，他接近法国，承诺只要法国帮助调停，俄国就提供打击帝国、荷兰、英国的部队。路易十四接受了，但瑞典国王说俄国人出尔反尔、不足为信，婉拒了他的斡旋提议。[56]

在 1707 年之前，彼得进行了最后一试：寻求英国帮助。为此，他愿意向马尔伯勒和其他人提供巨额贿赂——即便如此，他怀疑腰缠万贯的马尔伯勒不会接受贿款。然而，这位英国公爵安排俄国使者赴伦敦觐见安妮女王。女王告诉俄国人，如果她现在的盟友荷兰与帝国同意的话，她就准备与俄国结盟，由此让俄国成为"大同盟"的一员。马尔伯勒承诺发挥他对荷兰的影响力，使俄国人保持了一线希望。恰在此时，马尔伯勒与瑞典国王举行了两日会谈，做出了本章前文提到的承诺。

根据马西的观点，英国人的两面三刀还不止于此。俄国驻欧巡回大使海因里希·冯·许森声称，与马尔伯勒的另一次接触也曾在斟酌中。"公爵曾说过，他愿意安排英国帮助俄国，换取俄国为他个人提供的巨量金钱和土地。"[57]彼得得知后，表示马尔伯勒可以拥有三个采邑中的任何一个，终身可享受 5 万

达克特 / 年的待遇。但这一提议不了了之。

沙皇彼得也在争取帝国支持波兰王位换上新的候选人。他提议的候选人有先王之子雅各布·索别斯基、萨伏伊的欧根①、费伦茨·拉科齐②。索别斯基拒绝了。皇帝谨防激怒卡尔十二，借口欧根因准备另一场作战而无法抽身。拉科齐确实接受了王位，但条件是波兰议会向他提出请求才行。

卡尔十二的主要部属曾设想瑞军将北上夺回俄占领土。贝恩描述道，当他们得知国王的真实意图后，除陆军元帅伦舍尔德外，他们全部表示反对。[58] 我没有在其他资料中发现这一说法。

1707 年 8 月中旬，瑞军准备接受它最大的一次考验。27 日傍晚，卡尔十二骑马离开阿尔特兰施泰特，追赶已经出发的主力部队。他仅在 7 名军官的陪同下，临时改道，进入敌国首府德累斯顿，突访表哥奥古斯都。这一招果真出其不意，瑞典国王发现他的亲戚还穿着便袍。奥古斯都迅速换上了得体的衣服后，表兄弟俩拥抱一番，又沿着易北河骑行。奥古斯都既已受惩，卡尔心中就不再存有恶感。他也拜访了姨母，也就是奥古斯都的母亲。这是他最后一次见到奥古斯都母子。

事实上，单单国王闯入敌国首府这一项举动，就让部下们对他的鲁莽感到惊慌失措。他们告诉国王，一旦他被俘，他们就打算包围德累斯顿。第二天，奥古斯都在德累斯顿召开了一场日程之外的枢密院会议。在战场上陪伴国王的瑞典外交官亨宁·冯·施特拉伦海姆男爵向卡尔十二评论道："您看吧，他们在考虑本应该在昨天做的事。"[59] 我们不知道国王为什么要转道前往德累斯顿。这似乎是突然想见亲人一面的冲动。

---

① 译注：神圣罗马帝国（奥地利）军事家，在西班牙王位继承战争中战功赫赫。
② 译注：特兰西瓦尼亚亲王。

注释:

[1] Hatton, *op. cit.*, p. 35.

[2] 奥古斯都与卡尔十二是表兄弟。卡尔母亲的姐姐安娜·索菲亚嫁给了萨克森的约翰·乔治三世，1717 年去世，奥古斯都是他们的儿子。

[3] Frost, *op. cit.*, p. 227.

[4] Peter Englund, *The Battle that Shook Europe: Poltava and the Birth of the Russian Empire* (New York: I. B. Turis & Co, 2011—originally printed in 2003), pp. 33-34.

[5] Montross, *op. cit.*, p. 369.

[6] Joseph Cummins, *Great Rivals in History: When Politics Gets Personal* (New York: Metro Books, 2008), p. 135.

[7] 这场战争通常被称作"大同盟战争"，在美国被称为"威廉国王之战"。一方是法国，得到了爱尔兰和苏格兰派系的支持；另一方是荷兰共和国、英格兰、神圣罗马帝国、西班牙、皮埃蒙特－萨伏伊。1697 年的《赖斯韦克条约》结束了这场战争。英国的主要收获是让法国承认了奥兰治的威廉为英格兰、苏格兰、爱尔兰的国王。

[8] Gustaf Jonasson, *Karl XII och hans rådgivare: den utrikspolitiska maktkampen i Sverige 1697-1702* (Stockholm: Svenska bokforlaget, 1960), pp. 20-27.

[9] Hatton, *op. cit.*, p. 133.

[10] 弗林特朗南水道非常浅，较大的瑞典战船被留在原处。五艘船触底后又重新上浮。

[11] 详细讨论见 Jonasson, *Karl XII*, pp. 168-173。

[12] Frost, *op. cit.*, p. 229.

[13] Herman Brulin, *Sverige och Frankrike under nordiska kriget och spanska successionskrisen åren 1700-1701* (Uppsala: Almqvist & Wiksells boktryckeri, 1905), pp. 60f and pp. 186-187.

[14] Jonasson, *Karl XII*, p. 181 and Brulin, *op. cit.*, pp. 99-101.

[15] Hatton, *op. cit.*, p. 146.

[16] Jonasson, *Karl XII*, p. 209.

[17] Hatton, *op. cit.*, pp. 146-148.

[18] Stiles, *op. cit.*, p. 125 引用了"历史协会"1984 年的一份小册子，它是哈顿所撰的卡尔十二长篇传记的浓缩。

[19] Hatton, *op. cit.*, p. 149.

[20] *Ibid*, p. 150, quoting Generalstaben, *Karl XII på slagfältet*, editor Bennedich, volume II (published 1918-1919), p. 304.

[21] Hatton, *op. cit.*, p. 150.

[22] Peterson, *op. cit.*, Kindle edition, loc. 5908，称有560名资深西欧军官与俄军在一起，其中包括140名上校。

[23] 例如，Montross, *op. cit.*, p. 370. Fuller, *op. cit.*, volume II, p. 165 称彼得大帝和他的陆军元帅仓皇逃离战场。

[24] Robert K. Massie, *Peter the Great: His Life and World* (New York: The Modern Library, 2012), pp. 401-402 and Hatton, *op. cit.*, p. 152.

[25] Massie, *op. cit.*, p. 404.

[26] Thomas E. Griess, series editor, *The Dawn of Modern Warfare*. The West Point Military History Series (Wayne, New Jersey: Avery Publishing Group Inc., 1984), p. 90.

[27] Massie, *op. cit.*, p. 407.

[28] *Ibid*, pp. 408-409.

[29] *Ibid*, p. 412.

[30] Hatton, *op. cit.*, p. 153 quoting Generalstaben, *Karl XII på slagfältet*, volume Ⅱ, p. 353.

[31] Reinhard Wittram, *Peter Ⅰ. Czar und Kaiser* (Göttingen: Vandenoeck & Ruprecht, 1964), vol. Ⅰ, p. 241.

[32] Massie, *op. cit.*, p. 412.

[33] *Ibid*, p. 413.

[34] Fuller, *op. cit.*, volume Ⅱ, p. 166 写道，决定此时入侵俄国 "将是一场愚蠢透顶的行为"。

[35] Hatton, *op. cit.*, p. 158.

[36] Wittram, *op. cit.*, volume Ⅰ, pp. 243-245.

[37] Montross, *op. cit.*, p. 370. 他的其中一位私生子是萨克森的莫里斯（1696—1750 年），著名的法国大元帅。他也是一位著名的兵法作家——最为人所知的作品是《我的梦想》。莫里斯的母亲是柯尼希斯马克伯爵夫人玛丽亚·奥萝拉。

[38] 依据施泰瑙将军 1701 年 7 月的一份报告，由 Hatton, *op. cit.*, p.165 and note 29, p. 564 引用。

[39] Massie, *op. cit.*, p. 424.

[40] Hatton, *op. cit.*, pp. 165-166, quoting Generalstaben, *Karl XII på slagfältet*, volume Ⅱ, p. 397.

[41] Jonasson, *Karl XII*, pp. 229-231 and p. 239.

[42] Hatton, *op. cit.*, pp. 168-169.

[43] Massie, *op. cit.*, p. 427.

[44] Virginia Cowles, *The Romanovs* (New York: Harper & Row Publishers, 1971), pp. 44 & 49.

[45] Frost, *op. cit.*, p. 272.

[46] Bain, *op. cit.*, p. 117.

[47] Dupuy & Dupuy, *op. cit.*, p. 615.

[48] Massie, *op. cit.*, p. 495.

[49] Bain, *op. cit.*, p. 137.

[50] While Frost, *op. cit.*, p. 275 估计舒伦堡的军队规模为 1.8 万人；Massie, *op. cit.*, p. 495 认为俄军和萨军在弗劳斯塔特的数量为 3 万人，彼得大帝致外交大臣的一封信中也是如此。

[51] Frost, *op. cit.*, p. 276, quoting Generalstaben, *Karl XII på slagfätet*, volume Ⅱ, pp. 444-476.

[52] Massie, *op. cit.*, p. 495.

[53] Montross, *op. cit.*, p. 371.

[54] Voltaire (François Marie Arouet), *History of Charles XII*. Translated from the French by Tobias Smollett. (New York: The Colonial Press, 1901), p. 90.

[55] Hatton, *op. cit.*, pp. 224-227.

[56] Massie, *op. cit.*, p. 513.

[57] *Ibid*, p. 515.

[58] Bain, *op. cit.*, p. 159.

[59] Voltaire, *op. cit.*, pp. 92-93.

俄罗斯之战——
卡尔十二的蒙尘与殒身

第九章

一位将军在战争中不犯错误，是因为他太久没参战了。

——蒂雷纳元帅

古斯塔夫·阿道夫之后战争的变化

虽然古斯塔夫·阿道夫的军事体系为 18 世纪的欧洲战争提供了基础，但能够充分实施者少之又少。其理念的外在方面被人复制，但大多数实践者未能理解他对诸兵种联合作战的灵活运用。阿诺德·汤因比就提到过"肇、胜、昏、乱的历史循环"。[1]

瓦尔特·格利茨写道："当时的战略如同棋盘，集中于巧妙的操作，而尽可能避免痛苦地决定直接接触。"[2]那个时代最重要的军事史家之一威廉·冯·绍姆堡–利珀伯爵在他的《防御战回忆录》中写道，战争艺术的目标应当是避免战争，或者在不可能做到这一点时减轻战争的邪恶一面。[3]罗杰·博伊尔（布罗格希尔和奥雷里勋爵）①在 17 世纪 70 年代写道：

如今，战役无法解决国家间的争端，也不像以往那样将国家暴露于征服者的劫掠中。因为我们更像狐狸而非狮子那般作战。为了打一场战役，你将要

---

① 译注：17 世纪爱尔兰军人，曾为英国下议院成员，创作过一些军事题材的剧本。

进行 20 次围城。[4]

战争的打法由经济决定，这在历史上屡见不鲜。西方强国的职业军队是昂贵的工具，无法被迅速取代。需要进行长期的训练，才能精确地执行计算好的部署和操作。马尔伯勒和萨伏伊的欧根（1663—1736 年）麾下的步兵，以往往长达数公里的稀松长线作战。步兵受训以若干组三重阵列行进，前后相接，每组有 3 或 4 排的纵深。这些线列即便在战事最酣之时也有望保持完美的列队。士兵们受训执行复杂的动作，与他们"精巧的回旋和机动"严格保持一致。[5]

在这样的环境中，武器技术鲜有进步就不足为奇了。可见的进步主要在于改进已有的武器。燧发滑膛枪配以环扣式刺刀仍然是基本的步兵武器，只是稍作调整。

炮兵没有什么实质变化。在活跃的出口刺激下，17 世纪初期的瑞典技术迅速在欧洲传播。17 世纪 50 年代开始，由瑞典输往阿姆斯特丹军火商手中的武器每年至少 1000 件。其他国家的武器制造商很快就开始复制。

骑兵的作用变弱了。他们主要被用作散兵、打击敌军骑兵、充当侧翼防护、袭击敌军的联络线。[6]

最显著的成就是在攻城术领域取得的——既包括修筑工事，也包括攻破工事。这些成就归功于塞巴斯蒂安·德·沃邦元帅（1633—1707 年）。因篇幅所限，他的成就无法详述，但我向那些希望深入了解该主题的读者推荐两本书。[7]

新型堡垒造成了不易解决的问题。帕克指出，一座堡垒或以城墙护卫的城镇，若拥有强大的守军，由符合战略布局的据点支援，那是相当危险的，以至于无法绕道而行，只能夺取之。[8] 因此，大多数对阵战发生在围城军和前来援救被围者的军队间。围城战的次数上升了，而对阵战的次数急剧下降。马尔伯勒在他的 10 次作战中只打过 4 次大型战役，但参加了 30 场围城战。[9]

战场的空间和战役的范围由三种因素决定——骑兵作用的弱化、武器的有限射程、后勤。补给存放在数量有限的仓库中。这些仓库的位置及其与战场的距离决定了作战的范围，对战争造成了限制。

瑞典人对 18 世纪早期的西式战争持何见解？至少可以说，他们认为这没什么大不了。弗罗斯特写道，瑞典总参谋部"对同时代欧洲军队的线式战术唯有轻蔑"。[10] 在瑞典人看来，西欧的战争过于强调防御，排除了由武力定出最终胜负的可能。

弗罗斯特相信，西欧线式战术和瑞典战术之间的区别被夸大了，西欧的战术也不像描述的那样是防御性的。然而，作为一名杰出的历史学家，弗罗斯特指出瑞典战术令西欧观察家们感到困惑，从而使自己的论述不那么绝对。[11]

西欧战术与瑞典战术存在可观的差异，这主要是由卡尔十二的战争目标推动的。这个战争目标，是根据波罗的海两个世纪的不断战争而确立的。瑞典的战争目标是全面击败敌人，不是夺取一座堡垒、一座城市乃至一个省份。而瑞典军队是为实现那些目标而训练和组织的。简言之，瑞典的军队是为进犯性战争准备的。

瑞典军队与其西欧同行一样装备优良。他们受到了上等的训练，拥有高度的纪律。这种纪律不像西欧那样建立在严酷的体罚和死刑基础上，而是建立在领导的榜样上。卡尔十二与士卒共同生活，包括在空地上睡觉、食物与部下相同、与部下共历艰辛。其他军官也仿效这种榜样。国王与军官像士兵一样冒着敌人的炮火。人们总是发现国王身处战场最激烈的地方，他的暴虎冯河经常受到指责，但士兵们都喜欢他这一点。他受到了士兵的真诚热爱与尊敬，这足以向他们灌注纪律感和进攻精神，训诫措施反而无甚必要。

瑞典人保留了长矛，而西欧军队已经将之抛弃。这不是因为缺乏包括刺刀在内的近代步兵武器——事实上，弗罗斯特指出，瑞典的刺刀比西欧的很多刺刀更好。[12] 瑞典人只不过认为长矛仍能派得上用场。

在古斯塔夫时代，瑞典步兵进攻敌军步兵，是在连续的滑膛枪齐射后，以稳健的步伐实施的。齐射由每一个前排发出，一排穿过另一排，逐步接近敌军。卡尔十二治下的瑞典步兵规则，是让步兵在奔跑中与敌军步兵作战，在一些情况下并不取下滑膛枪。没有伴装的开火或动作，因为第一次——多数情况下也是唯一一次——齐射是尽可能靠近敌人发出的。在 1706 年 2 月 13 日的弗劳斯塔特之战中，军队以三次火炮齐射和一次滑膛枪齐射，打出一波迅猛攻势，随后以剑、矛、刺刀冲垮敌军步兵线列，其中一些步兵甚至一次齐射都未发出便也加入冲击。

步兵以传统的缓步接近，短暂地停下发出齐射时，敌方位置固定的步兵本可以向位于他们前方歼敌区的进攻者发出四至五次精准的滑膛枪齐射和若干次火炮齐射。而在狂奔之时，敌方只有时间发出一次滑膛枪齐射，或者最多两次。数以千计的瑞典人尖叫着狂奔而来，足以使受过上佳训练、身经百战的步兵丧失勇气，使他们的开火无法精准。理论上说，奔向敌人可以减少伤亡，这或许就是瑞典人所想。

卡尔十二虽然对火炮有所应用，但似乎没有先王们那么信任火力，而这与古斯塔夫的联合兵种思想存在显著分歧。马尔伯勒在萨克森经过瑞典军营时，对于火炮的缺乏感到惊讶。

1702 年的克利索夫之战中，卡尔十二起初只有 4 门炮，没等剩余火炮到场，就向萨军发起进攻。侵俄之时，卡尔十二总共带上了 72 门火炮，这些火炮要支援的军队人数三倍于古斯塔夫·阿道夫带往德意志的军队，而后者却有 80 多门火炮的支持。古斯塔夫在奥得河畔的法兰克福有 200 门炮，在韦尔本战役有 150 门。在波尔塔瓦战役中，俄国火炮控制了战场，而大部分瑞典火炮与辎重队在一起。

与西欧军队不同，瑞典仍然十分强调骑兵武装。瑞典骑兵理论上以"膝对膝"列队①骑在高头大马上冲锋，对于敌军阵形而言定然是种令人不安的景象。

弗罗斯特评曰："（瑞典人的）这些进攻性战术的精彩成果对他们的成功起到了重要作用，因为它们保证了高昂的士气。"这话说到了点子上。[13] 十余年间的一连串胜利，向军队灌输了对军事统帅卡尔十二的极度忠诚和盲目信仰。国王简朴的战地生活和奋不顾身的勇气使他得到了部下的爱戴。这种军队的武德，被克劳塞维茨视为战争中最重要的道德力量之一。[14]

对于任何打过败仗，尤其是像波尔塔瓦这样改变历史的败仗的军事指挥官，文献中从不缺乏对最终失败的批评和原因探讨。我想起了蒂雷纳元帅的名言："一位将军在战争中不犯错误，是因为他太久没参战了。"

---

① 译注：密集队形。

卡尔十二的战略

在审视和评价卡尔十二的战略时，我们必须立论在国王发动侵俄战争时知道什么或本该知道什么这一基础上。军事战略必须指明：（1）目标——要实现什么；（2）军事战略理念——以何种方式实现这些目标；（3）足以实现目标的军事资源。

拿破仑是卡尔十二最严厉的批评者之一。在圣赫勒拿岛流放期间口述的回忆录中，拿破仑直言卡尔十二只是个勇敢但对战争艺术一窍不通的士兵。[15] 需要记住的是，拿破仑是在他自己灾难性的俄国征战后才为后世写作的，而他本想让自己的战争享有无上荣光。

与其他很多作者的主张不同，拿破仑的论点不是说该目标不合理，也不是说资源不充足。他注意到，卡尔十二有举世最佳的 8 万军队可用于入侵。拿破仑重视军事战略理念，声称错即在此。他最严厉的批评在于卡尔分散了他的力量，没有遵循汉尼拔放弃所有联络线的先例并在俄国建立基地。

这是个奇怪的批评，它来自一位在 1812 年同样犯错的军事领袖；他攻克了莫斯科，但在一场灾难性的缺乏补给的冬季撤退中失去了他的军队和帝国。拿破仑批评卡尔十二转向南方，而不是继续向只有 10 日行程的莫斯科前进，这一点更有逻辑性。克劳塞维茨也针对卡尔十二没有进击俄国的中心——首都，提出了温和的批评。[16]

拿破仑一开始基本上和卡尔十二走的是同一条路，在 1812 年侵俄战争中，他在床头柜或桌子上摆着一本伏尔泰写的卡尔十二传记。[17] 他虽然气冲冲地否定了伏尔泰的一些论调，但又向下属和谋臣们保证自己不会重蹈瑞典人的覆辙。[18]

我们一定要根据入侵时的情况来看待问题。瑞典人依赖过去的经验，对俄军白眼相看。对卡尔十二而言，纳尔瓦战役暴露了俄国的虚弱。国王认定：不清除俄国的威胁，瑞典的波罗的海省份就不安全。在俄国首都逼彼得签一份持久的和约就能实现这个目标。卡尔十二坚信这是可以达成的，大多数观察家也这么认为。[19] 当彼得大帝开始强化克里姆林宫的防御时，莫斯科几近恐慌。富勒写道："这毫不足怪，因为查理（卡尔十二）的威望现已如此之高，除了少数的明眼观察者，全欧洲都预测他可以击溃沙皇，迫使克里姆林宫媾和。"[20]

虽然开战时的财政基础良好，但现在瑞典发现自己遇到了常见的财政困难，这使长久的防御战变得不堪设想。[21] 通常的贷款渠道——海上强国——因为深度卷入西班牙王位继承战争，已经被榨干了。卡尔十二对这些事实心知肚明，他得出结论，唯一合理的行动路线就是在俄国人的老家向其发动迅速且决定性的一击。对于这一目标，他有着充足的物资去实现。鉴于彼得大帝正对军队进行疯狂的重建和改造，卡尔可能已经断定瑞典等不起了，因为一二十年后的俄国将更难对付。

说到瑞典国王的行动理念，有理由加以批评。选择经过立陶宛的直接路线——而不是更偏北的路线——显然是为了避免将波兰留给俄国人摆布。俄军已经开始对这个国家发动大规模袭击了。这是一个合乎逻辑的决定，但事实证明卡尔所安排的后勤支援是灾难性的。

有一样东西，瑞典人没有考虑到——俄国有记录的最严酷的冬季之一。正如1812年和1941年那样，"冬将军"帮助了俄国。就像拿破仑和希特勒一样，卡尔十二将会认识到：一支没有可靠后勤的军队，与富有耐心、愿意以空间换时间的敌人作战，是处于明显不利境地的。[22]

1707年的俄国之战

对于侵俄瑞军的兵力，史料一如既往地存在分歧。前去打击沙皇的军队，传统上被计为3.3万～4.3万人。哈顿下结论说，瑞典主力军的力量与4.4万人相去不远。[23]

更多的部队正在从瑞典前往利沃尼亚的路上，尚未加入主力军。耶奥里·利贝克将军的1.4万人部署于芬兰，有望参与行动，即进攻圣彼得堡而牵制俄军。此外，卡尔十二希望亚当·路德维希·莱文豪普特将军所部1.14万人可以在利沃尼亚加入他。

卡尔十二将莱文豪普特留在利沃尼亚执行运送补给的任务。命令他前进时，他就要追随主力军队。但带上这些补给与莱文豪普特部队一同出征，保持在紧急时刻可以由主力军支援的距离，本是更明智的做法。至于说此举可能减缓瑞典入侵的步伐，这不足为信。瑞典人并不急，他们花费了较长时间等待维斯图拉河封冻和生力军从瑞典经利沃尼亚赶来，然后在格罗德诺附近下寨过冬。甚至大型的补给队伍也不会减缓他们的步伐。让补给队伍远远跟在主力军之后，在敌国领土上单独前进，两翼敞开达数百公里，是一个鲁莽的决定。这些补给若是与主力军相伴，瑞军就本无必要向南转进乌克兰，而是可以直接挺进莫斯科。唐宁写道："深入乌克兰的卡尔十二遭遇失败，至少部分地是由于'派役制'的显著缺点：缺乏合理的补给系统。"[24] 正如拿破仑指出的那样，瑞典军队本来也可以保持集中。而结果却是，只有约 50% 的有效兵力参与了实际作战。

另有 2.2 万人分布于瑞典帝国各处，1.7 万人留在瑞典本土。这些军队在数量上大致等于主力作战部队，但根据计划，他们不会参与主要作战。[25] 之前没有哪位瑞典国王指挥过这种规模和质量的军队。

瑞典人配备了新式军服。同时代史料报告称，成千上万人穿着蓝、金色制服向东进发时，威风凛凛。当他们从萨克森前往波兰途中经过西里西亚时，成千的当地人出来欢迎他们，把他们当成了解放者。

卡尔十二东进之时，意识到彼得的帝国并不安宁。动荡始于 1705 年的阿斯特拉罕暴乱，但我们不确定它是否影响了卡尔十二的判断。他也知道，彼得残酷而不得人心的军事改革远未完成，其正规军仍然相对较小。他也知道哥萨克的不满情绪，这些不满导致了 1707—1708 年的一场起义和乌克兰哥萨克领袖伊凡·马泽帕的最终倒戈。东方的消息主要来自波兰的渠道。斯坦尼斯瓦夫·莱什琴斯基国王虽曾极力反对瑞典入侵俄国，但也表达了将整个乌克兰并入其王国的意愿。

彼得大帝率军 7 万迎战瑞典人。瑞军离开萨克森之初，他尚不确定敌人会走哪条路，但像其他很多人一样，他相信瑞军将去收复失地，随后征服普斯科夫，进军莫斯科。

1707 年 1 月，彼得大帝已经采取行动，使瑞军的入侵变得艰难。为了阻止入侵者在乡村觅食，他已下令坚壁清野。这片荒芜区延伸至波兰的广阔土地，他将哥萨克和卡尔梅克人派到这里，指示他们毁灭一切可以被瑞典人利用的事物。

强化堡垒的活动陷入狂热。这在莫斯科造成了近乎恐慌的状态，以致俄国商人和外国人举家逃离。令人畏惧的不仅是瑞典人，还有莫斯科的全面暴乱，

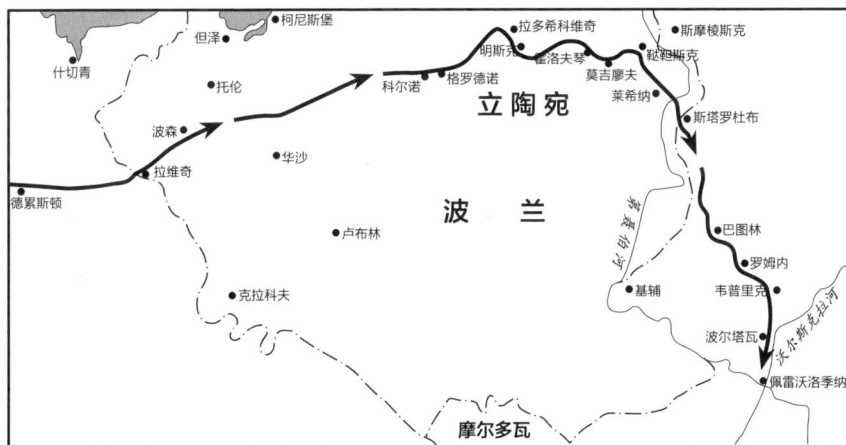

◎ 瑞军侵俄路线示意图

接连不断的增税令人满腹生怨。[26]

1707 年夏，彼得大帝在华沙度过了两个月，原因之一是他生病了。一获悉瑞军东进，他就离开了此地。在彼得与亚历山大·丹尼洛维奇·缅什科夫将军（1709 年成为陆军元帅）主持的军事指挥官会议上，做出了不在波兰挑战瑞军的决定，因为俄国步兵的战备尚不充分，彼得不愿意冒险使它毁灭。

1707 年 10 月，彼得前往圣彼得堡，确认该地防御井井有条。马西描述道，初冬的彼得几乎被焦虑和沮丧情绪所压垮。冬季的几个月里，俄国南部哥萨克暴动的消息传来，彼得的心情也好不起来。在圣彼得堡时，他娶了可以帮助自己缓解焦虑的叶卡捷琳娜。11 月下旬，他们前往莫斯科庆祝圣诞节，并视察堡垒的修筑状况。

彼得于 1708 年 1 月 6 日离开莫斯科，随后加入军队，途中得知瑞军正穿越严冬的波兰国土迅速推进。因此，彼得急往格罗德诺而去。瑞军在冬季迅速行动的能力使彼得更加焦躁。瑞军已经在拉维奇越界进入波兰，这座城镇早已被俄军焚为平地。制造这一切毁灭的缅什科夫，避开了以 6 支平行纵队前进的瑞军。

卡尔十二最初直奔华沙而去，快要到达这座城市时又转向北方。他在波森止步，暂时安营扎寨，等待增援部队从瑞典经利沃尼亚赶来。他分遣了 9000

人——恩斯特·德特洛夫·冯·克拉索夫将军麾下的 6000 名龙骑兵和 3000 名步兵——支援斯坦尼斯瓦夫国王的军队。

随着冬季临近，瑞典国王按兵不动，附近的俄军提升了自信，也变得无所事事。他们确信瑞军在来年春天之前不会离营。然而，卡尔十二的意图并非如此。他正在训练新部队，并等待秋雨停止。

在入侵的这一阶段，我们发现卡尔十二的战术有了一个变化。他暂且抛弃了他常用的迅猛的正面进攻，转变为机动战术。他放任俄军在河流之后建立防御阵地，然后在远离他们防线之处渡河侧击之。这将迫使他们不战而退。[27]人们或许会质疑这种不尽早决战的方式，但它有效果就成。

等待两个月后，1707 年 11 月底，瑞军离开了波森营地，沿东南方向行进80 公里，到达维斯图拉河的大弯道。一条大河波浪宽，没有俄军在对岸。尽管有一场强降雪，宽阔的大河仍然奔流，浮冰使架桥无法进行。瑞军只得再等一个月，以俟河面封冻。到了 12 月 28 日，河面结了 3 英尺厚的冰。稻草和厚木板喷洒过水，铺在冰层上，足以支撑火炮和辎重马车，瑞典人在 12 月 28 日至 31 日成功渡河。[28]

截至 1708 年元旦，全军皆在维斯图拉河以东。这迫使缅什科夫撤离华沙，退往纳雷夫河之后。

1708 年的俄国之战

卡尔十二对俄军新阵地再度实施侧击，但没有在维斯图拉河那般容易。他决定经过东欧地形最恶劣的地区，即森林密布、沼泽遍地的马祖里湖地区，艰苦跋涉，接近俄军阵地。军队和牲畜在这次行军中备受折磨，游击战开始爆发了，瑞军也对此展开报复。[29]这种地形不适合补给车队行动，但他们本可以建立营地，等待主力军夺取能够使他们走上更直路线的路口。

瑞军在格罗德诺西南约 20 公里的小城科尔诺停止了噩梦般的行军。俄国骑兵观察着敌人，但他们能够做的只有向缅什科夫提供报告。俄军被迫沿着纳雷夫河撤离阵地。

卡尔十二在强渡第三道河流防线——涅曼河时采用了不同的战术。但无论他在不断的行军中选择哪一条路，他都不得不经过立陶宛边境城镇格罗德诺。彼得大帝来到这里，为垂头丧气的缅什科夫加油打气，后者已经在每一个防御阵地被瑞军智胜。瑞军需要利用格罗德诺的道路，避开周边的沼泽和丛林地带。俄国人知道瑞军的意图，遂涌入城中。

卡尔十二决定在敌人有机会稳固立足之前立即进攻该处。他率领仅仅600名近卫骑兵，离开军队，一马当先地追击敌人。他发现一座桥没有被摧毁，由在俄军服役的德籍准将米伦费尔斯所部2000人驻守，便不待剩余军队赶到，当即发起进攻。一些瑞军直接向桥杀去，另一些跨过冰面进攻俄军后方。在混乱的白刃战中，卡尔亲手杀了两名敌兵。瑞军攻占了桥梁，在城墙下扎营过夜，等待剩余军队的到来——尚不知彼得大帝就在城内，只在数百码之外。[30]

沙皇和缅什科夫以为瑞典全军已至，趁夜逃离格罗德诺，奔向维尔纽斯。当沙皇发现卡尔十二在格罗德诺只有一支小型分遣队时，他命令米伦费尔斯将军率领3000名骑兵夺回这座城镇，运气好的话还要俘虏卡尔十二。俄军午夜后偷偷摸摸地接近敌人。如果不是两名警觉的哨兵发出了警报，他们说不定就成功了。瑞典人甚为惊讶，国王还没来得及穿上靴子，就在一片漆黑中参加了战斗，迫使俄军撤退。米伦费尔斯将军被俘，但是逃脱了。在返回德意志的路上，他又被瑞典人俘虏，并加入其中。[31]

瑞典人穿过三道河流防线并穿越波兰全境，看上去轻而易举，由此造成了政治上的影响。此前英国不愿意承认斯坦尼斯瓦夫是波兰国王，现在也快速承认了。桀骜不驯的波兰贵族也向斯坦尼斯瓦夫提供支持。西欧没有给彼得大帝带来什么成功的希望。瑞军在明斯克西北的拉多希科维奇下寨过冬。连续转战800公里后，需要歇一歇了。

彼得大帝从格罗德诺逃离后，来到了维尔纽斯。他仍然不确定瑞军在往何处前进，如果是前往明斯克的话，那么他们毫无疑问就是以莫斯科为目标。当瑞军在拉多希科维奇过冬时，彼得下令在普斯科夫和斯摩棱斯克之间制造200公里的荒芜区。他实施了军事史上最早、最彻底、最成功的焦土作战之一。[32]卡尔十二下寨过冬之时，彼得前往圣彼得堡。他又一次身患重病，从他与各种官员的通信来看，他似乎相信自己大限将至。

卡尔十二在冬营之中命令莱文豪普特将军前来拉多希科维奇。莱文豪普特得到的命令是携带大量的食物、火药和武器，并在利沃尼亚乡间搜寻马匹，盛夏时节与瑞军会师。

1708 年 4 月下旬，瑞典军营的活动多了起来。训练加强了，足够 6 星期作战的食物也搜寻到了。进入冬营的主要原因是霜雪覆地、马粮不足，直到春季草木开始复苏为止。

瑞军状态依旧良好。其主力军有 12 个步兵团和 16 个骑兵团，共计 3.5 万人。利沃尼亚、芬兰和留在波兰的瑞军仍可发挥作用，其中一部分有望在夏季加入主力军。整个作战前线仍有 7 万人的军队。[33]

俄军规模大得多，约有 11 万人，在瑞军冬营周边呈弓形铺开，北至维捷布斯克，南达莫吉廖夫。主力军由 26 个步兵团和 33 个龙骑兵团组成，共计 5.75 万人，由舍列梅捷夫元帅和缅什科夫将军执掌。海因里希·戈尔茨将军以大型骑兵阵形掩护明斯克—斯摩棱斯克道路，并巡逻别列津纳河。如果瑞军继续东进的话，他们将承受瑞军的第一波冲击。奥普劳克辛将军所部 2.45 万人奉命守卫圣彼得堡。鲍尔将军以 1.6 万人牵制利沃尼亚瑞军。最后，戈利岑将军所部 1.2 万人驻扎在基辅附近，掩护乌克兰。这些军队当然也会根据形势的变化而调整部署。[34]

舍列梅捷夫和缅什科夫已经决定，首先守住别列津纳河防线。俄军占据了这道长达 40 英里的战线。最明显的渡河点是鲍里索夫①，戈尔茨麾下的 8000 名俄军在该处掘壕固守。

到了 6 月 6 日，青草已经长到可以提供马粮了，卡尔十二拔营，将明斯克定为军队的聚集点。从明斯克前往别列津纳河时，天降暴雨，道路松垮，补给车队难以随军而行。为了让道路可行，瑞军不得不铺上数英里的木板。

卡尔十二再度决定包抄敌军侧翼，这一次是由南击之。他派出斯帕雷将军的骑兵，佯攻鲍里索夫，主力军跟进。走过一段距离后，主力军由偏道急转向东，于 6 月 16 日在别列津纳—萨佩任斯卡亚抵达河流。在打退了哥萨克和俄国龙骑兵的掩护部队后，瑞典工兵修建了两座桥，士兵以微小伤亡完成渡河。

---

① 译注：原文为"Borsiov"，查无此处，疑为"Borisov"之误。鲍里索夫在别列津纳河畔，明斯克东北方向 90 公里。

俄国人再次棋输一着，他们对此也有自知之明。在6月23日的一次军务会议上，俄军决定尝试在瓦比奇河后方掩护莫吉廖夫和什克洛夫城镇。

俄国人已经四次被瑞军在渡河点的侧击行动击败，遂将军队沿着所有可能的渡河点铺开，虽然有2：1的兵力优势，战线却因此分布稀薄。这使进攻方掌握了一个优势，即可以选择进攻的时间和地点并获得局部优势。卡尔十二出色地利用了这一优势。

瑞军的侦察表明，貌似为俄军主力的3万人已经在瓦比奇河之后据有阵地，靠近一个叫霍洛夫琴的地方。[35] 逃兵确认了俄军已决定一战的信息。敌军分成了两个主要的集中部分：舍列梅捷夫和缅什科夫位于北面，有13个步兵团、10个骑兵团；尼基塔·伊万诺维奇·列普宁将军位于南面，有9个步兵团和3个龙骑兵团。在这些主要聚集处的侧翼，俄军还有其他的大型聚兵处。俄国人在强大的野战工事后掘壕固守。沿着瓦比奇河一条支流分布的沼泽地和密集林区将两个中心军群隔开了——俄国人认为这是难以逾越的屏障。这正是卡尔十二决定打击的地方。[36]

截至7月3日，即瑞军接到命令要尽量悄悄备战的那一日，卡尔十二手头兵力约有2万人。部队已经跃跃欲试，他们并不知道，为什么国王没有命令他们穿越明显可以涉渡的河流并打散前方的俄国乌合之众。国王非常希望俄军不要改变阵地，因此沿着整个敌军正面实施了多次佯攻。

卡尔十二决定亲自对沼泽以南的列普宁将军发动主力打击，而陆军元帅伦舍尔德将率领瑞典骑兵，打击有望自南方支援列普宁的戈尔茨将军所部骑兵。夜间和作战的早晨，河面起雾了，这对瑞军带来了某种天然的掩护。瑞军最重的一些火炮已经在夜间移动到在渡河点直面俄军的位置。破晓时分，这些火炮轰隆隆地齐发，俄军大惊失色。同时，卡尔十二率领7000名步兵跃入河中。

河水足够深，某些地方的水位漫上肩头，但士兵们将滑膛枪举过头顶，冷静地冒着敌人的炮火渡河。在俄军一侧离岸时，国王重组部队。令他吃惊的是，俄军坚守作战，但不愿意近身肉搏。随着瑞军稳步前进，向俄军发出齐射，战斗也发展为火力较量。这不同于卡尔十二的许多战役的通常模式。

至7时，列普宁意识到他就是瑞军主力进攻的目标，遂呼求援助。戈尔茨麾下的1200名龙骑兵前来相助，试图打入瑞典步兵的右翼。河对面的伦舍尔德以 600 名近卫骑兵立即投入行动。涉水而过后，他们攻向俄国龙骑兵，进行了血腥的交战。当额外的瑞典骑兵中队加入战斗后，戈尔茨部队被迫撤至林中。同时，瑞典人将其余的步兵投入渡河。列普宁部队退而重组，又再次撤退。他们最终被打散为连队规模的部队，穿过丛林撤退，落下了营地和火炮。这算不上是俄军的溃退，因为他们保持了良好的秩序。此战，俄军有 975 人战死，据称有 675 人受伤；瑞军有 267 人战死，1000 人受伤。[37] 列普宁因在霍洛夫琴的失败而受到军事法庭的审判。不知何故，卡尔十二将此战视为他最佳的胜利。

接下来，卡尔十二转而迎战舍列梅捷夫元帅的军队，但他已经离开战场，退往莫吉廖夫和第聂伯河。这符合此前沙皇下达的避免决战的指示。前往第聂伯河的道路现在为瑞典人敞开着。7 月 9 日，瑞军在莫吉廖夫抵达该河。国王向对岸派出了强大的侦察队，未遇抵抗。卡尔十二此时犹豫不决。他与主力军留在西岸几乎一个月——7 月 9 日至 8 月 5 日。士兵困惑不解。

此番停顿，原因在于莱文豪普特的补给队没有到达，这使国王的忧虑与日俱增。当初在拉多希科维奇会面时，国王向莱文豪普特下达的指令是带上足够 6 星期作战的补给。他带来的军队也将增强卡尔进军莫斯科的兵力。据估计，如果莱文豪普特在 6 月初启程，他可以在两个月内穿越 650 公里。

直到 6 月的最后几天，莱文豪普特才得以动身。他带上了 2000 辆运货马车和 8000 匹马，由 7500 名步兵和 5000 名骑兵护卫。直到 7 月 29 日，他本人才加入队伍。彼时，他们本该与主力军会师在即，但他们才走了 250 公里，与莫吉廖夫的会师点还差 400 公里。[38]

卡尔十二左右为难。如果他知道莱文豪普特没有抵达第聂伯河（我认为他是知道的），他本应当调转方向，与补给队打通联系。但这是一个艰难的决定，因为他已经成功穿越了五大流域，恐怕不愿意放弃其中两个。此外，在如此关头转向，或许会对自己的部队造成士气问题，还长了俄国人的志气，在西欧和波兰的崇拜者眼里则会被看成一次严重的挫败。卡尔也已意识到，与瑞典人交战的俄军已经与纳尔瓦战役时不同了。俄国军队，尤其是步兵，现在表现出的稳定性令他感到惊讶。另一方面，与补给队会师仍然会为他留出到达 500 公里外的莫斯科的时间。毕竟，他已经走了 1200 多公里。

在等待莱文豪普特的同时，瑞典国王参与了一些短距离的、断断续续的军事活动。8 月 21 日，瑞军已到达索日河上的切里科夫，却发现俄国骑兵和步兵在对岸的阵地中。8 月 30 日发生了激烈的步兵交战，1.3 万名俄军进攻阿克塞尔·罗斯麾下的瑞军后卫。俄国人学习瑞军的做法，穿过莫里雅蒂奇小镇附近的一片沼泽地接近瑞军。当瑞典增援到达后，伤亡已达瑞军两倍的俄军终止了作战。[39] 卡尔相信，本次事件表明俄国人终于做好了一战的准备，但第二天的侦察发现俄军阵地已经空空如也。

瑞军朝斯摩棱斯克方向缓慢前进。俄军仍然在侵略者到来前实施彻底的坚壁清野。焚毁的乡村和农场冒出了滚滚浓烟，有时会遮天蔽日。没有人知道，卡尔十二是否打算远至斯摩棱斯克。决定问题的关键在于莱文豪普特的补给队。由于俄国人的焦土政策，不带上补给就继续前进连想都不要想。

卡尔十二主要有两种选择：返回第聂伯河等待补给队；转向南方，远离斯摩棱斯克和莫斯科，进入西维利亚省。虽然瑞典国王似乎相信莱文豪普特会现身，但留给他做决定的时间已经不多了。他厌恶撤回第聂伯河的想法，而进军西维利亚将使他的攻势得以延续。该省刚刚开始收获粮食。在军队恢复精力并得到莱文豪普特的增援后，卡尔才能向莫斯科进发。

瑞军抵达鞑靼斯克后，在一场漫长的会议上做出了南进的最后决定。我们不知道除了陆军元帅伦舍尔德和卡尔·皮佩以外还有谁参与了本次会议。后者是一位资深瑞典军官，在俄国之征中陪伴国王。会上没有意见分歧的记录。

现在的重点是赶在俄国人之前到达西维利亚。关键在于速度。3000 名精挑细选的步兵和骑兵组成一支特别先锋队，在安德斯·拉格克罗纳将军的率领下，带上 3 个星期的给养，奉命迅速前进，夺取桥梁和城镇，让瑞军畅通无阻，并由此阻绝俄军。省会斯塔罗杜布将被夺取。这项任务必须走完 200 公里的路程。

9 月 15 日，瑞军开始南进。现在我们知道，那一日莱文豪普特位于第聂伯河以西 50 公里，离鞑靼斯克因而有 150 公里。9 月 18 日，队伍到达第聂伯河，莱文豪普特在此收到转往南方新会师点斯塔罗杜布的命令。我们只能推测如果瑞典主力军退回第聂伯河会对战争造成什么影响。直到 9 月 23 日，疲惫的士兵才将马车队送到河对面。

现在，莱文豪普特意识到俄军正在向他袭来。俄军已经尾随了补给队，现在找到了将其摧毁的机会，因为它距离瑞军主力有 150 公里。俄军由沙皇亲自指挥，兵力有 14625 人，而非克里西所说的 5 万人[40]。莱文豪普特的兵力为 1.25 万人。

莱文豪普特试图拼尽全力到达索日河上的城镇普罗波伊斯克。如果他能够渡过这条河流，那他就有可能与主力军相聚。但是沉重的马车在泥泞的道路上行动缓慢，而战斗又明显迫在眉睫。虽然没有什么好的选择，但他还是决定带上车队进行抵抗，而不是将它们提前送走，再打一场殿后抵挡的战斗。这可能就是错误之所在。

9 月 27 日，瑞军列好战斗阵形，花了一整天时间等待俄军的进攻，却什么都没有发生。莱文豪普特最终解散了战斗阵形，沿路前进数公里，晚上又一次列阵备战。28 日早晨，仍未出现攻击，瑞军队列行进数个小时，从普罗波伊斯克到达莱希纳村庄。因为索日河的浅滩已经得到了保护，若不是在 27 日停顿了一段时间，瑞军说不定有机会相对安全地渡过索日河。莱文豪普特承受着巨大的压力，可能选择了错误的解决方案，但既不等待补给到达也不返回第聂伯河会师的错误在于卡尔十二。

9 月 28 日午后不久，战役爆发了。直到夜幕降临，一场暴风雪才使战斗宣告结束。虽然莱文豪普特的战线未被击破，但他决定一撒了之并开始焚毁补给队。加农炮被埋在了大坑里。在闪烁的火光中，大规模的混乱产生了，瑞军士兵军纪崩坏，开始抢劫他们自己的运货马车。步兵拖走了原本拖拉货车的马匹，其他一些人逃到了树林中。幸存者到达普罗波伊斯克的渡河点时，发现桥梁已经被先前逃跑的人烧毁了。剩下的货车也不得不被焚毁，因为哥萨克和卡尔梅克骑兵打来了，并将 500 名瑞军在河岸杀害。

这是彻头彻尾的灾难。莱文豪普特不仅损失了运输队，还损失了一半兵力。其全部损失为 6307 人，其中 3000 多人被俘。逃到森林的很多人要么死亡，要么最终被俘。令人惊奇的是，约有 1000 人跋涉 800 公里后返回了里加。俄军 1111 人死亡，2856 人受伤。[41]

卡尔十二没有责怪莱文豪普特。他或许已经意识到，虽然曾留下来等待莱文豪普特，但等的时间并不是很长。最令人紧张的教训是，俄军在双方兵力大致相同的情况下获胜了，这表明了俄军的战斗素质已然一新。然而，这并非一场敞地作战。细节描述听起来更像是一场伏击战，下马的俄国龙骑兵和其他骑兵向在相当狭窄的小径中保护运输队的瑞军实施短程射击。

10月中旬，沙皇彼得在斯摩棱斯克时，俄国人得到了更多的好消息。在芬兰的利贝克将军和1.4万军队应当从卡累利阿地峡对圣彼得堡实施牵制攻击。1708年8月29日，他渡过涅瓦河，但俄国人制造的假消息使他确信圣彼得堡防守严密、难以攻取。利贝克在英格利亚漫无目的且断断续续地作战，最终一事无成，却损失了3000名士兵和6000匹马。

在南方，拉格克罗纳将军的任务是在俄军现身前夺取西维利亚的关键城镇，包括省会斯塔罗杜布。然而，由于途中一系列悲剧性的失误和夺取省会的失败，所有关键城镇均落入俄军之手。

瑞典主力军利用了拉格克罗纳在索日河和伊普季河夺取的渡河点，但在穿越两河之间的原始森林时损失惨重。经受持续数周的饥饿后，人畜纷纷死亡。痢疾也在摧残着军队。得知拉格克罗纳无视麾下的上校们的请求，未能夺取空空如也的省会时，卡尔大喊道："拉格克罗纳一定是疯了！"[42]10月11日，莱文豪普特和不到7000名饥肠辘辘的幸存者，蹒跚地走进了姆格林小镇前的瑞典军营。卡尔十二已经决定，他的军队绝不尝试夺取姆格林，又认定西维利亚也因舍列梅捷夫大军的涌入而丧失了。莱文豪普特余部到达的同一日，瑞典国王下令拔营，转向西维利亚和乌克兰的边界杰斯纳河。

瑞典国王闯入乌克兰的原因，常被归结于鲁莽，但他的军队状况令他别无选择。肥沃的乌克兰拥有丰富的牲畜和谷物，为瑞典人提供了他们在即将到来的冬季最需要的东西。南进也为联合正在进行的哥萨克叛乱提供了希望。[43]在这一情况下，卡尔十二的决定是正确的。

瑞典国王派出了卡尔·古斯塔夫·克罗伊茨上校（后擢为将）所率的前锋，保护杰斯纳河上通往乌克兰的桥梁，并夺取了诺夫哥罗德-谢维尔斯基城镇。10月22日，克罗伊茨来到边界，发现俄军已经捷足先登并毁掉了桥梁。然而，瑞军主力继续向杰斯纳河与乌克兰南进，这里是乌克兰哥萨克酋长伊凡·马泽帕的故乡。

波兰和瑞典与马泽帕的接触有一段漫长而复杂的历史，本书并不涉及。

酋长向瑞典人求援的消息传到了卡尔十二耳中。瑞军正在做渡过杰斯纳河的准备时，马泽帕和2000名哥萨克到达了位于拉里诺夫卡的瑞典军营。这位酋长也带来了缅什科夫向他的首府巴图林挥师的消息。

11月2日，瑞军在梅津强渡杰斯纳河，遭遇俄军顽强抵抗。救援巴图林还是晚了一步，3日，缅什科夫部队已经突袭并焚毁此地，以免它落入正在赶来的瑞典人手中。这对瑞典人而言是一次严重的挫败，他们本希望夺取当地备货充足的军火库，以补偿莱文豪普特补给队的损失。

瑞军在巴图林东南下寨过冬，但沙皇彼得不打算让瑞典人安安稳稳地歇脚。欧洲历史记忆中最冷的冬季现在开始了。在冬季尽可能地削弱瑞军，符合彼得的利益。俄军采取了"打完就跑"战术，看似威胁某个地方，实则"敌进我退"。瑞典人夺取了一些俄国人接管的城镇，把沙皇打出了位于列别金的总部。在哈佳奇小镇，两军相距不出半英里，彼得选择退兵而不是直面敌人。同时，冬季作战也给瑞军造成了损失，很多人不是死亡，就是因冻伤而丧失战斗力。1708年的圣诞节仪式因严寒而取消，这在瑞典军中还是闻所未闻的。俄军境况更惨，死的人更多。[44]

1709 年的侵俄之战

最恶劣的寒冷期结束后，瑞军试图夺取韦普里克山顶的堡垒。第一次尝试被打退了，400人战死，600人受伤。军官们的伤亡是最严重的，陆军元帅伦舍尔德也在负伤者之列。1709年1月7日—8日，韦普里克向瑞军投降了。

卡尔十二留下伦舍尔德照看冬营，自己率军向俄军发起了无情的冬季作战，夺取了若干城镇，并效法彼得，将乡野化为废墟，从而为瑞典营地制造更多的安全空间。卡尔十二对缅什科夫的总部进行了一次闪电般的袭击，几乎将其俘虏，但他成功逃脱。这次突袭造成俄军400人阵亡，而瑞军仅有两人被杀。[45]2月中旬，融雪早早地开始了，土地变成了一片烂泥，俄瑞双方均无法作战。

北方传来流言，称一支俄国大军正奔赴波兰。再加上波兰国王和克拉索夫将军很可能不会到达，这促使卡尔·皮佩伯爵建议撤往波兰。卡尔十二拒绝了该提议。他事实上已经决定把瑞典军营移到普肖尔河与沃尔斯克拉河之间的新位置。三四月间，主力军沿沃尔斯克拉河扎营，位于波尔塔瓦以南 2 英里。波尔塔瓦是一座控制通往莫斯科之路的堡垒。

5 月 1 日，瑞军开始围攻波尔塔瓦，几无进展。随后，彼得大帝假借交换战俘，进行和平试探。消息由在莱希纳被俘的埃里克·约翰·埃伦罗斯传达，内容仅仅是彼得有媾和之意向，但绝不会放弃圣彼得堡。5 月 1 日，卡尔的答复由埃伦罗斯送回，只字未提和平提议。[46]

同时，卡尔十二寻求盟友的行动也是徒劳无获。克里米亚汗打算提供支援，但他是君士坦丁堡苏丹的臣属，后者已经决定不予插手，也不允许克里米亚插手。1709 年 5 月，俄军平定了扎波罗热哥萨克叛乱。

俄国人急切地阻止瑞军夺取波尔塔瓦堡垒，因为它巨量的补给库存将为卡尔十二的士兵解决燃眉之急。他们试图强渡沃尔斯克拉河，没有成功。在军务会议上，俄军决定在离波尔塔瓦足够远的地方渡河，从而避开瑞军防线。选中的地点是彼得罗夫卡。波尔塔瓦的指挥官来信说他恐怕撑不了多久了，这增加了俄军行动的紧迫性。瑞典人得知了俄军的计划，而瑞军自己的计划则需要在进攻前放纵大部分——但不是全部——敌军先渡河。

波尔塔瓦战役

6 月 17 日，瑞典国王在侦察河岸时，一发从河心滩射出的滑膛枪子弹打伤了他的脚。他是 8 时左右受伤的，但国王一直坚持活动，直到 11 时左右返回总部。下马时，他就晕倒了。子弹击中了他的左脚后跟，穿透了脚底后飞出体外。

伦舍尔德以 10 个骑兵团和 8 个步兵团，奉命执行前定的反击俄军渡河的计划。国王将留在波尔塔瓦，但在波尔塔瓦的形势允许时，他将加入伦舍尔德作战。这是在他受伤之前的计划。

当国王受伤后但仍然能够发布命令时，他让伦舍尔德自行决定是否在彼得罗夫卡作战。[47] 这位陆军元帅咨询他的高级指挥官，他们一致同意不打这一仗，不仅是因为国王负伤在身，也是因为俄军已经防守森严了。一些历史学家批评他的决定，声称未在彼得罗夫卡进攻俄军促成了随后的灾难。卡尔十二在养伤期间得到了明确的消息：斯坦尼斯瓦夫和克拉索夫将军都来不了，因为他们在波兰已经忙得不可开交。[48]

俄军开始在波尔塔瓦北面建造第二座增强营。它三面设防，而朝河流的那面是开放的，因为这里不存在威胁。这是个强大的营地，但也有其缺点：如果被迫撤退的话，俄军将不得不折回沃尔斯克拉河，因为只有一条小径直接从营地通往那条河流。[49] 当俄军主力渡河后，一场战役就不可避免了。双方事实上都被河流包围了，均无良好的撤退路线。

俄军营地建成了四边形，强大的多面堡可以引导进攻方向，尽可能久地令进攻队伍处于毁灭性的交叉火力中。南面有沟谷与树林而难以攻取。西侧面临开阔的平原，平原后有一片树林。在这片树林和南面的那片树林之间，有一块开阔的场地。俄军修建了 6 座多面堡，战役开始之时正在建造另外 4 个。[50]

瑞军兵力为 8200 名步兵、7800 名骑兵、1000 名瓦拉几亚非正规军、1300 名攻城部队成员（含 2 门炮）、一支由 2000 名骑兵和 28 门炮保护的补给车队、数量不明的扎波罗热哥萨克、沃尔斯克拉河下游沿岸的 1800 名骑兵。俄军有 2.55 万名步兵（配 73 门炮）、9000 名骑兵（配 13 门炮）；多面堡兵力——4000 名步兵、16 门炮；波尔塔瓦守军——4000 名步兵、28 门炮；雅科夫茨前哨——2000 名士兵，骑兵与步兵各占一半；数量不明的哥萨克。[51]

上述作战编队展现了一副令人惊愕的图景，不仅是因为瑞军在步兵方面严重不足，还在于他们没有支援作战的火炮。他们的 30 门炮中，只有两门属于围攻波尔塔瓦的部队，其他 28 门竟然与补给队在一起！而另一边，俄军有 130 门炮。

俄国兵力三倍于瑞典人，在炮兵方面拥有全面优势；而瑞军进攻的是掘壕固守的敌人，通常情况下需要有三倍于敌的兵力。只有脸皮最厚的迷信者，才能指望瑞典人在这种条件下创造奇迹。由于国王决定坐在担架上赶赴战场，他就没有任命一位掌握战役全局的指挥官。命令下达得也很仓促，传到营级和连级时，还没有足够的时间熟悉它们。最后，国王的性格和战术眼光的缺位使部队迫切需要的士气无法提升。

瑞典人曾打算在 6 月 28 日破晓时分发起突袭。为此，一些部队曾在他们后方树林的掩护下开始活动。然而，俄军获悉了瑞军的计划，将强大的骑兵队遣至多面堡之后。瑞军得知他们的突袭已经被发现后，便加速了准备工作。命

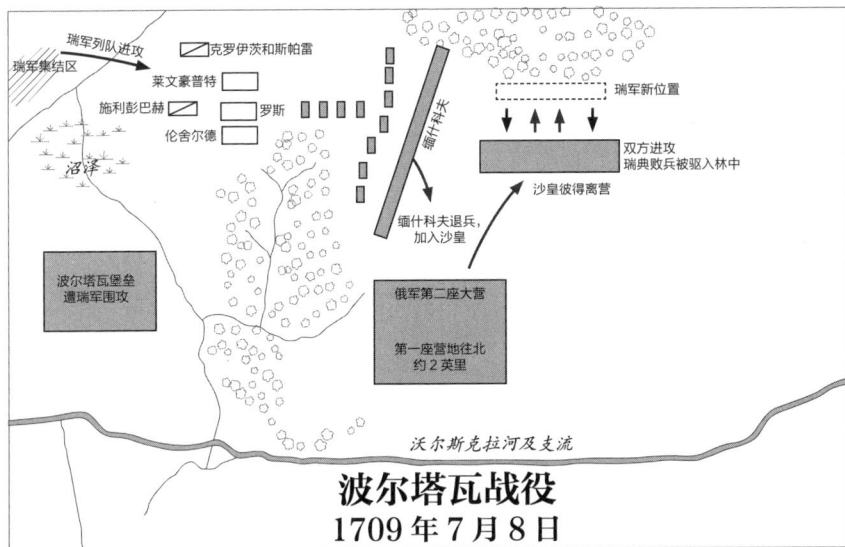

波尔塔瓦战役
1709 年 7 月 8 日

◎ 波尔塔瓦战役示意图

令日：接近敌军阵地时从线式编队转换为纵队。这导致了新的混乱。俄军火炮已经向瑞军开火了。伦舍尔德指挥瑞军右翼，罗斯指挥中军，莱文豪普特指挥左翼。

瑞军轻松夺取了前两座多面堡，但接下来全都是痛苦的作战，进攻者遭受了重创。骑兵扬起的沙尘和枪炮的硝烟大大降低了可见度。罗斯将军麾下的一部分瑞军与其他部队分离，遭到骑兵的攻击和包围，救援部队无法突破。瑞军没能拿下全部的"T"形多面堡，开始撤退了。

现在，俄军走出战壕，准备进攻。瑞军也决定发起进攻，掌握主动。军官们向国王请示下一步，他建议最好先避开敌方骑兵。这恐怕是在这般艰巨的情形下可以做到的最好的事情了。但是，当伦舍尔德告诉国王这不可能做到时，据说国王喃喃自语："好吧，随你怎么做。"[52]

于是，瑞军发动了步兵攻击，而把骑兵部署在后方。七零八落的瑞军步兵线列——不超过 4000 人——面对着有 70 多门野战炮支援的 1.8 万名俄国步兵。哥萨克得到了将他们的 28 门炮带上前线的命令，但为时已晚。

瑞军右翼打退了俄国人，夺取了一些野战炮，并将其转向敌人。然而，

239

一些团之间出现了一道缺口，俄国步兵涌入其中。瑞典步兵中出现了恐慌，莱文豪普特尝试阻止人群惊跑而不得。伦舍尔德试图支援莱文豪普特，结果被俘。穿过战场打击俄军线列的大部分瑞典步兵都被摧毁了。

罗斯在进攻多面堡、损失1100人后就与瑞军主力分散了，随后他撤往南方，不知主力军到底在哪里。俄军骑兵和步兵向他猛扑而来，他与余部被迫投降。

战役已经结束，杀戮仍在继续。随着伦舍尔德和皮佩被俘，留下指挥的只有莱文豪普特。卡尔十二身处溃军之中，尽全力阻止士兵逃散，但他虚弱的嗓音在一片嘈杂中根本听不见。毁灭性的战火就像巨大的镰刀，将人、马、树砍倒。为国王抬担架的24人中有21人死亡，担架最终也被打烂。看起来，国王也会成为俘虏。但是，一位军官翻身下马，将国王抬到马鞍上，不料战马中弹倒地，于是又找来了另一匹马。现在国王的伤口完全裂开，鲜血喷涌而出。[53]

瑞典骑兵基本上是完整的，他们掩护步兵残部撤往普什卡里夫卡营地。后备团、火炮和马泽帕的哥萨克环绕营地布置成防御阵形。包围波尔塔瓦的两个步兵团成功地从俄军战线杀开一条血路，返回营地。大部分溃军在中午前到达营中。瑞军有大约1万人留在了战场，其中6901人阵亡，2760人被俘。俄军的损失稍低：1345人阵亡，3290人受伤。这些数字与之前的瑞俄交战几乎颠倒过来了。[54]

俄军没有立即追击，因为他们与瑞军一样陷入了混乱。彼得希望庆祝胜利。瑞军被打败了，但没有投降。大约1.6万名瑞典人聚集于普什卡里夫卡，加入了早已在此的约6000名哥萨克。

瑞典人不得不制定未来的政策，最终决定通过哥萨克所知的道路之一退往波兰，加入斯坦尼斯瓦夫和克拉索夫。撤退的第一步，是退往佩雷沃洛季纳，此地位于沃尔斯克拉河与第聂伯河交汇处。然后向北，到达沃尔斯克拉浅滩，渡河，再沿第聂伯河南下，到达汗国的领地，在黑海上的奥恰科夫加入国王，全军从这里返回波兰。[55] 辎重走在前，步兵和骑兵在克罗伊茨将军的指挥下走在后。为了加快速度，也为步兵们搜寻了马匹。在6月28日酷热的白天和大部分夜晚中，军队持续行进着。30日，全军安全抵达佩雷沃洛季纳。

首要任务是帮助哥萨克自领袖以下均渡过第聂伯河，到达安全地带，因为俄国人对他们毫无仁慈可言。其他的做法都会为瑞典的荣誉留下污点。第二项任务,必须将受伤的国王悄悄送往安全的奥斯曼,哪怕他自己声称要与军队共存亡。莱文豪普特向国王保证继续作战,选择与军队留在一起。但他的措辞是谨慎的。[56]30 日,哥萨克领袖们转往河对岸,国王和他的队伍次日跟进。

7 月 1 日,缅什科夫将军率领 6000 名龙骑兵和 2000 名哥萨克早早出现,并要求举行谈判。克罗伊茨被派去弄清楚俄国人开出了哪些条件。回来后,他说缅什科夫开出的是常见的投降条件。莱文豪普特向麾下的上校们征求意见,他们询问国王最后的命令是什么。莱文豪普特的回答闪烁其词:国王仅仅要求军队"只要有能力,就自我保卫"。莱文豪普特指示各上校对士兵的战斗意愿进行调查,这与瑞军的一贯传统是抵触的。士兵们的回答是:如果其他人愿意打下去,他们就愿意。

7 月 1 日 11 时,瑞军投降了——一些人认为这是一种耻辱。"1161 名军官、13138 名士官和士兵,一个接一个地进入缅什科夫的营中放下武器。"[57] 恩隆德给出了更多的投降人数(见下文)。能够重归故土者屈指可数。值得注意的是,瑞军的一些团几乎没有参与行动,尤其骑兵几乎是完整的。瑞军人数其实多于疲惫的缅什科夫部队,一个意志坚定、善于鼓动的战地指挥官会选择大胆进攻而不是束手就擒。但莱文豪普特不是这样的指挥官。与莱文豪普特留在一起的 5000 名哥萨克没有纳入投降协定。大部分人夺马而逃,一些人被抓住了,然后受到了最残酷的折磨,最终被杀。

恩隆德对瑞军所受损失给出了精确而惊人的数字——前一个夏天已达 4.95 万。他注意到,几乎整整 2 万人被俘,如果加上战役进行时被俘的约 2800 人,他得出了近 2.3 万人被俘的总数。[58]

7 月 7 日,卡尔十二抵达布格河,10 日进入奥斯曼帝国。最后有约 1800 名士兵与他相会。他们得到了庇护,被视为贵客。最后一场行动,发生在布格河另一侧的殿后部队被俄国骑兵追上时。300 名瑞军投降了,但同等数量的哥萨克战斗到最后一人。

波尔塔瓦战役的直接后果

毫不奇怪,一场被历史学家长期视为史上最具决定性的战役,其影响是巨大而长远的。在此,我们只讨论直接影响。

战役的结局震惊了欧洲。数日之内，欧陆的整个政治局面就改变了。然而，大北方战争又拖延十年未决，使厌战的瑞典遭遇了极大的财政困难和社会不满。

"清道夫"们纷纷介入，分割瑞典帝国的残骸。丹麦夺取了石勒苏益格、不莱梅和费尔登，但将这些领土的一部分转与汉诺威，以图与之结盟。丹军也入侵了瑞典南部，但于1710年2月的赫尔辛堡战役中败于马格努斯·斯滕博克将军，被迫穿过松德海峡而退。斯滕博克又前往德意志，在1712年的加德布施战役中击败丹军。其后，强大得多的联盟军队对他发起了攻击，迫使其于1713年投降。俄国占领了波兰、卡累利阿、利沃尼亚、爱沙尼亚和英格利亚。奥古斯都（复为波兰国王）以萨克森-波兰联军打击波美拉尼亚，但遭到了阻止。1713年，萨军和俄军也被逐出斯特拉尔松德。1714年，汉科战役中，一支俄国舰队在芬兰湾击败了一支瑞典小型舰队。[59] 然而，他们仍然感到自己的力量不足以公然挑衅瑞典海军。雄狮老矣，利齿尚存。

卡尔十二流亡4年，尝试说服苏丹进攻俄国。他取得了一些成功，因为奥斯曼于1710年10月参战了，大宰相巴尔塔日·穆罕默德麾下20万大军前往俄国边境。奥斯曼帝国的这一动作也得到了法国的鼓励。[60]

自负的沙皇彼得以6万人入侵摩尔多瓦，败于奥斯曼土耳其人，撤往普鲁特河。1711年7月，饥饿的军队被围困在此。彼得从未遇到过比这更加危险的时刻；然而，幸运之神眷顾了他。穆罕默德不仅没有逼迫彼得投降，还与之谈出了7月21日的《普鲁特条约》。其中的条款有：彼得承诺撤出波兰，不干涉波兰内政，为卡尔十二返回瑞典提供安全通道。如果彼得在普鲁特河被迫投降，会造成不可思议的历史结果。

卡尔十二伤心透顶，在奥斯曼又待了3年。他明智地意识到，彼得大帝不会遵守提供安全通道的诺言，就像后者对波兰相关条款的态度一样。瑞典国王坚持认为，他的东道主会重开战端。1713年2月1日，在一场激烈的白刃战后①，卡尔最终遭到软禁。在第二年动身离开前，他处于实质上的监禁状态。卡尔十二在两名副官的陪同下，隐姓埋名，踏上了危险的旅途，他们穿过不友

---

① 卡尔十二留在奥斯曼的本德尔（Bender），既肆意插手奥斯曼内政，又给该国外交增添麻烦。苏丹艾哈迈德三世已经对卡尔感到厌烦，试图软硬兼施地将其打发。卡尔态度顽固，苏丹大为震怒，

好的欧洲国家，于 1714 年 11 月 11 日抵达斯特拉尔松德。曾在奥斯曼的斯帕雷将军和 1200 名瑞典人走了另一条路。[61]

威尔·杜兰特和阿里尔·杜兰特提供了这些事件的不同版本。他们写道，奥斯曼土耳其人向卡尔十二提供礼物、金钱和侍卫，鼓励他离境。[62] 如果卡尔得到了一支军事护卫队，它最远也只可能护送到在匈牙利的神圣罗马帝国边境。剩下的旅程经过匈牙利、奥地利和纽伦堡东南的德意志，国王或许是隐姓埋名走过的。卡尔十二待在斯特拉尔松德，帮助打退了一次围攻，最终于 1715 年 12 月回到了阔别 15 年以上的瑞典。

入侵挪威并战死

一回到瑞典，卡尔十二就聚集了新的 2 万人的军队，应对丹麦–挪威的入侵计划。但 1716 年丹麦放弃了进攻计划。卡尔抓住主动权，于 1717 年 3 月以 8000 人侵入挪威。他或许希望轻松得胜，并以挪威作为谈判筹码。卡尔自北方打向挪威首都，发现阿克什胡斯堡垒强而难攻。4 月 29 日，他开始返回瑞典。挪威海军将领彼得·韦塞尔·托登肖尔对瑞典入侵的失败施加了最后一击，7 月 8 日，他在迪内基尔战役中俘获了瑞军的补给舰队。

1718 年，卡尔十二故伎重演，这一次有 4.8 万大军可供其调遣。卡尔·古斯塔夫·阿姆费尔特将军率领 1 万军队打击特隆赫姆，而国王率领剩余瑞军围攻弗雷德里克斯滕堡垒，其守军仅 1300 人。瑞军铺设横木，挖掘平行的壕沟，离城墙越来越近。1718 年 11 月 30 日，国王在视察前方的一条壕沟时，一名挪威狙击手从堡垒中开火，国王头部中弹，当场死亡。[63] 杜兰特夫妇写道："他的死法与他的活法是一个样子，他的勇气令人目瞪口呆。他是一位伟大的将领，在极不可能的情况下取得了难以置信的胜利；但他对战争如痴如狂，对胜利从来不感到满足……"[64]

（接 242 页脚注①）指出这种行为是"对好客之情忘恩负义的滥用"，决定在必要之时动武。于是便发生了 1713 年 2 月的白刃战。卡尔率领极少的部下（据说仅有 6 名军官和 34 名士兵），与众多的奥斯曼士兵展开了一场武侠小说般的传奇之战。参阅贝恩《卡尔十二与瑞典帝国的崩溃》（1895 年，209-212 页）。

由于厌战的议会曾考虑过发动政变，各种各样声称国王是被暗杀的阴谋论立即传出并流传至今。1916 年，他的尸体被挖出检验，1998 年又有一次尸检申请，但我并不了解有什么确凿的成果。瑞典全部军队撤回国内，但阿姆费尔特麾下有 3000 人在 1719 年 1 月第二周的一场暴风雪中冻死。

战争又持续了两年多。俄国和丹麦对瑞典本土的袭击令人不安，被视为入侵的前奏。法国和英国都感到了警惕。英国尤为担心丧失至关重要的海军补给。英、法的外交压力中止了彼得大帝可能策划过的入侵行动。虽然俄国直接威胁的结束在瑞典人看来必定是难以置信的，但唐宁注意到这些事件是国家关系中"水无常形"的一部分，并引用肯尼思·华尔兹所言："在国际政治中，成功是失败之母。一个国家或国家联盟实力过于集中，会引起其他国家的对立。"[65]唐宁也注意到，瑞典不仅得到了外交支持，也得到了助其渡过难关的财政援助。

瑞典没有就卡尔十二之死举行官方悼念。另一方面，彼得大帝获悉他的对手死后，在俄国宫廷宣布了为期一周的悼念。[66]

大北方战争的结束

大北方战争通过 1719 年和 1721 年之间的一系列条约得到最终解决。在两份《斯德哥尔摩条约》中，瑞典先于 1719 年 11 月 9 日向汉诺威割让了不莱梅和费尔登，英国提供瑞典一笔巨额款项以作回报；1720 年 1 月 21 日的第二份条约解决了与普鲁士的战争，瑞典向其割让了波美拉尼亚大部。

与丹麦-挪威的战争在 1720 年 7 月 3 日的《弗雷德里克斯堡条约》中得到解决。丹麦全面控制了石勒苏益格与荷尔斯泰因，而瑞典被迫与荷尔斯泰因断绝联盟关系，并向丹麦赔偿 60 万王国塔勒损失费。丹麦占领的那部分波美拉尼亚返还瑞典。

与俄国的战争在 1721 年 9 月 10 日的《尼斯塔德条约》中解决。芬兰大部返还瑞典，但向俄国割让爱沙尼亚、利沃尼亚、英格利亚和部分卡累利阿。俄国向瑞典支付 200 万银塔勒以作补偿。

瑞典在一个多世纪内赢得并维持一个帝国所消耗的人力，我尚未看到精确的统计。对于大北方战争，我们能看到迥异的数据。吉尔·利斯克写道，瑞典在战争期间失去了 30% 人力。[67]

斯泰尔斯质疑30%之说，并写道最多才有3万人死于军事服务。她使用了1750年的人口调查数据，注意到人口下降了9%，但将其归因于收成欠佳、传染病和1710—1712年的瘟疫。[68]她没有提及重要的一点：人口按性别的损失。她似乎也没有考虑1697—1750年间出生的两代人，以及为什么挪威经历了类似的收成和传染病问题却没有相应的人口损失。

哈顿和彼得森立足与斯泰尔斯相同的数据基础，得出了甚至更低的伤亡数据，声称因为有8000名战俘回国，军事服务中的损失只有2.2万。同时，彼得森注意到瑞典人口降低了12.9万，即从1697年的137.6万降低到1718年的124.7万。他与斯泰尔斯一样，将人口减少归因于收成欠佳和传染病，而明显忽略了那些年的出生人口。[69]

21年的战争——事实上连续不断的作战、大量的战役、数不清的交火，使2.2万这个数字难以令人接受，也与本章和上一章报告的战损不相吻合，这两章的数据包括死于寒冷与疾病的人，它们摧毁了在利沃尼亚和俄国的瑞军。成千的瑞典士兵被冻死。例如1718—1719年撤出挪威期间死亡的3000人，以及1709年冬季死在俄国的更多人。

由于卡尔十二没有任何子女，王位遂传给了他的妹妹乌尔丽卡·埃莱奥诺拉。乌尔丽卡对政治不感兴趣，1720年传位于她丈夫——黑森的弗雷德里克。他成为弗雷德里克一世国王，统治国家直至1751年。王位随后传到乌尔丽卡在荷尔斯泰因–戈托普家族的侄子，该家族统治瑞典直至1818年。该年贝纳多特家族登上王位，传至今日。

瑞典的政治军事的伟大时代已经结束。然而，这个国家之后一段时间仍然因其军事力量而受到尊重。我相信，所有好战的国家，无论大小，都会达到枯竭点——燃尽，如果你愿意这么说的话。瑞典在1720年几乎达到枯竭点，但还差了一把火候。在随后的90年中，它与俄国又打了三次战争（1741—1743年，1788—1790年和1808—1809年）。1757—1762年，瑞典人还和腓特烈大帝的普鲁士打过一仗。1806—1807年，瑞典参加了反击法国及其盟友的第四次同盟。

最终，在拿破仑战争期间，芬兰和剩余的波美拉尼亚分别落入了俄国和普鲁士之手，而瑞典得到了挪威作为补偿，直到1905年两国的联合解除。

注释

[1] Arnold J. Toynbee, *A Study of History*, Somervell Abridgment (Vols. 1-6) (New York: Oxford University Press, 1947), p. 336.

[2] Goerlitz, *op. cit.*, p. 7.

[3] *Loc. cit.*

[4] As quoted in Parker, *The Military Revolution*, p. 16.

[5] Goerlitz, *op. cit.*, pp. 6-7.

[6] Jeremy Black, "The Military Revolution Ⅱ: Eighteenth-Century War" in Townshend, *op. cit.*, p. 41.

[7] Christopher Duffy, *The Fortress in the Age of Vauban and Frederick the Great, 1660-1789.* (London: Routledge, 1985)，尤其是第二卷。雷金纳德·布洛姆菲尔德的 *Sébastian le Prestre de Vauban, 1663-1707* (New York: Barnes and Noble, 1971) 信息量同样非常大。

[8] Parker, *The Military Revolution*, p. 16.

[9] *Loc. cit.*

[10] Frost, *op. cit.*, p. 276. 弗罗斯特对 1707 年波兰和萨克森作战末期的瑞典军队有着出色的描述，见第 271–278 页。

[11] *Ibid*, pp. 277-278.

[12] *Ibid*, p. 274.

[13] *Ibid*, p. 276.

[14] Carl von Clausewitz, *On War*. Edited by Anatol Rapport. (Baltimore: Penguin Books, 1968), p. 257.

[15] Edward Shepherd Creasy, *Decisive Battles of the World* (New York: The Colonial Press, 1899), p. 288.

[16] Clausewitz, *op. cit.*, pp. 389-390.

[17] Adam Zamoyski, *Moscow 1812: Napoleon's Fatal March* (New York: Harper Perennial Publishers, 2005), p. 337.

[18] *Ibid*, pp. 92 and 193.

[19] Voltaire, *op. cit.*, p. 91.

[20] Fuller, *op. cit.*, volume 2, p.168.

[21] Frost, *op. cit.*, pp. 280-281.

[22] Gunther E. Rothenberg, *The Art of Warfare in the Age of Napoleon* (Bloomington: Indiana University Press, 1980) pp. 129-130 and Creveld, *Supplying War*, pp. 62-70.

[23] Hatton, *op. cit.*, p. 233.

[24] Downing, *op. cit.*, p. 206.

[25] Hatton, *op. cit.*, pp. 233-234 and note on p. 234.

[26] Massie, *op. cit.*, pp. 523-524 以奥地利赴莫斯科使节的报告为基础。

[27] *Ibid*, p. 527.

[28] Hatton, *op. cit.*, p. 249.

[29] *Ibid*, p. 251.

[30] Massie, *op. cit.*, p. 530.

[31] Englund, *op. cit.*, p. 245 and Hatton, *op. cit.*, note on p. 252. 米伦费尔斯在波尔塔瓦被俘，恩隆德描述了他在彼得大帝手中遭到的残酷死亡。

[32] Andersson, *op. cit.*, p. 232; Fuller, *op. cit.*, Volume 2, p. 172; Hatton, *op. cit.*, pp. 277-293.

[33] Massie, *op. cit*., p. 537.

[34] *Ibid*, pp. 537-539.

[35] 后来的事实表明兵力是 3.8 万人。

[36] Massie, *op. cit*., p. 541 and Hatton, *op. cit*., pp. 258-259.

[37] Massie, *op. cit*., pp. 543-544.

[38] Hatton, *op. cit*., pp. 261-262 and Englund, *op. cit*., p. 48.

[39] 瑞军 300 人战死、500 人受伤，而俄军 700 人战死、2000 人受伤。

[40] Massie, *op. cit*., p. 551 and Creasy, *op. cit*., p. 290.

[41] Massie, *op. cit*., pp. 552-553.

[42] Hatton, *op. cit*., p. 271.

[43] Fuller, *op. cit*., Volume 2, pp. 169-175, Hatton, *op. cit*., pp. 300-306, and Downing, *op. cit*., p. 207.

[44] Hatton, *op. cit*., p. 279.

[45] Massie, *op. cit*., p. 577.

[46] Hatton, *op. cit*., p. 285.

[47] 国王受伤后不久就发高烧，出现了败血症的症状。6 月 19 日—21 日，国王命悬一线，医生们认为他只能活几个小时。

[48] Fuller, *op. cit*., volume Ⅱ, p. 175.

[49] Englund, *op. cit*., p. 59. 我发现，恩隆德近期（2003 年）提供了一番详细的战场和实战描述。另一份客观看待这场战役的好资料是 Sarauw, *Die Feldzüge Karl's Ⅻ* (Leipzig: B. Schlicke, 1881)。

[50] Fuller, *op. cit*., volume Ⅱ, pp. 177-178.

[51] Englund, *op. cit*., p. 86.

[52] Hatton, *op. cit*., p. 299.

[53] Massie, *op. cit*., p. 617.

[54] Hatton, *op. cit*., p. 300.

[55] Massie, *op. cit*., p. 626.

[56] 莱文豪普特做出承诺时，只有克罗伊茨将军在场。国王后来写道，没有向其他将军和上校下达命令是他的失误。

[57] Hatton, *op. cit*., pp. 305-306.

[58] Englund, *op. cit*., p. 246.

[59] Nickolas V. Riasanovsky, *A History of Russia*. Third Edition. (New York: Oxford University Press, 1977), p. 248.

[60] *Ibid*, pp. 247-248.

[61] Peterson, *op. cit*., loc. 6440.

[62] Will and Ariel Durant, *The Story of Civilization* (New York: Simon and Schuster, 1963), volume Ⅶ, p. 388.

[63] Ersland and Holm, *op. cit*., volume 1, p. 244.

[64] Durant, *op. cit*., volume Ⅷ, p. 389.

[65] Downing, *op. cit*., p. 210.

[66] Joseph Cummins, *Great Rivals in History*, p. 145.

[67] Lisk, *op. cit*., p. 194.

[68] Stiles, *op. cit*., p. 108.

[69] Hatton, *op. cit*., pp. 516-517 and Peterson, *op. cit*., loc. 6570-6571.

归纳与总结

第十章

本书的写作意图已在《前言》阐明，如何实现这一意图已在《导读》详述。

我撰写此书的首要目标，是填补军事史编纂中的一个空白。由于所讨论的年代长达一个多世纪，为了保持本书的合理篇幅，有很多方面我只能泛泛而谈。

我的第二个目标，是想探讨为什么一个人口至多只有150万的农业国能够崛起为欧洲主要的军事大国长达近一个世纪。这个问题在整整九章中加以解决。在《前言》中讨论的国家实力组成要素的范围内，我将"国家实力"界定为一个国家实现国家利益并影响其他国家行为的综合能力。

很多人，即便不是大多数人，在看待瑞典时，当即就会排除这个国家取得大国地位的可能性。然而，我们已经看到了17世纪初的瑞典如何聚集了一支在当时庞大的军队，击败或打平了欧洲的主要大国或这些大国的联合。

我们列出的与大国地位相关的要素，瑞典即便有的话也非常少，但这不仅没有否定那些要素，反而表明了它们可以被克服或者弥补。认为瑞典没有成为强国的潜质，部分地是由于对斯堪的纳维亚社会的历史背景缺乏了解。

在欧洲，比瑞典、挪威、丹麦和芬兰更加尚武的社会少之又少。在这些国家第一千纪的历史中，他们不断地卷入内部冲突，或者互相作战，或者参与海外冒险。因此，当我们发现一个1521年掌权的王朝拥有一连串我们通常所说的武士国王时，不应该感到惊讶。

瑞典人对波罗的海地区总有强烈的兴趣，这可以追溯到该地区最早的历史。虽然瓦萨王朝的前两代人为瑞典帝国打下了基础，本书的重点是它最伟大的两位武士之王——古斯塔夫·阿道夫和卡尔十二。前者主导瑞典崛起为欧洲大国，而后者见证了帝国在18世纪初的崩溃。

虽然两者均为军事史上的重量级人物，但他们的个性却大不相同，在历史上的待遇也非常不同。其中一个被奉为军事天才——他也确实如此——而另一个则被视为鲁莽的典型，几近疯狂。这种描绘存在一些错误。古斯塔夫·阿道夫以区区1.3万名士兵，孤身加入与神圣罗马帝国及其盟友的生死斗争，卡尔十二率领8万名世界上质量最佳、训练最优的士兵进攻俄国，前者难道不比后者更加大胆吗？

古斯塔夫·阿道夫的盛名，相当程度上是因为他被美化为新教救星。事实上，他与卡尔十二为了同样的政治目标而战——控制波罗的海。

对卡尔十二最严厉的批评，用拿破仑的话说，是他并非一位战术家或战略家，只是一位勇敢的士兵。我的结论与之不同。如果卡尔十二采纳拿破仑的建议，像汉尼拔那样切断与故国的生命线，他必将重蹈迦太基人和拿破仑的命运。迦太基没有海军优势，因此汉尼拔别无选择，只能在意大利半岛建立基地。罗马人没有像彼得大帝一样在他们的行省坚壁清野，这使迦太基人得以维持多年。

现在，让我们看看国家实力的一些要素，也看看瑞典人如何解决这些方面的问题。

地理

瑞典的地理同时给它带来了不幸与幸运。波罗的海将它与丹麦、德意志、波兰和俄国隔开。因此，海军力量对于保护它漫长的海岸线、控制波罗的海贸易、与欧陆上的驻军保持联络、打通面向西方的出海口极为重要。瑞典地理位置的不幸之处，在于它与挪威共享漫长的边界，而挪威在那整个时期都身处敌方阵营，并且丹麦-挪威至少在17世纪头一二十年里保持了欧洲最强大的舰队。这些就是瑞典在面临敌国联盟时总是要先解决丹麦-挪威的原因。它不得不保持联络线和后方门户的安全。对北欧国家而言，不建立像卡尔马联盟所预想的那样（《导读》已有讨论）的某种形式的合作，就是一种政策失误。这一地缘问题从未得到克服。

人口

瑞典的人口规模不足以撑起一个帝国，国运因此受到阻碍。当古斯塔夫·阿道夫入侵神圣罗马帝国时，瑞典人口是 130 万～ 150 万。大约 100 年后，人口是 124.7 万。这一 6 万～ 25 万的降幅没有计入该时期出生的四代人，展示了人口问题造成的压力。[1]

社会因素

瑞典拥有同质化的人口。此外，它的人口习惯于恶劣的气候条件和数个世纪的几乎不断的战争。在本书讨论的时期内，它是个好战的社会。

经济

在本书涉及的全部时期内，经济都是瑞典需要着力克服的问题。经济问题决定了战略，古今皆然。虽然瓦萨王朝开国之君通过推行新教和接管教会财产，使瑞典立足于坚实的财政基础上，但它不足以支撑瑞典在 17 世纪的扩张。1611 年古斯塔夫·阿道夫掌权时，瑞典军队境况凄凉。1630 年之前所有增加国内财政收入的努力都失败了。国内财政收入和过境费至多能够支撑 5 万人的军事编制，若是 17.5 万人的军队，那就缺得多了。

古斯塔夫采取了一种依赖外国资源的政策——"以战养战"之策的一部分。它从那些想要抑制神圣罗马帝国的实力但不愿亲自动手的国家获得补助。繁重的财政"贡赋"同时从盟友和敌国征收。瑞典也以非常有组织的方式获取实物贡赋。它的军需官遍布德意志，罗列所需资源的清单并征收之——有人称之为"组织化的抢劫"。无论人们怎么看待，它都是"以战养战"思想的一部分。这种制度在德意志这样的富庶之国颇有效，但在波罗的海地区和波兰则是失败的。

---

① 译注：6 万～ 25 万是简单相减的结果。如果计入该时期出生的人，这意味着实际死亡人数更高。

这带来了戏剧般的影响。1630年，瑞典纳税人不得不为德意志战争提供280万银塔勒。截至1633年，这个数字降到了12.8万。据估计，布赖滕费尔德战役后的贡赋和补助是瑞典日常预算的10～12倍。尽管如此，在三十年战争的最后几年，瑞典国内财政收入的35%仍然投入了军事——主要用于支付海军、本土防御和德意志以外的行动。

瑞典也缺乏打一场欧陆战争的人力资源。和当时大多数国家一样，瑞典严重依赖盟国的征兵和雇佣军。布赖滕费尔德战役时，仅有25%的瑞军士兵是瑞典人和芬兰人。吕岑会战后，这个比例下降到不足18%，在三十年战争的随后几年里，这个数字进一步下降。这场战争的大部分时间里，瑞典人和芬兰人仅仅提供了一个核心，尽管其作用非常重要。瑞典人承受的巨大损失可以通过这一事实展现，即1718年的人口略低于1600年的估计值。因此，在资源方面——财政与人力——我们可以发现一把重要的钥匙，揭示瑞典人在崛起为强国期间怎样克服这些方面的短缺。

军事

在古斯塔夫·阿道夫建立的军事体系中，我们发现了瑞典崛起为强权的另一个关键要素。简言之，这就是军事革命，瑞典在武器的发展和它们的战术运用方面都一马当先。结果塑造了一支训练有素、专业化领导、积极性极高的军队。

就技术而言，这一重要优势是相当短暂的。其他国家迅速开始复制，因为阻止一些武器落入他国之手是不可能做到的。这种传播得到了军火大亨们的大力支持，他们无拘无束地输出了大量武器，包括一些通过冶金行业数十年的努力才趋于完美的武器。到了三十年战争后期，敌国在武器方面已经赶上了瑞典。

18世纪初期的形势

现在我们来简单思考一下，截至卡尔十二发起强力的反俄斗争时，形势发生了怎样的变化。征兵的基础仍然相同，以瑞典和芬兰士兵构成核心；继续高度依赖雇佣军，但不是非常依赖盟友，因为盟友要么不存在，要么极少。卡尔十二最亲的几位先辈们进行的战争，本质上是侵略性的，此举无法争取很多盟友。斯堪的纳维亚诸国不能同心协力，而是互相伤害，这只会助长自卡尔马联盟崩溃以来的民族主义情绪。

由于军事行动发生在富裕程度远远不及德意志的地方，"以战养战"行不通了。试图复制"贡赋"手段，只导致了仇恨和抵抗。卡尔十二的父亲和祖父实施的军事和土地改革，扩大了纳税基础，但由于民众的抵制而没有解决国内外的资源开采问题。改革也没能建立合理有效的后勤服务和后勤指挥部。

为战争筹资的责任着落于瑞典的纳税人和国外的贷款。已经实施的土地改革导致古斯塔夫·阿道夫时代那种具有合作精神的大贵族变少了。他争取议会和大贵族的支持，接受他们的合作。卡尔十二则冷漠得多，而瑞典社会的那部分人也极少支持他。17 世纪下半叶矿价的下跌严重地削减了国家从出口和矿业获取的收入。最终，在卡尔十二统治下，由于最受依赖的债权国也深深卷入了自己的战争，瑞典国外贷款的常用渠道枯竭了。

瑞典和敌国之间的技术鸿沟不再存在。然而，瑞典在军队的纪律和进攻性作战方式上仍有优势。领导力仍然是一流的。

教训

瑞典的案例几乎不可能复制，但它的某些方面对于政策制定者和军事策划、实践者而言仍是有意义的。

纵观本书涉及的战争，指挥有方的进攻性战争比起防御性行动在战术层面的优势是显而易见的。这并无新意，但强化了大多数军事实践者通过经验得到的认识。

战术情报和战略情报的重要性都要强调。瑞典人费一番苦功才学会了这个道理，因为他们是在民众态度不友好的地区开展行动。没有良好的情报，军队只能在黑暗中摸索。

没有正常运行的良好的后勤系统来支持军队，战争是赢不了的。古斯塔夫·阿道夫在德意志时就因此举步维艰，没有后勤支持，他就无法行动。卡尔十二疏忽大意，没有为入侵俄国准备合乎逻辑的后勤补给，付出了惨重的代价。

侵俄战争和三十年战争期间的在德行动，都表明了战斗力集中的重要性。

这对古斯塔夫·阿道夫造成的问题比卡尔十二更多。如果你最后只有15万战地部队中的2万兵力作战，那你的战略定位一定出了问题。

身先士卒对于激励士气有极大作用。但两位武士国王可能做得太过头，他们都因在关键时刻冒着让军队群龙无首的风险而受到责备。指挥官没有必要亲自率领战术侦察队伍。古斯塔夫·阿道夫失去了好几位在旧堡身先士卒的最优秀的、最有经验的指挥官。结果，他率领一批全新的高级指挥官在吕岑迎战瓦伦斯坦。

在决策层面上，教训有三。

第一，财政不到位，战争打不了也赢不了。记住重要的一点，如果战争的成本将损害国家安全，那就不要考虑战争。它是国防建设的命脉。在我们的时代，由于紧张的资源和高额的债务，财政问题或许已经成为对我们国家安全最大的威胁。

第二，一国若向他国求助，理应且不得不"贡献"自己的资源——财政和／或人力。具有共同价值观的繁荣国家，并因使用他国的军事资源而受益，应当按照要求为这些工作出钱。这是一个老问题，但大部分时候得到的只是空口承诺。资源既已紧张，实施长远的计划和工作就要将这一点记在脑海中最重要的位置。

第三，现代武器的销售和先进技术的转移，一定要由政府和企业界共同实施严格管控。大多数技术进步都由纳税人以某些形式买单，我们应当确保这些进步不因政治或财政原因而荒废。那些从政府合同中受益的公司尤为如此。

本书高频引用
资料作者传略 [1]

安隆德，尼尔斯·加布里埃尔（AHNLUND, NILS GABRIEL，1889—1957 年）

安隆德是瑞典历史学家，生于瑞典乌普萨拉。作为历史学家，他针对各种选题进行写作，但其主要作品涉及的是瑞典的大国时期和瑞德关系。我参考了他的一部书。

贝恩，罗伯特·尼斯比特（BAIN, ROBERT NISBET，1854—1909 年）

尼斯比特是英国历史学家、语言学家，为大英博物馆工作。他能够使用20 多门语言，撰写了若干本关于斯堪的纳维亚、俄罗斯、波兰历史的书籍。我参考了他的一部书。

克勒韦尔德，马丁·范（CREVELD, MARTIN VAN）

1946 年生于鹿特丹，是以色列军事史学家和理论家。他拥有伦敦政治学院和耶路撒冷希伯来大学的学位。1971 年以来，他都在后一大学任教。他写过 17 部书。我参考了他的两部书。

德尔布吕克，汉斯（DELBRUCK, HANS，1848—1929 年）

德国历史学家，最早的现代军事史家之一。其很多作品主要关注战争艺术史。我参考了他的两部书。

迪普伊，特雷弗·内维特（DUPUY, TREVOR NEVITT，1916—1995 年）

迪普伊毕业于西点军校 1938 届。第二次世界大战期间，他在缅甸待了较长时间。他是德怀特·艾森豪威尔和马修·李奇微两位将军麾下的欧洲盟军最高司令部（SHAPE）的初始成员之一。1958 年退役，协助建立了由亨利·基辛格指导的"哈佛国防研究项目"。他也为俄亥俄州立大学和缅甸仰光大学服务。1995 年，因得知身患晚期胰腺癌而饮弹自尽。他曾在 1962 年成立了他的第一家钻研、分析武装冲突的研究公司。他一生中撰写或合撰了 50 多部书——通常是和他的父亲欧内斯特·迪普伊一道。我参考了他的三部书。

恩隆德，彼得（ENGLUND, PETER）

瑞典作家、历史学家，1957 年生。2009 年 6 月 1 日，他成为瑞典学院的常务秘书。我参考了他的一部书。

埃尔斯兰，盖尔·阿特勒（ERSLAND, GEIR ATLE，1957 年生）和霍尔姆，泰耶·H.（HOLM, TERJE H.，1951 年生）

他们是军事史家，合著了一套三卷本丛书的第一卷。第一卷包含了挪威和丹麦联合的时期。

弗罗斯特，罗伯特·I.（FROST, ROBERT I.）

生于 1960 年左右，是一位英国历史学家和大学教师。他就读于圣安德鲁斯大学、克拉科夫的雅盖隆大学，在伦敦大学获得了斯拉夫和东欧研究的博士学位。2009 年，他成为苏格兰阿伯丁大学近代早期史的教授。我频繁参考了他的一部书。

富勒，约翰·弗雷德里克·查尔斯（FULLER, JOHN FREDERICK CHARLES，1878—1966 年）

富勒是一位英国军官，官至少将。他是军事史家和战略家，作为现代装甲作战的一位早期理论家而闻名。他在军事史和战略方面是多产的作家。我参考了他的一部书。

哈顿，朗希尔德（HATTON, RAGNHILD，1913—1995 年）

她出生于挪威卑尔根，死于伦敦。她在卑尔根和奥斯陆接受教育，嫁给英国商人哈里·哈顿后移居伦敦。1947 年，她完成了博士学业，最终成为伦敦经济学院的世界史教授。我频繁参考了她的一部书。

李德·哈特，巴兹尔爵士（LIDDELL HART, SIR BASIL，1895—1970 年）

英国军官，1924 年残疾，1927 年作为上尉退役。1925—1935 年担任《每日电讯报》的军事记者，1935—1939 年为《泰晤士报》做军事顾问。他是一位著名的英国军事史家和战略家，因提倡机械化战争和"间接路线"理论而闻名。我参考了他的两部书。

马西，罗伯特·K. 三世（MASSIE, ROBERT K. Ⅲ）

1929 年出生于肯塔基州的莱克星顿，但移居纽约。他依靠罗德奖学金在耶鲁大学和牛津大学分别学习美国和欧洲史。除了作为记者外，他还在 1987—1991 年间担任作家工会主席。他的作品集中在罗曼诺夫王朝，他还是普利策奖得主。我参考了他的一部书。

蒙特罗斯，林恩（MONTROSS, LYNN，1895—1961 年）

生于内布拉斯加，在移居华盛顿特区前居住在科罗拉多。他在内布拉斯加大学就读，之后在美国一战远征军中服役三年。他是《芝加哥每日新闻报》的自由撰稿人，也是二战后最重要的西方军事史家之一。我参考了他的一部书。

帕克，杰弗里（PARKER, GEOFFREY）

他生于 1943 年，是一位擅长西班牙史、近代早期军事史、世界历史中的气候因素的英国历史学家。他在剑桥大学获得博士学位。他曾在伊利诺伊、圣安德鲁斯、耶鲁、俄亥俄州立等大学任教。我参考了他的四部书。

罗伯茨，迈克尔（ROBERTS, MICHAEL，1908—1996 年）

罗伯茨是一位擅长近代早期史的英国历史学家，尤因对瑞典史的诸多研究而知名。他著有很多作品，得到了瑞典的一些荣誉称号，当选为瑞典皇家文学历史考古科学院会员。我参考了他的六部书。

威尔逊，彼得·H.（WILSON, PETER H.）

2007 年，威尔逊成为赫尔大学的历史学教授。之前，他在桑德兰大学和泰恩河畔纽卡斯尔大学工作，2011 年也在北卡罗来纳的海波特大学任教，还是德国明斯特大学会员。他在利物浦获得文学学士学位，在剑桥大学耶稣学院获得博士学位。他是近代早期德意志史的专家，尤其是 1495—1806 年的神圣罗马帝国政治、军事、社会、文化史。我频繁参考了他的两部书。

注释：

[1] 本附录所依据的资料包括《大英百科全书》、机构名单和作者自身作品提供的信息。

1500—1721 年 欧洲部分统治者 [1]

瑞典和芬兰

汉斯二世 1497—1501 年

斯膝·斯图雷 1501—1503 年（二度摄政）

斯万特·尼尔松 1504—1511 年（摄政）

斯膝·斯万特松 1512—1520 年（摄政）

克里斯蒂安二世 1520—1523 年

古斯塔夫一世·瓦萨 1523—1560 年（1521 年始任摄政）

埃里克十四世 1560—1568 年

汉斯三世（即约翰三世）1568—1592 年

西吉斯蒙德三世① 1592—1599 年

卡尔九世 1599—1611 年

古斯塔夫二世·阿道夫 1611—1632 年

克里斯蒂娜 1632—1654 年

卡尔十世·古斯塔夫 1654—1660 年

卡尔十一 1660—1697 年

卡尔十二 1697—1718 年

---

① 译注：他在瑞典是第一位名西吉斯蒙德的国王，应称"一世"；在波兰才是第三位名西吉斯蒙德（齐格蒙特）的国王。本附录常混用同一人在不同国家的称呼。

乌尔丽卡·埃莱奥诺拉 1719—1720 年

丹麦和挪威

汉斯 1481—1513 年

克里斯蒂安二世 1513—1523 年

弗雷德里克一世 1523—1533 年

克里斯蒂安三世 1534—1559 年

弗雷德里克二世 1559—1588 年

克里斯蒂安四世 1588—1648 年

弗雷德里克三世 1648—1670 年

克里斯蒂安五世 1670—1699 年

弗雷德里克四世 1699—1730 年

波兰-立陶宛

扬一世·奥尔布拉赫特 1492—1501 年

亚历山大 1501—1506 年

齐格蒙特一世 1506—1548 年

齐格蒙特二世·奥古斯都 1548—1572 年

瓦卢瓦的亨利 1573—1574 年

斯特凡·巴托里 1576—1586 年

齐格蒙特三世·瓦萨 1587—1632 年

瓦迪斯瓦夫四世·瓦萨 1632—1648 年

扬二世·卡齐米日·瓦萨 1648—1668 年

米哈乌·维希尼奥夫斯基 1669—1673 年

扬三世·索别斯基 1674—1696 年

萨克森的奥古斯都二世 1697—1705 年

斯坦尼斯瓦夫·莱什琴斯基 1705—1709 年

萨克森的奥古斯都二世 1709—1733 年

俄罗斯

伊凡三世·瓦西里耶维奇 1462—1533 年

"雷帝"伊凡四世 1533—1584 年

西奥多（费奥多）一世 1584—1598 年

鲍里斯·戈东诺夫 1598—1605 年

西奥多（费奥多）二世 1605 年

格里戈里·奥特列普耶夫①1605—1606 年

瓦西里五世·舒伊斯基 1610—1612 年

波兰的瓦迪斯瓦夫 1610—1612 年

米哈伊尔·罗曼诺夫 1613—1645 年

阿列克谢·米哈伊洛维奇 1645—1676 年

西奥多（费奥多）三世 1676—1682 年

伊凡五世 1682—1689 年

彼得一世 1689—1725 年

西班牙

费尔南多二世 1479—1516 年

查理五世②1516—1556 年

腓力二世 1556—1598 年

腓力三世 1598—1621 年

腓力四世 1621—1665 年

卡洛斯二世 1665—1700 年

腓力五世 1700—1746 年

神圣罗马帝国

马克西米利安一世 1493—1519 年

查理五世 1519—1556 年

斐迪南一世 1556—1564 年

马克西米利安二世 1564—1576 年

鲁道夫二世 1576—1612 年

---

① 译注：即伪季米特里一世。

② 译注：此人兼任西班牙国王与神圣罗马皇帝，在西班牙称作卡洛斯一世，在神圣罗马帝国称作查理五世。

马蒂亚斯 1612—1619 年

斐迪南二世 1619—1637 年

斐迪南三世 1637—1657 年

利奥波德一世 1658—1705 年

约瑟夫一世 1705—1711 年

查理六世 1711—1740 年

勃兰登堡-普鲁士

乔治·威廉 1619—1640 年

腓特烈·威廉 1640—1688 年

腓特烈三世 1688—1713 年（1701 年成为普鲁士国王腓特烈一世）

腓特烈·威廉一世[①] 1713—1740 年

尼德兰（荷兰）

威廉一世 1575—1584 年

莫里斯 1585—1625 年

弗雷德里克·亨德里克 1625—1647 年

威廉二世 1647—1650 年

扬·德·维特 1650—1672 年

威廉三世 1672—1702 年

无 1702—1747 年

法国

路易十二 1498—1515 年

弗朗索瓦一世 1515—1547 年

亨利二世 1547—1559 年

弗朗索瓦二世 1559—1560 年

查理九世 1560—1574 年

亨利三世 1574—1589 年

---

① 译注：此人作为普鲁士国王，是第一位名叫腓特烈·威廉的，作为勃兰登堡选侯则不然。

纳瓦尔的亨利四世 1589—1610 年

路易十三 1610—1643 年

路易十四 1643—1715 年

路易十五 1715—1774 年

英国

亨利七世 1485—1509 年

亨利八世 1509—1547 年

爱德华六世 1547—1553 年

玛丽 1553—1558 年

伊丽莎白一世 1558—1603 年

詹姆斯一世[①] 1603—1625 年

查理一世 1625—1649 年

奥利弗·克伦威尔 1653—1658 年

理查德·克伦威尔 1658—1659 年

查理二世 1660—1685 年

詹姆斯二世 1685—1688

奥兰治的威廉三世 1689—1702 年

安娜·斯图亚特 1702—1714 年

乔治一世 1714—1727 年

注释:

[1] Paul Holt, *Historisk Årstalsliste Med slægtsoversigter*. Ninth Edition. (København: P. Haase & Søns Forlag, 1963).

---

① 译注:原文作"雅各布一世"(Jacob Ⅰ),"雅各布"与"詹姆斯"虽系同源词,但作为英国人名,"詹姆斯"更为常用。

本书提及的陆军元帅（或对等头衔，如"赫特曼"）

姓名	任命年
神圣罗马帝国	
约翰·采克拉斯，蒂利伯爵（1559—1632 年）	1618
阿尔布莱希特·冯·瓦伦斯坦（1583—1634 年）	1625
戈特弗里德·冯·帕彭海姆伯爵（1594—1632 年）	1625
巴尔塔萨·冯·马拉达斯（1560—1638 年）	1626
汉斯·乔治·冯·阿尼姆（1583—1641 年）	1627
鲁道夫·冯·蒂芬巴赫（1582—1653 年）	1631
约翰·冯·阿尔德林根（1588—1634 年）	1632
马蒂亚斯·加拉斯（1584—1647 年）	1632
海因里希·冯·霍尔克（1599—1633 年）	1632
汉斯·卡西米尔·冯·绍姆堡（1649 年死）	1632
奥地利大公斐迪南（1608—1657 年）	1634
鲁道夫·冯·科洛雷多（1657 年死）	1634
奥塔维奥·皮科洛米尼（1599—1656 年）	1634
梅尔希奥·哈茨费尔特伯爵（1593—1658 年）	1634
萨维利公爵弗雷德里科（1649 年死）	1638
奥地利大公利奥波德·威廉（1614—1662 年）	1639

姓名	任命年
瑞典	
卡尔·卡尔松·于伦海姆	1616
赫尔曼·弗兰格尔	1621
古斯塔夫·霍恩	1628
奥克·亨里克松·托特	1631
多多·克尼普豪森	1633
约翰·巴纳	1634
亚历山大·莱斯利	1636
伦纳特·托尔斯滕松	1641
卡尔·古斯塔夫·弗兰格尔	1646
拉尔斯·克拉格	1648
古斯塔夫·阿道夫·莱文豪普特	1655
汉斯·克里斯托弗·冯·柯尼希斯马克	1655
阿尔维德·维滕贝里	1655
古斯塔夫·奥托·斯滕博克	1656
亨里克·霍恩	1665
克拉斯·奥克松·托特	1665
奥托·威廉·冯·柯尼希斯马克	1676
尼尔斯·比尔克	1690
卡尔·古斯塔夫·伦舍尔德	1706
尼尔斯·于伦谢纳	1709
马格努斯·斯滕博克	1713
俄罗斯	
夏尔·欧仁·德·克罗伊（1651—1702 年）	1700
费奥多尔·戈洛温（1650—1706 年）	1700
鲍里斯·舍列梅捷夫（1652—1729 年）	1701
亚历山大·缅什科夫（1673—1729 年）	1709
尼基塔·列普宁（1668—1726 年）	1725

姓名	任命年
波兰－立陶宛联邦	
斯坦尼斯瓦夫·若乌凯夫斯基	1588—1613 年①
斯坦尼斯瓦夫·科涅茨波尔斯基	1618—1632 年
克日什托夫二世·拉齐维乌	1615—1640 年
雅努什·拉齐维乌	1654—1655 年
文岑蒂·戈西耶夫斯基	1654—1662 年
帕维乌·扬·萨皮埃哈	1656—1665 年
斯坦尼斯瓦夫·兰茨科龙斯基	1654—1657 年
斯特凡·恰尔涅茨基	1664—1665 年
扬·索别斯基	1666—1688 年
法国	
昂利·德·蒂雷纳（1611—1675 年）	1643
塞巴斯蒂安·德·沃邦（1633—1707 年）	1703
英国	
1736 年前未采用陆军元帅衔	

---

① 译注：系任职年份。波兰－立陶宛的"赫特曼"更像是职位，而不是军衔。16 世纪起，在同一时期内只有两位正赫特曼（波兰与立陶宛各一名）和两位副赫特曼（同前），终身任职。参阅乔治·I. 列尔斯基《996—1945 年波兰历史辞典》（1996 年，196 页）。

瑞典帝国的发展

北 冰 洋

挪 威 海

瑞典

俄罗斯

特隆赫姆

耶姆特兰和
海里耶达伦
1645

芬兰
（属于瑞典长达数世纪）

卡累利阿
1617

挪威

波罗的海

卑尔根

奥斯陆

瑞典

维堡

弗雷德里克斯塔特

爱沙尼亚
1561

英格利亚
1617

布胡斯
1645

斯德哥尔摩

奥赛尔岛
1645

北 海

哥德堡

哥得兰岛
1645

利沃尼亚
1629

丹麦

哈兰
1645

厄兰岛

俄罗斯

斯科讷
1645

哥本哈根

布莱金厄
1645

博恩霍尔姆岛

东普鲁士

波兰

西波美拉尼亚
1648

不莱梅-费
尔登 1648

专有名词译名对照表

A

Aberdeen 阿伯丁

Adam Heinrich von Steinau亚当·海因里希·冯·施泰瑙

Adam Ludwig Lewenhaupt 亚当·路德维希·莱文豪普特

Aix-la-Chapelle 亚琛

Åke Tott 奥克·托特

Akerhus 阿克什胡斯

Alan Axelrod 艾伦·阿克塞尔罗德

Albert Speer 阿尔伯特·施佩尔

Albrecht von Wallenstein 阿尔布莱希特·冯·瓦伦斯坦

Albrekt of Mecklenburg 梅克伦堡的阿尔伯特

Alexander Ramsay 亚历山大·拉姆赛

Alexis Michailovitsch 阿列克谢·米哈伊洛维奇

Allbuch 阿尔布赫

Alte Veste 阿尔特·韦斯特 / 旧堡

Altenburg 阿尔滕堡

Altmark 阿尔特马克

Altona 阿尔托那

Altranstädt 阿尔特兰施泰特

Älvsborg 埃尔夫斯堡

Amberg 安贝格

Anders Lagercrona安德斯·拉格克罗纳

Andrina Stiles 安德里娜·斯泰尔斯

Angeren 安格伦

Anklam 安克拉姆

Anton von Schlippenbach安东·冯·施利彭巴赫

Apraxin 奥普劳克辛

Archangel 阿尔汉格尔

Arend Dickmann 阿伦德·迪克曼

Armand Jean Richelieu 阿尔芒·让·黎塞留

Arnold J. Toynbee 阿诺德·汤因比

Arnsberg 阿恩斯贝格

Arvid Wittenberg 阿尔维德·维滕贝里

Ascheberg 阿舍贝格

Astrakhan 阿斯塔拉罕

Augsburg 奥格斯堡

Axel Oxenstierna 阿克塞尔·奥克森谢尔纳

Axel Roos 阿克塞尔·罗斯

Azov 亚速

B

B. H. Liddell Hart 李德·哈特

Baden–Durlach 巴登–杜尔拉赫

Båhuslen 布胡斯

Baltaji Mehmet 巴尔塔日·穆罕默德

Baltasar von Marradas
巴尔塔萨·冯·马拉达斯

Bamberg 班贝格

Bärwald 巴瓦尔德

Basil 巴西尔

Baturin 巴图林

Bauer 鲍尔

Bengt Oxenstierna 本特·奥克森谢尔纳

Berezina River 别列津纳河

Bergen 卑尔根

Bernadotte 贝尔纳多特

Bernhard 伯恩哈德

Bialolecki 比亚沃文茨基

Bilde 比尔德

Birsen 比尔森

Blekinge 布莱金厄

Blenheim 布伦海姆

Bogislav 博吉斯拉夫

Bohemia 波希米亚

Bopfingen 博普芬根

Borgholm 博里霍尔姆

Boris Godunov 鲍里斯·戈东诺夫

Boris Sheremetev 鲍里斯·舍列梅捷夫

Borisov 鲍里索夫

Bornholm 博恩霍尔姆

Breitenfeld 布赖滕费尔德

Breslau 布雷斯劳

Broghill and Orrery 布罗格希尔和奥雷里

Brömsebro 布勒姆瑟布鲁

Bruck 布鲁克

Brunkensberg 布朗切山

Brunswick 不伦瑞克

Brün 布吕恩

Bug 布格河

Burgstall Hill 布尔格斯塔尔山

Burg 布尔格

Bygdeå 比格德奥

C

C. V. Wedgwood 韦奇伍德

Cannae 坎尼

Capua 卡普亚

Carpathian Mountains 喀尔巴阡山脉

Charles Eugen de Croy
夏尔·欧仁·德·克罗伊

Charles II 卡洛斯二世

Cherikov 切里科夫

Chocim 霍西姆

Christianopol 克里斯蒂安堡

Cleves 克莱沃

Coblenz 科布伦茨

Collier 科利尔县

Condé 孔代

Courland 库尔兰

Cracow 克拉科夫

Creasy 克里西

D

Dacke 达克

Damgarten 达姆加滕

Damitz 达米茨

Danzig 但泽

David Parrott 戴维·帕罗特

Defoe 笛福

Demmin 代明

Desna 杰斯纳河

Dessau 德绍

Diebau 迪宝

Dietrich von Falkenberg
迪特里希·冯·法尔肯贝格

Dimitrii 季米特里

Dirschau 迪尔肖

Dodo Knyphausen 多多·克尼普豪森

Domitz 多米茨

Donauwörth 多瑙沃特

Dorpat 多尔帕特

Dosse 多瑟河

Downing 唐宁

Dresdon 德雷斯顿

Dubatel 杜巴特尔

Düben 迪本

ducat 达克特

Duck Henri of Enghien 昂吉安公爵亨利

Dumaine 杜梅因

Dünaburg 丢纳堡

Dünamünde 丢纳明德

Dvina 德维纳河

Dwight D. Eisenhower 德怀特·艾森豪威尔

Dynekil 迪内基尔

E

East Gotland 东约特兰

Ebba Brahe 艾芭·布拉赫

Edmund Burke 埃德蒙·柏克

Eger 埃格

Eilenburg 艾伦堡

Elbing 埃尔宾

Elster 埃尔斯特

Enoch J. Haga 伊诺克·J. 哈加

Erfurt 埃尔福特

Erik Johan Ehrenroos 埃里克·约翰·埃伦罗斯

Erik of Pomerania 波美拉尼亚的埃里克

Erik Slang 埃里克·斯朗

Ernst Detlow von Krassow 恩斯特·德特洛夫·冯·克拉索夫

Ernst von Mansfeld 恩斯特·冯·曼斯费尔德

Erzgebirge 厄尔士山脉

Estonia 爱沙尼亚

Eugène of Savoy 萨伏伊的欧根

F

Falan 法兰

Falster 法尔斯特岛

Fedor Golovin 费奥多尔·哥罗温

Fedor Ⅱ 费奥多二世

Fehmarn 费马恩岛

Fehrbellin 费尔贝林

Ferdinand of Styria 施蒂利亚的斐迪南

Flintrännan 弗林特朗南

Flossgraben 弗洛斯格拉本

Forchheim 福希海姆

Francis Rakoczy 费伦茨·拉科齐

Francisco de Melo 弗朗西斯科·德·梅洛

Franconia 法兰克尼亚

Franz Albrecht 弗朗茨·阿尔布莱希特

Fraustadt 弗劳斯塔特

Frederick Augustus 腓特烈·奥古斯都

Frederick Ⅴ 腓特烈五世

Frederico 弗雷德里科

Frederiksborg 弗雷德里克斯堡

Fredriksodde 弗雷德里克索德

Fredrik Ⅲ 弗雷德里克三世

Fredrikshald 弗雷德里克夏尔德

Fredrikstend 弗雷德里克斯滕

Freystadt 弗赖施塔特

Friedland 弗里德兰

Fronde 投石党

Fürstenburg 菲尔斯滕堡

Fürth 菲尔特

Fyn 菲英岛

G

G. Droysen 德罗伊森

Gabriel Oxenstierna 加布里埃尔·奥克森谢尔纳

Gadebusch 加德布施

Gartz 加尔茨

Gdov 格多夫

Geoffrey Parker 杰弗里·帕克

Georg Lybeker 耶奥里·利贝克

George Friedrich von Waldeck 乔治·腓特烈·冯·瓦尔德克

George Johan Maidel 乔治·约翰·迈德尔

George Ludwig 乔治·路德维希

George Ogilvie 乔治·奥格尔维

George Rakoczy 捷尔吉·拉科齐

George Sinclair 乔治·辛克莱

George William 乔治·威廉

Getica of Jordanes《约达尼斯哥特史》

Glogau 格洛高

Golitsyn 戈利岑

Górzno 古日诺

Göta 约塔河

Gothenburg 哥德堡

Gotland 哥得兰岛

Gottfried von Pappenheim
戈特弗里德·冯·帕彭海姆

Graudenz 格劳登兹

Great Belt/Storebælt 大贝尔特海峡

Gregory XⅢ格里高利十三世

Greifenhagen 格赖芬哈根

Greifswald 格赖夫斯瓦尔德

Grodno 格罗德诺

Günter Barudio 京特·巴鲁迪奥

Gustav Horn 古斯塔夫·霍恩

Gustav Jonasson 古斯塔夫·约纳松

Gustav Trolle 古斯塔夫·特罗勒

Gustav Vasa 古斯塔夫·瓦萨

H

H. G. Wells 威尔斯

Hadyach 哈佳奇

Håkon V哈康五世

Halberstadt 哈尔伯施塔特

Halden 哈尔登

Halland 哈兰

Halle 哈雷

Halmstad 哈尔姆斯塔德

Hammerstein 哈默斯坦

Hangö 汉科

Hans Delbruck 汉斯·德尔布吕克

Hans Georg von Arnim 汉斯·乔治·冯·阿尼姆

Hans Kaspar von Klitzing 汉斯·卡什帕·冯·克利青

Hans Puchheim 汉斯·普赫海姆

Hans Wachtmeister 汉斯·瓦赫特迈斯特

Hansa League 汉萨同盟

Härjedalen 海里耶达伦

Harry Hatton 哈里·哈顿

Hartz 哈茨

Havel 哈弗尔河

Haythornthwaite 海桑斯怀特

Hector Isolani 赫克托·伊索拉尼

Hedwig Eleonora 黑德维希·埃莱奥诺拉

Hedwig Sofia 海德维格·索菲亚

Heilbronn 海尔布隆

Heinrich Goltz 海因里希·戈尔茨

Heinrich Matthias Thurn 海因里希·马蒂亚斯·图尔恩

Heinrich von Holk 海因里希·冯·霍尔克

Heinrich von Huyssen

海因里希·冯·许森

Helsingborg 赫尔辛堡

Henning Horn 亨宁·霍恩

Henning von Stralenheim 亨宁·冯·施特拉伦海姆

Henrik O. Lunde 亨里克·O. 伦德

Henry Kissinger 亨利·基辛格

Henry of Valois 瓦卢瓦的亨利

Hermann Wrangel 赫尔曼·弗兰格尔

Hesse–Cassel 黑森–卡塞尔

Hetman 赫特曼

High Point University 海波特大学

Hittle 希特尔

Hollway 霍尔韦

Holowczyn 霍洛夫琴

Holstein–Gottorp 荷尔斯泰因–戈托普

Honingfelde 霍尼希费尔德

Höxter 赫克斯特

Huguenot 雨格诺派

Hull University 赫尔大学

Hummelshof 胡梅尔肖夫

I

Ingolstadt 英戈尔施塔特

Ingria 英格利亚

Innocent X 英诺森十世

Iput 伊普季河

Issus 伊苏斯

Ivan Mazepa 伊凡·马泽帕

Ivan the Terrible 伊凡雷帝

Ivan V 伊凡五世

J

Jacob de la Gardie 雅各布·德拉加尔迪

Jacob Duwall 雅各布·杜瓦尔

Jagiellonian Dynasty 雅盖隆王朝

Jam Zapolski 雅姆·扎波尔斯基

James Sobieski 雅各布·索别斯基

Jamsund 雅姆松德

Jämtland 耶姆特兰

Jan Karol Chodkiewiz 扬·卡罗尔·霍德凯维奇

Jankau 扬科夫

Janusz Radziwill 雅努什·拉齐维乌

Jena 耶拿

Jill Lisk 吉尔·利斯克

Jobst Gronsfeld 约布斯特·格龙斯费尔德

Johan III 约翰三世

Johan Aldringen 约翰·阿尔德林根

Johan Banér 约翰·巴纳

Johan Götz 约翰·戈茨

Johan Kasimir 约翰·卡西米尔

Johan Königsmarck 约翰·柯尼希斯马克

Johan Tzerclaes 约翰·采克拉斯

Johan von Öhm 约翰·冯·奥姆

Johan Wrangel 约翰·弗兰格尔

Johann Matthias von Schulenburg 约翰·马蒂亚斯·冯·舒伦堡

John Casimir 扬·卡齐米日

John Childs 约翰·蔡尔兹

John Churchill 约翰·邱吉尔

John George 约翰·乔治

John Keegan 约翰·基根

John William 约翰·威廉

Jönköping 延雪平

Jørgen Bjelke 约恩·比耶尔克

Juterborg 于特堡

Jutland 日德兰

K

Kagg 卡格

Kalisz 卡利什

Kalmuk 卡尔梅克

Kardis 卡尔迪斯

Karelia 卡累利阿

Karl Filip 卡尔·菲利普

Karl Gustav Armfelt
卡尔·古斯塔夫·阿姆费尔特

Karl Gustav Kreutz
卡尔·古斯塔夫·克罗伊茨

Karl Gustav Rehnskiöld
卡尔·古斯塔夫·伦舍尔德

Karl Gustav Wrangel
卡尔·古斯塔夫·弗兰格尔

Karl Knutson Bonde
卡尔·克努特松·邦代

Karl Piper 卡尔·皮佩

Karlsten 卡尔斯滕

Katarina of Poland 波兰的卡塔日娜

Katharina 卡塔琳娜

Kenneth N. Waltz 肯尼思·华尔茨

Kexholm 科斯霍姆

Kiejdany 凯代尼艾

Kiel Bay 基尔湾

Kircholm 基尔霍姆

Klissow 克利索夫

Klushino 克鲁希诺

Knärad 克奈雷德

Kobron 科布隆

Køge Bay 克厄湾

Kokenhausen 科肯豪森

Kolberg 科尔贝格

Kolno 科尔诺

Königsberg 柯尼斯堡

Kösen 科森

Kringen 克林根

Kristian of Oldenburg 奥尔登堡的克里斯蒂安

Kristian V 克里斯蒂安五世

Kristiania 克里斯蒂安尼亚

Kristina 克里斯蒂娜

Kronach 克罗纳赫

Kronborg 克隆堡

Marlborough 马尔伯勒

Marstrand 马斯特兰德

Martha Shavronska 玛尔塔·斯卡夫隆斯卡

Martin van Creveld 马丁·范·克勒韦尔德

Massie 马西

Masurian Lake 马祖里湖

Mathias 马蒂亚斯

Matthew Ridgeway 马修·李奇微

Matthias Gallas 马蒂亚斯·加拉斯

Maurice de Saxe 萨克森的莫里斯

Maurice of Nassau 拿骚的莫里斯

Maximilian Ⅰ 马克西米利安一世

Mecklenburg 梅克伦堡

Melchior Hatzfeldt 梅尔希奥·哈茨费尔特

Memel 梅默尔

Mémeoires sur la Guerre Défensive《防御战回忆录》

Memoirs of a Cavalier《骑士回忆录》

Menshikov 缅什科夫

Merseburg 梅泽堡

Mes Rêveries《我的梦想》

Meuchen 莫伊辛

Mewe 梅威

Mezin 梅津

Mglin 姆格林

Michael Roberts 迈克尔·罗伯茨

Michael Romanov 米哈伊尔·罗曼诺夫

Michael Stephan Radiejowki 米哈乌·斯特凡·拉杰约夫斯基

Michiel de Ruyter 米希尔·德·鲁伊特

Mitau 米陶

Mogilev 莫吉廖夫

Mohrungen 莫龙根

Moldavia 摩尔多瓦

Molyatychy 莫里雅蒂奇

Moravia 摩拉维亚

Møre 默勒

Motlawa 莫特拉瓦河

Mühlenfels 米伦费尔斯

Mühlgraben 米尔格拉本

Mundt 蒙特

Münster 明斯特

N

Narew 纳雷夫河

Narva 纳尔瓦

Nasafjell 纳萨山区

Naumburg 瑙姆堡

Neckar River 内卡河

Neubrandenburg 新勃兰登堡

Neuruppin 新鲁平

Neva 涅瓦河

New-castle-upon-Tyne 泰恩河畔纽卡斯尔

Niclas Sternskiöld

尼克拉斯·斯特恩舍尔德

Nicolo Machiavelli尼科洛·马基雅维利

Niels Juel 尼尔斯·尤尔

Nieupoort 尼乌波波特

Nijmegen 奈梅亨

Nikita Ivanovich Repnin 尼基塔·伊万

诺维奇·列普宁

Nikita Romanov 尼基塔·罗曼诺夫

Nils Ahnlund 尼尔斯·安隆德

Nils Brahe 尼尔斯·布拉赫

Nils Gyllenstierna 尼尔斯·于伦谢纳

Nisbet Bain 尼斯比特·贝恩

Nordland 诺尔兰

Nördlingen 讷德林根

Nöteborg 诺特堡

Novgorod 诺夫哥罗德

Novgorod–Seversky 诺夫哥罗德–谢维

尔斯基

Nyborg 尼堡

Nystad 尼斯塔德

O

Ochakov 奥恰科夫

Öland 厄兰岛

Olav 奥拉夫

Oliva 奥利瓦

Olmütz 奥尔米茨

Oluf Ⅲ奥鲁夫三世

Ordam 奥尔达姆

Øresund 厄勒松德

Ösel 奥塞尔岛

Osnabrück 奥斯纳布吕克

Ottavio Piccolomini 奥塔维奥·皮科洛

米尼

Otta 奥塔

Otto Vellingk 奥托·费林克

P

Pagden 佩格登

Palatinate 帕拉丁

Patrick Ruthven 帕特里克·鲁思文

Pawel Jan Sapieha

帕维乌·扬·萨皮埃哈

Perevolotjna 佩雷沃洛季纳

Pernau 派尔努

Peter H. Wilson 彼得·H. 威尔逊

Peter Melander 彼得·梅兰德

Peter Wessel Tordenskjold

彼得·韦塞尔·托登肖尔

Petrovka 彼得罗夫卡

Philip Reinhold von Solms

菲利普·赖因霍尔德·冯·佐尔姆斯

Philip von Sulzbach 菲利普·冯·祖尔

茨巴赫

Philipowo 菲利普夫

Philipp Bogislaw von Chemnitz

菲利普·博吉斯拉夫·冯·开姆尼茨

Piedmont–Savoy 皮埃蒙特–萨伏伊

Pillau 皮劳

Pinsk 平斯克

Poltava 波尔塔瓦

Pomerania 波美拉尼亚

Ponitz 波尼茨

Posen 波森

Poznan 波兹南

Preben von Ahnen 普雷本·冯·阿嫩

Pripet Marshes 普里皮亚季沼泽

Propoysk 普罗波伊斯克

Pruth 普鲁特河

Psiol 普肖尔河

Pskov 普斯科夫

Puck 普茨克

Pulkowitz 普尔科维茨

Pultusk 普乌图斯克

Pushkarivka 普什卡里夫卡

R

R. Ernest Dupuy 欧内斯特·迪普伊

Radom 拉多姆

Radoskovichi 拉多希科维奇

Ragnhild Hatton 朗希尔德·哈顿

Raimond Montecuccoli 雷蒙多·蒙泰库科利

Rain 赖恩

Ramillies 拉米伊

Rangoon 仰光

Rawicz 拉维奇

Rednitz River 雷德尼茨河

Regensburg 雷根斯堡

Reginald Blomfield 雷金纳德·布洛姆菲尔德

Regnitz River 雷格尼茨河

Repnin 列普宁

Reval 雷瓦尔

Rhineland 莱茵兰

Ribnitz 里布尼茨

Riddarholm Church 利达霍尔姆教堂

Rijswijk 赖斯韦克

Rinsk 林斯克

Rippach 里帕赫

Riksdag 里克斯达

Riúrik 留里克

Robert I. Frost 罗伯特·I. 弗罗斯特

Robert Monro 罗伯特·门罗

Rocroi 罗克鲁瓦

Rodolfo Colloredo 鲁道夫·科洛雷多

Roger Boyle 罗杰·博伊尔

Romsdal 鲁姆斯达尔

Ronkitki 隆基特基

Roskilde 罗斯基勒

Rostock 罗斯托克

Rudolfo Marazzino 鲁道夫·马拉奇诺

Rügen 吕根岛

Rugii 卢基人

Russenstein 鲁森斯坦

S

S. H. Steinberg 斯坦伯格

Saale River 萨勒河

Saint–Germain–en–Laye 圣日耳曼昂莱

Salzburg 萨尔茨堡

Sandomierz 桑多梅日

San 桑河

Sapezhinskaya 萨佩任斯卡亚

Savelli 萨韦利

Schaumburg 绍姆堡

Schleswig–Holstein 石勒苏益格–荷尔斯泰因

Schlüsselburg 什利谢利堡

Schwabach 施瓦巴赫

Schwartzreiter "黑骑兵"

Schwedt 施韦特

Schweinfurt 施韦因富特

Schweidnitz 施韦德尼茨

Sébastian le Prestre de Vauban 塞巴斯蒂安·德·沃邦

Seehausen 塞豪森

Severia 西维利亚

Shklov 什克洛夫

Sigismund Ⅱ Augustus 齐格蒙特二世·奥古斯都

Silesia 西里西亚

Småland 斯莫兰

Sofie Amalie 索菲·阿玛莉

Sound 松德

Sozh 索日河

Spandau 斯潘道

Sparre 斯帕雷

Spires 施派尔

Sprague 斯普拉格

St. Helena 圣赫勒拿岛

Stade 斯塔德

Stadtlohn 施塔特洛恩

Stake 斯塔克

Stångebro 斯通厄小溪

Stanislaw Koniecpolski 斯坦尼斯瓦夫·科涅茨波尔斯基

Stanislaw Leszynski 斯坦尼斯瓦夫·莱什琴斯基

Stanislaw Potocki 斯坦尼斯瓦夫·波托茨基

Stanislaw Zólkiewski 斯坦尼斯瓦夫·若乌凯夫斯基

Starodub 斯塔罗杜布

Stefan Batory 斯特凡·巴托里

Stefan Czarniecki 斯特凡·恰尔涅茨基

Stegenborg 斯特根堡

Steinau 施泰瑙

Sten Sture 斯滕·斯图雷

Stettin 什切青

Stiernsköld 谢恩斯舍尔德

Stolbova 斯托尔博瓦

Strasbourg 斯特拉斯堡

Strasburg 斯特拉斯堡

Stralsund 斯特拉尔松德

Stum 斯图姆

Sunderland 桑德兰

Svante Nilson Sture斯万特·尼尔松·斯图雷

Svarteborg 黑堡

Svear 斯韦尔人

Sven Lundkvist 斯文·伦德奎斯特

Swabia 施瓦本

Sztumsdorff 斯图姆斯道夫

T

Tangermünde 唐格明德

Tåsige 措辛厄岛

Tatarsk 鞑靼斯克

Theodore Ⅰ 费奥多尔一世

Thorn 托伦

Tiefenbach 提芬巴赫

Tilly 蒂利

Tønne Huitfeld 滕内·维特费尔特

Tønning 滕宁

Torgauato Conti 托尔夸托·孔蒂

Torgau 托尔高

Torsten Stalhansk 托尔斯滕·斯托尔汉斯克

Transylvania 特兰西瓦尼亚

Travendal 特拉芬塔尔

Trevor N. Dupuy 特雷弗·N. 迪普伊

Trier 特里尔

Trøndelag 特伦德拉格

Trondheim 特隆赫姆

Truong 张氏

Turenne 蒂雷纳

Turnhout 蒂伦豪特

U

Uddevalla 乌德瓦拉

Ujscie 乌伊希切

Ulm 乌尔姆

Ulrik Fredrik Gyldenløve 乌尔里克·弗雷德里克·吉尔登勒夫

Ulrika Eleonora乌尔丽卡·埃莱奥诺拉

Union of Kalmar 卡尔马联盟

Uppland 乌普兰

Uppsala 乌普萨拉

Urban Ⅷ乌尔班八世

Usedom 乌瑟多姆岛

V

Vabich 瓦比奇河

Valdemar Ⅳ 瓦尔德马四世

Varangians 瓦良格人

Vasilii(Basil) 瓦西里（巴西尔）

Vasilii Shuiskii 瓦西里·舒伊斯基

Veprik 韦普里克

Verden 费尔登

Vestmanland 西曼兰

Vilhelm Moberg 威廉·莫贝里

Vilna 维尔纽斯

Visigoth 西哥特人

Vistula 维斯图拉河

Vitebsk 维捷布斯克

Vorskla 沃尔斯克拉河

W

Walhoff 瓦尔霍夫

Walter Goerlitz 瓦尔特·格利茨

Walter Leslie 沃尔特·莱斯利

Walter Opitz 沃尔特·奥皮茨

Warte 瓦尔特河

Weiden 魏登

Weisenaer 魏泽纳尔

Weissenfels 魏森费尔斯

Wenden 文登

Werben 维尔本

Wesenberg 韦森贝格

Weser 威悉河

Westphalia 威斯特伐利亚

Wilhelm von Schaumberg Lippe
威廉·冯·绍姆堡–利珀

Will and Ariel Durant 威尔·杜兰特和
阿里尔·杜兰特

William Guthrie 威廉·格思里

Wincenty Gosiewski
文岑蒂·戈西耶夫斯基

Windau 温道

Windsheim 温茨海姆

Wismar 维斯马

Wittemberg 维滕贝格

Wittstock 维特斯托克

Wladyslaw 瓦迪斯瓦夫

Wolfenbüttel 沃尔芬比特尔

Wolfgang Henrik von Baudissin
沃尔夫冈·亨里克·冯·鲍迪辛

Wolgast 沃尔加斯特

Wolmirstädt 沃尔米施泰特

Worms 沃尔姆斯

Württemberg 符腾堡

Würzburg 维尔茨堡

Y

Yakovtsi 雅科夫茨

Z

Zamosc 扎莫希奇

Zarnow 扎尔努夫

Zealand 西兰岛

zloty 兹罗提

Znaim 兹诺伊莫

Zusmarshausen 楚斯马斯豪森

Zweibrücken 茨魏布吕肯

译后记

　　一个国家的命运，往往会在危机与希望并存的时代发生巨大的改变。近代早期是欧洲的大转折时代。一方面，文艺复兴的璀璨光芒照亮了欧洲前进的道路，宗教改革的深入发展挣脱了旧神学的禁锢，开普勒、伽利略、笛卡尔为近代科学的发展奠定了坚实的基础；另一方面，颠覆旧制度的政治革命和缔造新世界的工业化大生产还要再等上一两个世纪才能展现它们改造欧洲的强大力量。就在这个新旧交接、风云激荡的时代，瑞典抓住机遇，筚路蓝缕，崛起为欧洲强国之一，在历史上写下了浓墨重彩的一页。

　　伟大的时代往往诞生伟大的人物。古斯塔夫二世和卡尔十二（查理十二）就是两颗耀眼的明星。古斯塔夫 20 岁不到，就继承了一个被敌人四面包围的国家；他励精图治，果断出击，伐俄国，保障了东境一个世纪的安全，征波兰，实现了在波罗的海东岸的扩张；他是个天才的军事家，开创了战争艺术的新时代，被誉为"近代军事之父"；他参加了三十年战争，在德意志长驱直入，让一个出自苦寒之地的小国跻身强国之列；他与瓦伦斯坦的巅峰较量令人钦佩，他的英年早逝更使后世扼腕叹息。半个多世纪后的卡尔十二，与他的先辈一样严于律己、身先士卒、豪气干云，但他年轻气盛、刚愎自用、穷兵黩武，将整个国家绑上了狂奔的战车。瑞典先天不足的体量和捉襟见肘的资源，注定了他的军事冒险无法推行到底。他可以赢无数次，但不可以失败一次，一旦失败就是万劫不复。在波尔塔瓦一战中，不可一世的瑞典帝国轰然崩塌。卡尔十二最终战死沙场，完成了军人国王的宿命，而他作为失败者的故事也令人动容。斗转星移，岁月匆匆，昔日波澜壮阔的大时代已经落幕，今日的瑞典也走上了一条与瓦萨王朝截然不同的发展道路。但是，重温当年的历史和人物，可以使我们在庞杂的陈迹中披沙拣金、钩沉发微，对瑞典兴衰的各种原因做出有益的探索，得出智慧的启示。

古斯塔夫二世的一生与中国基本没有交集，但他的大名在中国的历史、军事爱好者圈子里仍然如雷贯耳，网友们亲切地称他为"古二爷"。另一方面，由于历史和现实的原因，国内学界对欧美近代史的研究多集中于近代后期（18世纪末至20世纪初）的主流大国（美英法德俄），对近代早期和北欧的关注是相对有限的。毋庸讳言，国内对古斯塔夫二世的研究成果寥寥无几，对三十年战争这一极重大事件的研究也乏善可陈。在2018年之前，国内的三十年战争题材图书几乎只有一部孤零零的席勒《三十年战争史》。至于大北方战争，往往会在俄国崛起和彼得大帝的题材中提及，恰恰由于这个原因，卡尔十二在其中只能是一个配角，缺乏充实而透彻的阐述。伏尔泰的《查理十二传》难得有中文版问世，但译者擅自删除了法文版的校勘和驳伪，从而使该书不尽如人意。总之，由于种种因素，对相关历史抱有兴趣的读者往往会陷入"欲求书而不得"的窘境。可喜的是，本书的引进、出版，终于填补了近代瑞典兴衰史这一题材长久以来的空白，对国内的广大历史爱好者不啻一场企盼已久的春雨。

除了选题方面的不落窠臼外，本书还有其他难以忽视的特色。作者亨里克·伦德先生虽非学院派历史学家，却有两个不可多得的优势，这就是他的北欧背景与从军经历。他在挪威出生、长大，对北欧国家拥有切身的体会。在撰写本书的过程中，他参阅了大量挪威语、瑞典语文献，其中不少资料在我国是难得一见的。而他的军旅生涯则为他讲述、解读军事史提供了专业的直觉和独特的视角。伦德根据自己的实际经验，提出了一些独到的见解，比如，最初出炉的几份战报往往错漏百出；再比如，如果交战双方对胜负各执一词，那么我们在加以判断时，应当考察他们在战役结束后分别有什么行动。这些见解对于我们分析史料均有一定的启发性。本书结论部分提出的三条主张，在今天看来也颇为耐人寻味。

本书语言平实、简练，以纪录片解说词的风格，将瑞典百余年的兴衰史娓娓道来，对古斯塔夫二世与卡尔十二这两位"武士国王"更是不吝笔墨。虽然一些问题未能深入发掘，但重大事件、重大战争基本没有遗漏。总之，本书是一部不错的普及读物，可以帮助感兴趣的读者迅速领略那段精彩历史，并搭建好相关知识框架。

译者关注北欧历史已有多年。在翻译本书的过程中，虽不敢说驾轻就熟，但总体也称得上顺利。在此向指文图书深表感谢。对于原书中可能存在的瑕疵或者难解之处，译者酌情添加了注解。由于译者学识和经验有限，译文中的不当之处在所难免，还望方家和读者不吝赐教。

汪 枫

2019 年 10 月